全国民族档案学术研讨会系列丛书

档案与少数民族记忆

主编
胡莹

副主编
张昌山　华林　陈子丹　杨毅　赵彦昌　侯明昌

中国社会科学出版社

图书在版编目（CIP）数据

档案与少数民族记忆/胡莹主编 . —北京：中国社会科学出版社，2022.7
（全国民族档案学术研讨会系列丛书）
ISBN 978-7-5227-0239-1

Ⅰ.①档… Ⅱ.①胡… Ⅲ.①少数民族—档案学—学术会议—中国—文集
Ⅳ.①G279.2-53

中国版本图书馆 CIP 数据核字（2022）第 094134 号

出 版 人	赵剑英
责任编辑	孔继萍
责任校对	李 莉
责任印制	郝美娜

出　　版	中国社会科学出版社
社　　址	北京鼓楼西大街甲 158 号
邮　　编	100720
网　　址	http://www.csspw.cn
发 行 部	010-84083685
门 市 部	010-84029450
经　　销	新华书店及其他书店
印　　刷	北京君升印刷有限公司
装　　订	廊坊市广阳区广增装订厂
版　　次	2022 年 7 月第 1 版
印　　次	2022 年 7 月第 1 次印刷
开　　本	710×1000　1/16
印　　张	17.5
字　　数	223 千字
定　　价	98.00 元

凡购买中国社会科学出版社图书，如有质量问题请与本社营销中心联系调换
电话：010-84083683
版权所有　侵权必究

编委会名单

主　编：胡　莹
副主编：张昌山　华　林　陈子丹　杨　毅
　　　　赵彦昌　侯明昌
编　委：侯希文　赵生辉　李忠峪　瞿智林
　　　　郑　慧　李姗姗　王　铮　王　萍
　　　　青格乐图

前　　言

记忆印证了人类文明进化史，档案则扮演着记录历史文明的角色。[①] 档案管理活动将人类最初的个体记忆，集中起来并转化为集体记忆，进而成为社会的记忆，并因之构成文化传统，维持和延续着人类社会的生存和发展。[②] 在中华文明漫长的历史演进过程中，我国少数民族档案的历史也源远流长，它伴随着少数民族集体记忆的形成与建构，少数民族档案作为记载各少数民族悠久历史和灿烂文化，承载其人文知识与精神传统的重要载体，在历经了植物传信、实物代言、崖壁绘画、结绳刻木、口耳相传、记录在案等奇特或规范的记事、计数和传递消息方式后，成为少数民族文化的记忆之源和记忆之场。

我国民族档案事业多年来在党和国家的支持下，在各少数民族地区档案部门和广大档案工作者的共同努力下，已经成为我国档案事业中独具特色，价值明显，作用特殊，具备国家规模，具有中国特色，符合中国国情，体现社会主义民族政策，展示中华民族文化优势，凸显中国文化自信的不可或缺的构成部分。它是我国民族档

[①] 王晓晓、施秋璐：《档案对建构社会记忆的作用与影响研究》，《档案学研究》2019年第2期。

[②] 任汉中：《档案起源：人类记忆的一次嬗变》，《湖北大学学报》2013年第6期。

案事业中直接服务于促进民族团结、实现民族平等与共同发展、维护国家主权与社会稳定、保护与传承民族文化、开发与利用民族文化资源不可或缺的重要途径和手段。

中华人民共和国成立以来，在党和政府的关怀与领导下，民族档案工作发展势头喜人，伴随着1960年国家档案局在内蒙古自治区呼和浩特市召开的首届全国少数民族地区档案工作会议、1987年中国档案学会在云南省昆明市召开的少数民族档案史料评述学术讨论会、1991年国家民委、国家档案局在新疆乌鲁木齐市联合召开的第二届全国民族地区档案工作会议，业界与学界对于少数民族档案的研究成果日益增多，随之规模化学术研究也得以逐渐热烈展开。我所就职的云南大学档案学专业作为较早投入此项事业的研究阵地之一，回顾近40年来的研究发展历程，感慨良多。我国民族档案学术研究，从初创时的筚路蓝缕，到今天的初具规模；从最初的摸索前行，到今日的协作相伴；从当年的星星之火，到此时的济济多士。一路走来，一方面源于我国丰富的民族档案资源储量丰厚、美不胜收；另一方面则拜于我国档案界同人多年的孜孜汲汲、上下求索的心血铸就。

2016年云南大学历史与档案学院于云南省昆明市召开了首届全国民族档案学术研讨会，并在会上开创性地提出了构建"全国民族档案学术协作网"，会后由云南大学牵头，组成了包括辽宁大学、西藏民族大学、贵州师范学院、广西民族大学在内的首届协作网体系。此后，在沈阳、昆明、西安分别举行了第二、三、四届研讨会，会议不仅为来自全国各地的学者们共议民族档案学发展提供交流的平台，也成为民族档案学对外宣传的窗口，并让协作网成员得以进一步扩充，至2021年第四届研讨会时，民族档案学术协作网的成员单位由最初的5家扩大至8家（新增西北大学、四川大学、呼和浩特民族学院）。

以云南大学牵头的民族档案学术协作网自2016年成立至今，其成员单位一直坚持民族档案学术研究，取得了一系列丰硕的成果，巩固夯实了民族档案学术研究的特色。嘤其鸣矣，求其友声。我们一直期望着将"民族档案学术协作网"打造成为一个能够为各位从事民族档案学术研究的专家学者提供交流砥砺的平台，以便提升内在学术水平，促进外在学科发展，促成学术合作。

在首届全国民族档案学术研讨会举办之际，作为主办者的云南大学档案学专业组织了参会专家学者围绕"档案与民族记忆"这一主题进行了一次高质量的论文组稿，本书收录的便是当年组稿的众多论文中的一部分精华。全国民族档案学术研讨会有幸在"民族档案学术协作网"各成员单位以及全国兄弟院校的大力支持下，顺利走过了春秋6载。我们于新冠肺炎疫情尚在活动的2022年出版本书，旨在为协作网及档案学界打造一番传统会议之外的百家争鸣、百花齐放的交流天地。我们坚信本书是伴随着全国民族档案学术研讨会而生的第一批成果，今后将会继续有第二批、第三批、第四批……相继问世。能够邀请到相关专家学者共襄全国民族档案学术研讨会盛会，并为会议成功举办而执笔，而后慷慨赐稿，是民族档案学术协作网之幸，也是民族档案学科之幸。我们充分感受到各位专家学者对民族档案学术研究的一片盛情与一份认可。这种缘于对学术忠诚，对学科关爱的力量，也坚定和增添了我们继续投身于民族档案学术研究的信念、勇气和责任。

首届全国民族档案学术研讨会会议征稿围绕着"档案与少数民族社会记忆"这一中心思想展开，又分别从少数民族档案学基础理论研究、少数民族档案学学科体系建设研究、少数民族档案资源建设、保护与开发利用研究、档案与少数民族社会记忆研究等分论点组配了会议分论坛。会前收到了众多积极且热情的投稿，我们结合会中专家学者们进行的主题发言以及各分论坛的报告内容，遴选出其中 19 篇精华论文，并按民族档案价值研究、民族档案开发利用研究、民族档案学科构建与研究、民族档案资源建设研究以及民族文化遗产保护与传承研究这 5 个主题划分，供读者们了解与参考。我们认为，这 5 个主题具有内在的逻辑关联，虽然各自成篇，自成一体，却也相辅相成。

本书初稿及二稿校对由云南大学历史与档案学院档案与信息管理系 2021 级硕士生孔懿璇负责，细节审核与总体把控由胡莹负责，全书由胡莹统审定稿。本书收录的 19 篇论文的作者以及中国社会科学出版社孔继萍女士为本书的出版和质量保证提供了大力支持并付出了辛勤劳动，在此谨致谢忱！书中难免有疏漏之处，恳请广大读者批评指正。

胡　莹

2022 年 2 月 14 日

目 录

第一编 民族档案价值研究

少数民族科技文献遗产资源建设：民族性与现代化……………（3）

西南少数民族经济契约文书的特点研究 ………………………（14）

我国少数民族非物质文化遗产档案价值的实现研究 …………（31）

基于文化遗产理论的少数民族档案对象体系重构研究 ………（42）

第二编 民族档案开发利用研究

面向用户的少数民族档案开发利用实践探索 …………………（59）

民族文献遗产隐性信息传承问题探讨 …………………………（73）

中国少数民族语言语义电子文件初探 …………………………（87）

少数民族地区档案志编修研究 …………………………………（100）

少数民族地区文化教育机构在少数民族档案文化传播中的

    比较与选择 ……………………………………………………（112）

第三编 民族档案学科构建与研究

少数民族档案学学科构建问题研究 ……………………………（127）

2005—2016年我国民族档案研究现状与热点分析 …………（138）
民族档案学研究进展实证分析
　　——基于核心刊物关键词频次统计及共现分析…………（152）

第四编　民族档案资源建设研究

浅析云南少数民族数字档案信息资源建设……………………（167）
西南民族档案资源集成管理建设之我见………………………（177）

第五编　民族文化遗产保护与传承研究

白族非物质文化遗产传承人档案：构成、特征与价值………（195）
云贵山地民族传统手工造纸技艺传承机制的文化共性与情境
　　个性……………………………………………………………（212）
档案文化遗产：概念辨析及研究热点…………………………（225）
文化与科技融合背景下非物质文化遗产档案管理技术的
　　回顾与展望……………………………………………………（236）
基于本体的非遗信息资源组织与检索研究框架………………（254）

民族档案价值研究

少数民族科技文献遗产资源建设：民族性与现代化[*]

云南大学历史与档案学院　陈海玉　陈　雨　王　聪

摘　要：在本土文化和本民族文化研究热情高涨的今天，大量的民族科技文献遗产不断被发掘整理开发。如何在科技文献遗产资源建设中既忠实于文化的民族性，又促进民族科技文献遗产资源的现代化建设，使之成为现代文化的一个有机组成部分，是当前需要解决的问题。本文就以上的问题进行了深入探讨。

关键词：文献遗产　科技文献　资源建设

Abstract：In the local culture and national culture study enthusiasm today, a large number of national scientific literature heritage is constantly unearthing development. How in the scientific literature heritage resource construction, both faithful to the culture of the Nationality and promote the modernization of national scientific literature heritage resources, making it an integral part of modern

---

[*] 本文系国家社科基金项目"云南傣族医药古籍文献整理及其基础数据库建设研究"（项目编号：11CTQ041）的研究成果之一。

culture, is the current problem to be solved. In this paper, the above issues in depth.

Key words: Documentary Heritage; Scientific Literature; Resource Construction

近年来,学术界在研究本土文化和本民族文化方面热情高涨,民族文化遗产的收集、整理、保护和开发受到了广泛关注。在此背景下,随着田野调查的深入,大量的民族科技文献遗产不断被发掘整理研究,其内在价值在社会发展中逐渐凸显。

一

目前的少数民族科技文献遗产研究,涉及西夏科技、纳西族东巴经中的科技、水书中的科技、纳日人的原始医药和哈萨克古代医学、门巴族珞巴族的传统科技、西南少数民族科学技术史、农学、数学、化学和生物学、天文历法学、地学航运与生物学等领域,成果丰硕。例如,李迪教授从1987年起开展的多年研究里,出版了《中国少数民族科技史研究》《中国少数民族科技史丛书》《蒙古族科技史论文集》等,内容涉及诸多学者整理研究的天文历法、建筑、纺织、农业、医学、地学、水利航运、化学化工、数学、机械与物理、金属等方面的成果。其他学者也相继整理出版了民族科技论著:《彝族星占学》(卢央著,云南人民出版社1989年版);《中国蒙古族科学技术史简编》(李汶忠编著,科学出版社1990年版);《彝族医药史》(李耕冬、贺廷超著,四川民族出版社1990年版);《北流型铜鼓探秘》(姚舜安、万辅彬、蒋廷瑜编著,广西人民出版社1990年版);《藏族历代名医略传》(藏文、强巴赤列撰,民族出版社1990年版);《天文原理》(蒙文,斯登等校注,内蒙古科学技术出版社1990年版)；《中国古代铜鼓科学研究》(万辅彬等著,广西民族出版社1992年版)；《西藏传统医学概述》(蔡景峰编著,中国藏学出版社1992年版)；《云南民族建筑研究》(斯心直著,云南教育出版社1992年版)；《朦胧的理性之光——西南少数民族科学技术研究》(廖伯琴著,云南教育出版社1992年版)；《康熙几暇格物编译注》(李迪译著,上海古籍出版社1993年版)；《古今彝历考》(罗家修著,四川民族出版社1993年版)；《回回天文学史研究》(陈久金著,广西科学技术出版社1996年版)；《蒙医药史概略》(蒙文,金巴图、哈斯格日勒著,内蒙古科学技术出版社1996年版)等。1996年,在中国科学院大力支持下,自然科学史所和传统工艺研究会启动了《中国传统工艺全集》的编撰工作,目的是在传统工艺立法保护之前,先把已知的优秀传统工艺和研究成果用文字和图片的形式记录下来,为今后的抢救保护提供科学依据。该书包括器械制作、陶瓷、雕塑、织染、金工、漆艺、造纸、印刷、酿造、中药炮制等,大体覆盖了传统工艺的主要类别。

总之,多年来整理翻译出版的少数民族科技文献,极大丰富了少数民族科技研究资料的来源,为少数民族科技文化的弘扬和有关问题的深入研究提供了珍贵的文史资料。同时,现有成果也将推进少数民族科技文化的学术研究和实践运用。

二

我国少数民族科技文化遗产的特点是富于民族性和文献性。任何一种文化都具有鲜明的民族性,它体现在特定的民族文化类型中,无论是文化的基础部分还是文化的观念形态部分,都凝结着民族的文化心理,表现着民族特有的精神气质。我国少数民族科技文化为某一民族独有,具有该民族的深刻烙印,体现了该民族独特的思维方式、智慧、世界观、价值观、审美意识、情感表达等因素,其中包括民族的饮食、生产方式、语言、风俗、思维方式、宗教观、民族的文化、心理结构、审美趣味、生活方式、民族认同等,这些要素是长期形成并表现在日常生活和行为的方方面面,稳定性很强。

少数民族科技文化既保留有传统的古代先民的科技,又有独具特色的独创性科技,更保留了无形的非物质的科技遗产如古代工艺、技巧、技艺等,也保留了有形科技遗产如古代农具、纺织机具、冶炼锻造机具、水利设施乃至各种制成品等。这些科技成就既具有其中华文化共性的一面,更有其作为民族性的一面。少数民族科技文化是一个多方交错的文化,它与历史、民俗、宗教、哲学、政治、经济等学科有着密切关系。因此,我们应该从科技的角度去认识少数民族的知识体系。从这一点来说,我们通过少数民族科技文献资源的建设,不仅有助于恢复民族传统文化的历史面貌,填补其缺失的环节,还能担负起保护民族文化的任务。当过去的这一切都成为历史,而历史又积淀了文化变成文献,我们就能凭借文献而唤起对本民族历史的记忆。也正因为如此,通过对少数民族科技文献遗产资源的建设工作,实现民族文化遗产的保护、利用和研究,并以此丰富中华科技史,是十分必要且富于意义的。

少数民族科技文献资源建设的任务,就是要利用已有学术成果,努力提高民族科技文献资源建设的层次,不断夯实理论建设。在资料建构上,视野要宽,基础工作要实,要尽可能地呈现少数民族科技发展的历程及面貌。其中的主要工作,一是收集整理书面文献中保存的民族科技资料,其类型包括:①各少数民族文字及少数民族古文字记载的科技文献典籍;②用汉文记载的有关少数民族内容的古代文献典籍,如史志、地方志、博物志;③用少数民族文字和汉文记载的有关少数民族科技的碑刻铭文。二是进行田野调查,收集少数民族科技口碑文献。这些口碑科技文献内容十分丰富，其在文学体裁上的类别包括神话、传说、民间故事、寓言、歌谣、叙事诗等，在内容上基本涉及了物种起源、天文历法、山形地理、农业渔业、采集狩猎、饮食种类、房屋建筑、服装服饰、雕刻纺织、传统医药、星象气象、数目计算等科技知识。三是深入文物馆、博物馆、文化馆，全面掌握并整理少数民族科技文物资料。四是整理科技遗迹资料。各民族在历史上都曾留存下土木工程或遗址，如水利工程、建筑、水井、手工作坊、道路及桥梁遗址、冶炼遗迹、街道、采矿遗迹、交通设施等，应对其进行详尽的文字和图像记录。五是传统工艺资料的收集整理。每个民族都有自己的传统工艺，如金属冶炼、食品制造、纺织印染、木器、竹器、漆器、铜器加工等，历史悠久，各具特色。六是对科技人物事迹的收集整理。少数民族在历史上出现过许多科技人物，他们的事迹既可通过文献史料记载进行收集整理，同时还要进行社会调查，调查科技人物的遗物、遗著、家族谱录、工作生活场所及民间口头资料。

当然，以上的工作还不够。当前的民族科技文献遗产资源建设，在夯实资料宽度的同时要加强高度的建设，即要突破原有资料构建的格局，努力从纷繁复杂的资料中厘清各民族科技文化的生存土壤、文化形态、演变轨迹及发展规律，总结出属于该民族科技文化中所谓的"民族特质"，以及有别于其他民族的科技理论，能够呈现出民族科技文化遗产的形态、民族科技文明的历史构架、民族科技文献的体系、民族科技理论和现代化转型的生长点，在促进社会科技发展中占有一席之地，而不只是简单的史料、资讯堆砌。首先，在少数民族科技文献遗产收集整理上，要确定收集的对象、范围和资料来源及描述方法，重点整理和研究被文字记录的文献史料，特别对各少数民族科技史上那些有代表性的要籍进行梳理，编制目录。同时列出与此相关的其他文献要目，补充散存于史学、文学、经济学、农学、哲学、宗教等相关文献中的史料，描述和分析这些文献史料的形成方式、文献化过程、解释价值和传承功能。其次，还要进一步明确少数民族科技文献资料整理研究的原则、分类方法、描述资料的逻辑，并从资料中提取有助于社会各领域科技、经济发展的内容进行专题性编纂，根据社会发展需要不断优化资源开发的形式。最后，少数民族科技文献遗产的资源建设还要注重进行跨越历史朝代的纵向归纳、描述和初步分析，通过文献资源的构建呈现一个连续而清晰的民族科技发展脉络。同时，通过文献资料的横向分析与描述揭示同一时期不同民族科技文化在交融中发展的共性与个性。

三

社会的发展特别是全球化的到来，加剧了各民族文化认同的危机感，导致了各民族对本民族文化价值的重新审视、判断与定向。无论是从理论探讨还是实践运行的情况看，如何对待民族传统文化与现代化，尤其是如何对待民族传统科技与现代化，都是民族发展不可回避的问题。在摒弃和同行的选择上，庞朴先生给我们作出了回答，他认为："发展不仅是决裂，还是连续。""传统与现代化是统一的，传统给现代化准备了基地，现代化的速度与高度，无不这样或那样地依赖于传统的成就。从这个角度来看，又可以说传统是现代化的助力，是财富。"[①] 促进民族科技文献遗产资源的现代化建设，使之成为现代文化的一个有机组成部分，是其保持生命力与活力的根本，也是当下民族文化遗产工作的必经之路。

目前发掘整理出的大量少数民族科技文献遗产，为世人展示了所蕴藏的珍贵资源及其价值。经过整理研究，许多民族传统科技资源，如物质资源、科技文化资源、民族传统技术工艺，包括医药卫生、饮食、服装、建筑、生活用品、交通工具及生活方式等，都能够进行推广利用。

为民族科技产品的研发提供原始依据。民族科技文献遗产记录各民族千百年的科技工艺，其资源丰富、品种繁多、经验独特，诸如医药炮制、建筑、制陶、制革、酿酒、织染、金工、造纸、印刷等，为目前民族科技产品的研发提供了大量的经验成果和可靠的研发依据。

民族传统科技工艺是历史时代的产物，由于少数民族地区复杂的地理环境和相对闭塞的交通状况，加之少数民族十分尊重本民族传统习俗的共同心理特征，致使许多特殊的民族工艺被保留下来，没有因外来文明的冲击而全部消失。这是一份难得的"活化石"遗产。因此，应加强传统工艺的科技开发研究，使之适应社会发展的潮流。民间传统工艺与现代文明间的反差，有可能使之成为科技发展历程中的鲜活资料。以彝族、白族为例。彝族有的用药经验与中医的用药经验相同或相似，有的则是彝族的特殊用药经验。如四川凉山彝医用"不史"（天麻）泡酒内服治中风偏瘫，与中医用天麻的经验相同。《献药经》中记载用"俄里节"（野猪胆）治疗哮喘（顺气理肺、化痰消喘），则未见于汉族医药书籍，是彝医独特的传统用法；《彝医植物药》中记载用"木库"（滇木姜子）治胃炎、胃溃疡等引起的上腹部疼痛，也是彝医独特经验方等。因此，在选取彝药的研究对象时，有关专家选取了彝医独特的经验用药，充分体现出彝药的优越性，以此为研发新药的依据，使之具有广阔的市场开发前景和经济发展潜力。其中最有代表性的是近代彝族名医曲焕章创制的"百宝丹"，是医药界公认治疗创伤和消炎止血的良药，现已发展成享有国际声誉的"云南白药"。白族在建筑、雕刻、装饰方面的工艺超群，其住宅、佛塔等建筑技艺精湛、巧夺天工，在造型、结构、布局、装饰、工艺上具有浓烈的民族特色和地方特点，成为国内外游客关注的景点。大理剑川木器厂制造的木雕家具和木雕工艺品远销日本、印度尼西亚、马来西亚、新加坡、泰国、刚果共和国、马里、比利时、德国、法国、美国、加拿大等国。

促进地方经济发展。民族科技文献遗产作为我国优秀的传统文化遗产之一，其特殊性表现在它不仅是我国优秀的文化资源，而且是我国具有潜力的经济资源。无论从民族科技文献遗产，还是从口碑文献中，都可能发现许多行之有效的技艺，把它们开发出来，投入市场，不仅保护了民族遗产，还可以为社会创造出可观的经济效益。

民族地区的许多传统科技文化，从生产到产品风格都保留了原始古朴、自然拙真的特色，对这些科学技术的发掘研究，可以充实民族民俗博物馆的藏品和展示，满足人们对人类历史足迹的探求欲，满足人们对科技多方面的兴趣。这种研究与开发，将提高民族地区科技水平，推动工业、农业、旅游业的发展，振兴繁荣少数民族地区的经济文化，从而也促进了民族传统科技的发掘、保护和利用。如纺织技术，现代化工业早已采用程控设备，而在少数民族地区，原始腰机、踞织机或木架斜织机仍举目可见；西南少数民族至今保持着手工造纸的传统，贵州制竹纸、草纸和树皮纸的原料处理工艺与东汉时代的造纸法完全相同，制陶工艺也是如此，考古挖掘表明在金石并用时期以后，由于轮制陶器的大量出现，手工制陶早已绝迹，但在西南佤族、傣族某些地区仍可见到手捏、泥圈叠筑或泥条盘筑原始手制陶。直至20世纪中期，贵州的一些少数民族习惯于无窑烧陶，西双版纳的傣族还保留着一种古老的慢轮制陶工艺。现存的传统工艺中许多能够展示古代技术演进的实际经过，这对于国内外学者复原古代科技的原貌和解决某些历史上遗留的难题有不可低估的科学价值。倘若能够多将这些典型的民族工艺收集并整理出来，并在少数民族地区的旅游点开设传统工艺的博物馆，让身着民族服装的姑娘们进行现场表演,邀请参观者亲自动手操作,不但可以增加民族旅游事业的人文景观内容,也可吸引更多的国际学人来民族地区进行科技考察,同时增加经济收入。总之,民族传统工艺的研究只有为现实服务、与少数民族地区经济开发相结合才会焕发生命力,产生良好的社会效益。②

民族科技文献资源所蕴含的经济价值,一旦被有效发掘和利用,将会带动民族科技产业链的发展,对加快少数民族群众脱贫致富有着积极的经济意义。例如,"云南白药""排毒养颜胶囊"就是在古彝文医药典籍文献记载的古方药整理研究中开发出来的,产值都有十几亿元,且疗效确切,目前已具产业化,在国内外都有销量。其他民族医药如藏药、傣药、壮药等,都不乏同类的例证。总之,少数民族科技文献遗产的研究利用价值是多方面的,其潜在的经济价值不仅体现在民族科技产业上,还可维系到诸如文化产业、旅游产业等相关产业的发展,为促进当地经济提供新契机。

使之成为教育民众的生动教材。民族科技的教育,从历史上最早出现的口耳相授、代代相传的师带徒雏萌阶段一直发展到现代的规模化教育,其形式包括了师承授受、学校教育、家传其业、读书自学等。无论是哪一个阶段的哪一种形式,其教、学内容都离不开世代流传的民族科技古籍文献,这从一个方面也说明了,民族科技古籍文献不仅有权威性而且有现实的实用性。

民族科技文献遗产是民族优秀传统文化的重要载体,本身蕴含了大量天文学、农学、医学、药学、数学、地理学、手工技术等各方面的知识内容,是实施教育的重要知识来源;其中涉及的大量独特科技技艺可用于传授,这也构成教育活动的重要内容和各个方面;民族科技文献遗产中有不计其数的口碑文献,它们靠传人口耳相传、代代相承,传人在向传承人传授本民族有关传统科技知识技能的过程,就是教育学习活动的过程。

文献工作者及有关专家学者通过对各民族科技文献遗产的研究，可以发掘、整理、弘扬那些珍贵的，但却鲜为人知、未被重视的民族文化遗产，让这些人类文化的优秀成果为社会所知，为人类社会所享。民族科技文献遗产的价值是多方面的，通过多角度、多层面对它们所蕴含的价值进行探究，开发其价值，展示其魅力，赋予其应有的学术地位和科学尊严，才能使社会充分认识到这些民族科技文化遗产的宝贵和重要，继而教育民众，特别是本民族的年轻人，让他们对本民族先民创造的科技文化遗产的内容、作用、价值、地位、重要性等有正确而全面的认识，让他们熟悉本民族文化，热爱本民族文化，并能够运用和创新本民族文化，成为本民族科技文化的继承人。这样，民族传统科技文化的保护、传承、管理和开发才能落到实处，民族科技文化的精髓才能得以传扬。

民族科技文献遗产作为民族科技的知识载体，不仅是前人智慧的结晶、古代科学技术文明的成果，而且是一种可以持续开发的宝贵文化资源，蕴藏着极其巨大的文化能量。而民族科技教育和科研作为民族科技知识传承的重要方式和手段，必然离不开对这一资源的应用和开发。例如，藏医教育历史悠久，早在17世纪初就已形成了正规的医学教育机构——曼巴扎仓。在这所藏医最早的医药学院里，主要让学僧记诵和研究的藏医经典著作有《四部医典》《晶珠本草》《诊药二元要诀》《四部医典蓝琉璃》等。直到现在的藏医教育，无论是民间师传、寺院教育还是学院教育，藏医的教学内容仍然是以《四部医典》和《四部医典蓝琉璃》为主，以此形成了以《四部医典》为核心的医学理论教育体系。在此体系下，今天的藏医教育规模日趋壮大：在1983年，西藏自治区创办了第一所藏医学校；1985年，在西藏大学设立了藏医系；1989年9月，在藏医系的基础上正式成立了西藏藏医学院，学院里设有大学部、中专部，成为培养藏医各类人才的基地，它是目前我国有独立设置民族医药学院的两所高等院校之一。另外，中央民族大学设藏医系，成都中医药大学、甘肃中医学院、云南中医学院均有藏医专业。这些藏医院校广泛使用藏文医典为教材，在发掘藏医药史料和培养藏医专业人才方面做出了重要贡献。

可见，民族科技文献遗产推动了民族科技教育的发展，在民族科技教育体系中占据了重要地位；同时依托这一体系，民族科技文献资源实现了有效的传播和弘扬，又促进了更多科技文献的产生形成。③

注释：

①庞朴：《文化的民族性与时代性》，中国和平出版社1988年版，第88页。

②杨玉：《关于少数民族传统工艺研究的若干问题》，《广西民族研究》1993年第1期。

③陈海玉：《少数民族科技古籍文献遗存研究》，中国社会科学出版社2015年版，第246—247页。

作者简介：

陈海玉，女，档案学博士，云南大学历史与档案学院副教授，硕士生导师。陈雨，女，云南大学历史与档案学院2021级硕士研究生。王聪，男，云南大学历史与档案学院2020级硕士研究生。

西南少数民族经济契约文书的特点研究

云南大学历史与档案学院　陈海玉　王　聪　陈　雨

摘　要：由于聚居地区的自然条件不一，所传承的文化不同，西南地区少数民族的经济契约文书的形式和信息都呈现不同的特点。本文以西南地区现存的少数民族经济契约文书为研究对象，通过对大量实例的分析，从形式、用语、内容三个方面介绍其特点，以突出这一事物的独特研究价值。

关键词：少数民族　经济　社会　契约文书

Abstract：Because of the different natural environments and culture, the form and the contents of the economic contract documents of southwest China are also different. The essay takes plenty of economic contracts of Minority Nationalities in southwest china as the object of study, to introduce their form, language and content by analyzing examples, to highlight the unique significance of this object.

Key words：Minority Nationalities；Economic；Social；Contract Document

在一切社会生活、文化、政治的交流与沟通中，经济交流起着不可忽视的先导作用。各少数民族先民留存下来的经济文书、档案、文献等多为原始资料,对研究少数民族地区的经济状况、政治制度、寺院管理以及文化与社会生活大有裨益。

从少数民族经济文书的起源与发展的过程来看,它与当时当地民族的经济生活密切相关。这些经济文书的内容涉及民间土地、山林、农业生产资料的买卖、典当、租佃;房产等生活资料的买卖、典押;劳动力的雇用;财产和物品的继承、转让、赠送、赔偿;民间商业贸易的合同;官府征收赋税徭役的契约等方面,反映了乡民与土地、山林、房产、村落、宗族、官府的经济关系和其历史变迁。

一　形式特点

(一) 制作材质

西南地区是少数民族聚居区,具有不同经济文化类型的民族曾经在各自的文化生活中体验并改造着不同的生态环境,创造了形态各异的文化传承方式。各少数民族古籍文献载体的产生和发展,与汉文古籍文献的产生和发展有着密切的联系,凡是汉文文献有的载体种类,少数民族古籍文献中都可以找到,类型包括树皮、纸草、甲骨、兽皮、蜡板、泥板、金属、铅板、砖刻、石刻、竹木、绢帛等。

竹木质经济古籍文献。竹简和木简是古代少数民族文献的记录载体之一,藏、彝等少数民族都有竹木简文献存世。如彝族使用木质牍和竹简记载租赋和贸易等经济活动的情况就很普遍。据彝文文献《水西大渡河建桥记》碑文载:"慕块卧乍山,其下有宽广的庭院,木刻竹简,多如柴堆、载纳家的租赋。记租赋的来路。"其他史料方志也有关于彝文木牍的记述:"木刻……有所贸易,亦用木刻书定于上，要誓于神，故不叛……"

石质经济古籍文献。少数民族经济史料另一个重要的载体是石质。为了流传久远，不致朽烂、缺脱，少数民族先民就把重要的经济活动内容刻写在碑碣上，镌刻于石面上，书写于摩崖间，以传后世，它们是少数民族文献中重要的一个部分。目前发掘整理的白族、藏族、壮族、彝族等少数民族碑刻、摩崖等经济文献非常丰富，值得我们深入研究。

纸质经济古籍文献。纸的发明具有划时代的意义。自从造纸术传入少数民族地区后，极大地促进了少数民族地区文化的发展。纸出现在彝族社会后，彝文古籍的制作有人工抄写、雕版印刷、铅印和石印等多种方法，其中的经济契约文书，以人工抄写的本子最常见。造纸术从内地传入藏区后，就开始使用纸张作为书写材料。一般是用黑墨或红墨抄写，也有用金粉抄写的。13世纪从中原传入木刻印刷术后，各地藏区建立了印书场所，开始了大规模的雕版印刷，版本主要是木刻本。苗族的纸质经济古籍，以清水江文书为代表，通常使用的纸质材料有毛边纸、棉纸、土纸，规格大小不一。此外，许多少数民族也根据自己的自然生态环境，创造出独特的造纸法，如傣族的薄棉纸、构皮纸等特色纸；白族的土纸；纳西族的土纸等。目前留存下来的少数民族经济古籍文献主要是纸质的，但纸张的类型很多样，对研究少数民族民间造纸术很有利用价值。

金属制经济古籍文献。古人为了使记录传至久远，避免朽烂缺脱，于是铸文字在坚硬物质上，所以器皿、钱币、印章、钟鼎被作为文献载体。加之少数民族居住地大多矿产资源丰富，这也为少数民族在记载信息过程中选择金属材质提供便利。如彝文文献《尼苏夺节·金属采炼》记载："朵白大山上，那里有金矿；阿纳大山上，那里有银矿；俄明高山上，那里有铅矿；亩独大山上，那里有铜矿；龙可大山上，那里有铁矿……"史料反映了彝族地区的矿产十分丰富，并为本民族先民所开采冶炼利用，以铸造印章、钟鼎、器皿、钱币等。除了彝族外，西南其他少数民族居住区域的矿产储备也很丰富，因此历史上留下了一批颇有价值的金属铭文存世，而且颇具特色。

贝叶经济古籍文献。贝叶文献一般出现在中国西南如云南傣族地区和西藏藏族地区。贝叶是一种属于棕榈类的植物"贝树"的叶子，用贝叶制作的文献不怕水湿，经久耐用，兼有实用性和艺术性，以贝叶为材料刻写的文献大多是贝叶经，也有少部分刻写民间生产生活的内容，反映当地民族经济活动的情况，参考利用价值很高。

其他材质经济古籍文献。包括骨文、皮书、布书、瓦书和陶文等遗存，数量不多，价值珍贵，尚需进一步收集、整理和研究。

（二）结构形式

有关契约的构成部分问题，前辈学者已有论述。民国时期王恺豫认为，一个完整的契约可以分为以下十部分：

（1）起首语，冠于契之首行。盖明示此为某种性质之文契。其下则书立据人之姓名，如二人应并列，二人以上则酌量分载。

（2）率同语，应置于首行立据人姓名之下。所以同子××，同母×氏者，示连带负责。兄立据而同弟××、叔立据而同侄××、夫兄立据而同弟妇××、夫弟立据而同嫂××者，则大率用于共有之产，故亦须连署也。凡连署者，于契末年月日后均须具名签押。

（3）因由语。即立契原因。

（4）叙物语，叙述所以立契之实物，率皆置于因由语下。必须详细载明，特别注意。即详细说明标的物来历、数量、四至及附属物等的语句。

（5）凭中语，大率皆置于叙物语下，所以示为中保说合，负连带责任者也。

（6）收价语，表示价银于立契时，已经全数收足，或仅受若干者。其位置则在契之中段。

（7）任凭语，表示与产断绝关系者为多。凡债的契约与物的契约，通常皆置于文契之后段。

（8）声明语。即说明契约中的交易金额、利息、租金及其时间等项目。

（9）负责语，一面示无纠纷，一面示有意外时，立据人切实负责。其位置则在末段。

（10）结束语，即所以结束全文者，置于每契之最末段。①

今人张传玺则将我国古代契约条款分为八项：买卖时间、标的（买卖土地的坐落和四至）、钱主姓名、契价、交割、业主担保事项、业主署名画押、中保人署名画押等。

西南少数民族契约文书没有统一的格式，通常是一式两份，用大幅长方形状式纸，行文用语沿用约定俗成的程式。如买卖田地契约，开头写明立卖契人姓名、籍贯，然后写清所卖田地四至、名称、坐落位置、在种数量、纳粮多少、买卖方式等。以下写清买主姓名、价银数目及其他约定。如"今从中说合，情愿卖于某人名下永远为业，价银若干，并未少欠。自卖之后，倘有人竞争并复典卖，俱系原业主同中保一面承管"之类。结尾常用"恐后无凭，立卖契为照""恐口无凭，立此为据"一类。如为绝卖，则常用"立永远卖契为照""休心断骨，永不言赎"。如有前契一并交出，还要在文后注明。文尾年月日期下写立卖契人姓名，并画押或以"十"代押，其次是中人、保人、约邻人等姓名及画押代押，有些人还盖有个人私章。有些契约还在文尾纸空白处写有"存照""永远""某某记""大吉利"等字样。一式两份的，有的常还折叠相合，中缝书写，将上述文字分成左右两半，分留在各纸上。文契订立后，交买主收存，自留一份，产权（或使用权）即归买方所有，有关约定即行生效。

二　用语特点

经济古籍文献是我国少数民族经济生活与精神习俗文化的物质载体，是少数民族文化遗产的重要组成部分。至今留存下来的经济契约文书，为研究古代少数民族用语特点提供了最大的可能和有力的依据，特别在古代少数民族文献词语的研究中有着独特的价值。

（一）方言俗语

方言俗语是各少数民族祖先世代创造积累起来的宝贵文化遗产，契约文书是最具地方性特征的文献之一，因此在古代文献词语的考释，特别是方言词的考订中具有独特的价值。西南少数民族契约文书中含有不少方言俗语词，很少使用程式性的套语，通俗易懂，具有珍贵的词汇学、方言学、辞书学价值，较真实地反映了同时代的口语，为研究各地区少数民族方言、探讨近代汉语词义的演变提供丰富的语料。

如壮族经济契约文书中出现的"度活"（指的是度过、过）、"花利"（指田地等所得的收益）、"禾把"（指连穗带秆的稻捆子）、"冷苗""岷田""氓田"等词语；彝族等少数民族经济文献中出现的"火头"（是少数民族地区实行土官制度时土职名称，彝族语又称为"遮古"，其职责为管理庄田，相当于内地村长）、"顶田地"（指的是转让或取得土地经营权）、"扯给"（彝族方言语，相当于拨给）；白族经济文献中出现的"跐田"相当于"踩田"，是白族地区白族口语的表达，意思是"种田"；傣族经济文献中出现的"一趸"（是傣族等少数民族地区口语表达，即一起、一块、集中起来的意思)、"坝田"(指堤岸旁边的田地)、"隔埂"(指田地里稍稍高起的分界线,像狭窄的小路);藏族经济文献中出现的"营官"(藏族土守备的俗称)、"神翁"(藏族土千总的俗称)、"斗靶"(藏区土语,意为制造假契,进行陷害)、"确磕"(藏区汉语土语,意为敲诈)、"挖牧场"(藏区俗语"挖"意为窃夺)、"三柱"(藏族土语,意为三项)。

(二)习惯用语

不同的少数民族在经济活动中常用一些习惯用语,包括任凭语、声明语、负责语等,以此表达交易者的经济生活状况、交易态度、决心等内容。

起首语。写明立某契约合同,立契约合同人姓名及住址等内容。少数民族契约合同中常用"立(典当、合同、凭据、永远卖地、永远卖屋、永远卖树、永远卖筋竹、永远卖河、领山地、约借钱……)人××,系……居住(住民)"等用语。

因由语。写明订立契约合同的缘由。订立买卖、典当、借贷、租佃契约合同的原因有很多,一般包括家境贫寒、还债、办丧事、急用、买物件等,因无钱使用,无计可施或不得已,将家中土地等产业进行典卖。其用语常常表述为"为因……等事"或"今因……"例如,"今因债逼,无钱偿还""因为家境贫寒,无钱救活""今因急需无钱使用""今因母亡丧事,无钱殡葬""家穷无钱买谷米播种""因年迈力弱,无可活计"。

凭中语。写明有中人、保人或凭中人、中保人从中说合、见证、担保,订立此契约合同。一般在契约文书中注明"凭中""族长""中保""里、甲长""宗族长""保长"等词语来说明中人的身份,常用语为"请凭中(保人、甲长、族长)……"例如,"请凭中证立约纸""请凭亲族人等,于中说合""请凭中见证""请引凭中问到"等。

声明语。这部分说明契约中的交易金额、利息、租金及其时间等项目。少数民族的交易与财产分割等经济活动，一般都有中人参与契约签订的全过程。中人制度体现在声明语的书写用语上，除了双方交易者外，根据参与交易者数量的不等，通常用"当面言定""两面言定""三面言定""四面言定"等语进行引领，以此表明以上提到的协商内容。例如，壮族契约合同中常用"取本钱×××，即日亲手当保领钱回家支用"，以此说明交易金数额、交易金领取的时间和当时的状况（"亲手""当保"等）；傣族常用语为"实（借、接受、当、加找……）净银……"或"实受×××，转杜主入手取用"，只说明领取交易金的数额。苗族常用"言定价银×××，亲手领足应用""当日议断价钱×××，亲手领足""当日凭中议定价钱，一手交足亲手领回""亲手领足，分文不欠"等语。

负责语。写明交易无纠纷或发生纠纷时立据人需要负责的内容。如壮族契约中的"此系明买明卖，并非折债等情""明买明卖，并非盗卖私买""此系明买明卖，实钱实约"等语，以此说明交易的正当性、合法性。为了表明卖主的心愿，还有"其田变出黄金亦不敢言赎；若崩成河海亦不干卖主之事""其田日后崩成河海者，不干卖主之事""此系明卖明买，并非折账等弊""两相久依，不敢异言"等语。

纳西族契约中也有"价足银数，永远割藤，我卖主情愿抱石投江，不至取赎"等语言。

苗族契约中的负责语也很有特色，如"一卖一永远，二卖子孙无分。二家意愿，各不翻悔。如有一人先悔者，将约赴官理落""一卖一了，二卖子休""高坡滚石，永不回头""一断一了，日后纵有黄金不得归属"。

傣族契约中的负责语常用"此系二比情愿，中间并无逼迫，亦无私债准折""此系彼此同愿,于中并无相强等情""倘有内外人等异言争竞,有卖主一力承当"。

这些习惯用语,真实记录了少数民族地区依据契约文书进行社会管理,协调各种社会利益关系的状况,对研究古代民族关系和经济社会结构有重要的参考价值。

(三) 加批语

加批语是指"正文已完,忽又忆及某事而必须记载,或为特别事项有另批之价值者"。[②]加批语作为契约文书的末尾部分内容,属于选择要件,是一份完整契约的有机组成部分。"加批语"是契约中最为灵活和生动的部分,作为兜底条款,可以补契约之纰漏,使契约内容更加完备。加批语一般都有一定标识,有在起首位置写明"再批"或"又批"二字,末尾写"又照"二字的;有的在起首写明"外批"或"后批"二字的;也有的在起首写"外批"二字,末尾写"又照"二字的,等等,还有的不做任何标识,直接加批于契后。

立契时加批的内容主要有以下几种,以苗族《清水江文书——九南篇》为例:

一是标明字仪、过割、代笔、画字钱,有的价银已收也以加批的形式出现。如《杨胜海塘三保山断卖契》"立外批:此约内之核桃、杉木、杂木,于光绪十三年又四月十九日妣(批)与堂叔龙顺管业,当日(异)议定断价钱壹仟叁佰八十文整,清(亲)手收足应用。其山自卖之后,任凭买主修理管业,卖主不得异言。恐口无凭,立此妣(批)字是实发达存照。"《龙新连南岳庙茶山断卖契》"外批:其业如有不清,在与(于)卖主理落。"《杨胜谟雷公辐茶山断卖契》"外批:杉木三珠(株)士熊管业。"

二是说明契内标的物的相邻关系,如《茶山断卖残契》"外批：光绪十一年（1885）正月廿三，此约内之山批与龙元章管业，卖主不得意（异）言。恐后无凭，立此外批字是实。"

三是说明契内标的物瑕疵，包括田地是否当年完纳粮税等。

四是有无上手老契及是否交与买主或老契作废署名。

五是正文内有无添字迹涂改，若有添字或涂改，可加批"内添×字，或涂×字"。如《杨正朝冲归神茶山断卖契》"外批：内添一'分'字。"《龙兴才洞头茶山断卖契》"内添：'用''洞'二字。"

六是契内涉标的的详细信息，如土地四至等。如《陆昌连灭江流坪杉木断卖契》"左平龙朝茶山边为界，右平水毫（壕）为界，上平田坎下为界，下平起黄地头为界，四至分明。"《王定银土冲岭核桃山换字》"外批：冲令口绝抵右边龙冬生核桃山为界。"

七是价银是否于当日收足及是否另立有领价契等。

（四）吉祥语

中国人做事都讲究个吉利，今人如此，古人更甚。契约文书中的各种吉祥语可谓多种多样。古人在立契时不但要选良辰吉日，而且经常在契约的结尾大书几个比较吉利的字，如租佃契约中的"丰年大熟"、买卖契约中的"永远大吉"、租房文契中的"兴隆大发"等。下面以少数民族契约文书中出现的一些吉祥语为例，说明少数民族经济文书的吉祥语使用情况。

苗族《陆可照洞头荒冲草坡断卖契》"子孙永远发大（达）管业存照"；《陆可照归引草坡断卖契》"立此断约一纸，永远发达存照"；《陆美才高达茶山断契》"立此断卖文契永远发达存照为据"。壮族《王班典当田契约》"天里（理）仁心"；《黄陈卖地契约》"天里（理）人良心"；《农文忠卖树木契约》"永远天长"；《农严永远卖田契约》"天长地久"。彝族《秦绪纲当约》"五谷丰收"；

《伙头窝曲当约》"田禾茂盛";《么别堡等卖约》"子孙世守"。苗族《吴王保石榴山冲荒地卖契》"天理人心永远子孙收执用者";《潘贵银登寨祖业田租禾断约》"断约信行在后,永远收照"。

(五) 纪年用语

古人根据十二种动物习性,附会五行学说,配以十二地支用来纪年。一般认为,十二生肖纪年起源于北部边疆少数民族地区,后传入中原并流行于西南边疆少数民族地区。敦煌石窟中发现的经卷中就有关于兔年、马年的记载。留存至今的西南少数民族的经济契约文书也不乏十二生肖纪年的情况,富于各民族纪年特色,也需要我们在整理、翻译中认真辨析。例如:

彝族一般采取十二月历,用十二兽肖纪年、纪月、纪日。但各地的十二生肖不尽相同,如川滇黔彝族十二兽为:鼠、牛、虎、兔、龙、蛇、马、羊、猴、鸡、狗、猪;哀牢山彝族十二兽为:虎、兔、穿山甲、蛇、马、羊、猴、鸡、狗、猪、鼠、牛等。彝族对十二兽肖纪年非常熟悉,各地彝族均会根据它来推算年岁,用以纪月纪日。

藏历是用五行搭配十二生肖纪年,即以鼠、牛、虎、兔、龙、蛇、马、羊、猴、鸡、猪、狗十二种动物名称来取代年代,与夏历的干支配合法相同,以12年为一小循环,60年为一大循环。此种纪年方式周期较短,只有十二年,故每隔十二年属相年号要重复一次。

傣历是一种阴阳合历。年是太阳年,以太阳沿黄道十二宫运行一周为一年,岁首设在太阳进入白羊宫首之时;月是阴历月,即以月亮的一个圆缺周期为一月。一年分十二个月,单月30天,双月29天,但八月一般只有29天,隔数年有一次"八月满",即八月的天数为30天。在日序的累计上,将一个月分为两半,初一至十四叫"楞恨"（意为月上），分别称为楞恨一日、楞恨二日……至楞恨十四日。十五日叫"楞丙"（意为月圆日）；十五日之后叫"楞笼"，分别叫作楞笼一日，楞笼二日……至楞笼十四日（当月二十九日）；最末一天叫"楞拉"（意为月黑日）。

西南少数民族的经济古籍文献中纪年方式很复杂，既有传统的皇帝年号/干支纪年/月/日的纪年方式，也存在有地支纪年的方式，或使用以上本民族习惯的十二生肖纪年的方式，还有多种纪年方式混用的情况（传统纪年与干支纪年混用；传统纪年与十二生肖纪年混用等），需要我们在分析中具体辨明。这些情况的存在，说明少数民族在接受了汉族纪年方式的同时，也保持了本民族特有的文化内容。

三 内容特点

（一）体现了西南地区少数民族社会经济的真实状况

目前留存下来的经济古籍文献，内容涉及面广，包括农业生产、工业、商业、盐务、矿业、贸易、人口、物产和赋税，有官府颁布的经济文书，如禀文、札文、呈文、契文、告示、执照、清册、粮单等；也有民间普通民众所签立的经济约定，如有买卖契约、租佃契约、典当契约、借贷契约、加添契约、赠予契约、退还契约、收付契约、对换契约、赋役、计账等，绝大多数涉及土地财产等经济关系。这些经济古籍文献体现了西南少数民族历史上在土地制度、商业贸易、工农业生产等领域的面貌，价值珍贵。

例如，通过西南少数民族经济古籍文献的研究，可以了解和掌握自元以来西南少数民族地区土地制度转移的真实状况。元代允许民田进行买卖交易，在西南经济比较发达的地区，如云南中庆路、大理路等地区已经出现了土地买卖。元碑《太华佛严寺常住田地碑记》记载了至元二十三年至至元二十九年间，太华佛严寺"于安宁安登庄、和尚庄、新生甸三庄，自备价银所买田地"的数目和卖方当事人的状况以及所收租粒数量。明初在各地设许多卫所，据《明史·食货志·田志》载，中央王朝在西南地区的汉族聚居区和靠内地区的府、州、县进行有组织的大规模屯垦和移民，土地租佃关系当时就主要发生在汉族移民屯垦区以及汉族与各少数民族相互交错地带，并未深入少数民族聚居区。明代正统以后，西南地区屯政废弛，屯地的私有已成大势所趋，士卒大多变成佃农，屯官大多变成地主。同时由于屯军逃亡，造成"虽有屯田之名，而无屯田之实"的状况，屯地大量抛荒，不得不将其"招佃于人"。屯政废弛带来土司地区亦开始出现招佃土地或招引游民开垦的情况。这些潜入土司地区充当土司佃户的逃散屯军，虽然为数很少，客观上也促进了土司地区租佃关系的形成与发展。明中期以来，西南地区屯田的大量典卖和租佃已成普遍状况，至明末，甚至出现土司典卖庄园或者抵押土地的情况。《黔南职方纪略》记载了明代贵州地区至嘉靖年间，各卫招佃者比比皆是，在土地的流转中，招佃人和承佃人之间反客为主的事情时有发生，甚至于一些地方的土司，在改土归流以后，为维持原有生活方式与消费，竟逐步变卖家产田地，沦为佃户。清代，内地汉族地区人口的剧增导致人地关系的紧张，形成内地汉民向西南地区的大规模自发移民，加之"改土归流"的大规模实施使汉族和少数民族之间的佃权和典权在明代的基础上更为发达。在原土司地区，残存的土司、土（目）地或者被变卖典当，或者招民租佃，西南少数民族社会内部也形成了租佃和典卖关系。《清代武定彝族那氏土司档案史料校编》中收录了多起佃户与地主间因佃种土地而产生的案件，清楚地反映出清代云南彝族内部出现的契约化租佃关系。[③]

(二) 体现了西南少数民族地区土司土官的经济社会关系

西南是一个少数民族聚居的地区,经济古籍文献中涉及中原王朝对民族区域管理的特有制度——土司土官制度。这种古代中国边疆地区特有的制度范围涉及湖广、四川、云南、广西诸省,并一直延续到民国,部分地区的土司制度直到中华人民共和国成立才最终消亡。西南少数民族的土官土司所承受行省和朝廷定期或不定期的经济负担主要有三项:一是差发,相当于田赋课税,每年土官土司要向所在行省交纳一定数量的银子,作为国家地方财政的常年收入,但在腹地府州县土官地区是根据当地户口人丁和田亩多少直接征收的,而在边远土司地区只是规定一个数字来征收;二是朝贡,这是土官土司每隔一定时间和在承袭、庆贺、谢恩等时不定期向皇帝呈献贡品,主要有金、银、象、马、犀角、琥珀、玉石以至大理石、蟒蛇胆、麝香、孔雀等;三是征调,凡遇战事朝廷可征调土兵出征,土官土司要出人、出马并自筹粮饷。

西南各少数民族的经济古籍文献,涉及西南地区的壮族土司、彝族土司、傣族土司、纳西族土司、苗族土司在征收租赋、修筑道路、屯田垦殖、贡献方物等方面的经济活动,还有许多关于少数民族土官土司在政治、军事、行政方面的原始记录,是我们考察地方与中央王朝、少数民族与中原王朝、土司与地方官府、土司内部的经济社会关系等方面的珍贵资料。

(三) 体现了西南少数民族地区社会经济的区域特色

如在货币的使用上,现存大量的经济古籍文献,记录了西南少数民族地区流通货币的独特性和多样性。《马可·波罗游记》记载了傣族早期使用贝币的情况:"其货币用金,然亦用海贝,其境周围五月程之地无银矿,故金一两值银五两,商人携多银至此易金,而获大利。"《新唐书·南诏传》记载：南诏大理地区以"缯帛及贝市易。贝之大若指，十六枚为一觅"，贝币的基本计量单位为觅，一觅为十六枚。《云南志》记载："凡交易……以缯帛幂数计之，云某物色值若干幂。""帛曰幂，汉四尺五寸也。"云南民间留存的许多契约文书也记载了云南少数民族流通货币的特色，如明代白族的一份契约《罗亨奴地价收付书》，内容记录说"今无力出卖与族兄罗三忍名下耕种，今地价海巴前后共收三次，约共巴贰仟伍佰索足，其巴一一收受明白，中间并无欠少压索"，"实收地价海巴贰仟伍佰索足，前后共收割羊酒三席整"。《广西少数民族地区碑文、契约资料集》收录的契约资料也充分反映了清代广西少数民族货币使用情况，其类型包括纹银、普丝银、光洋、东毫、西毫、青边钱（十净京钱）、正圩钱、换圩钱、原手钱、次钱、薄皮钱、砂板钱、鹅银钱、铜仙等，而且这些货币币值和货币比价差价不尽相同，研究价值很大。云南少数民族经济文献中也载录了云南历史上使用货币的情况，其类型包括大洋、小洋、英洋银（小洋）、栅河银、纹银、大龙元、新币、铜钱等。这些经济史料充分说明历史上西南少数民族货币使用很有地方特色，对考察当时当地的经济特征有着重要的参考价值。

此外，在数字计量方面，西南少数民族经济古籍文献中保留了许多富于特色的习俗。如基诺族的记账木刻采用十进位法，最小单位刻在木刻的右端，十倍和百倍于最小单位数依次向右。当右端最小单位数达到十个的时候，就在它左方的适当位置刻上表示十的刻痕，十位数到达十个时，也依次而行。在土地面积大小和土地的数量方面，西南少数民族没有完全使用汉族地区的亩、分等计量单位，而是按照当地风俗习惯和方言来使用。如壮族契约文书中有关土地田产面积的计量单位有"丢""子""卒"等字，其中"一丢"为1.5亩，"一子"为3亩，"一卒"为7.5亩。在苗族一些契约文书中，还经常出现"把""手""勺""合"等字，它们是苗族、侗族人民使用的一种计量单位，都采用十进制。④在其他少数民族的经济文书中还出现了"坵""井""截""背""箩""型"等计量单位，它们也是按照各地民族习俗和方言对田地面积的笼统计量，实际都是指一"块"土地的意思。

（四）体现了西南少数民族地区经济法律制度的面貌

西南少数民族经济古籍文献保存了大量经济法律史料，内容全面，资料翔实，涉及各时期土地法律制度、赋税的法律制度、农业生产的法律制度、货币的法律制度、商业的法律制度、矿业的法律制度、移民垦殖的法律制度、物权债权的法律制度等，是查考和研究西南地区历史上各少数民族法律制度发展演变的重要参考。

总之，西南少数民族经济契约文书能真实地反映出社会历史现状，在历史研究、经济研究和民族研究中具有重要的意义。这些珍贵的第一手史料，能"补官方档案之缺失、避官方规定之限制"，因而拥有"补史之阙，纠史之偏，正史之讹"的神奇力量。

注释：

①王恺豫：《大众契约程式》，上海大众书局1936年版，第8—30页。

②王恺豫：《大众契约程式》，上海大众书局1936年版，第34页。

③朱艳英：《元明清时期西南少数民族地区土地所有权制度的变迁》，《玉溪师范学院学报》2008年第12期。

④陈金全、杜万华：《贵州文斗寨苗族契约法律文书汇编——姜元泽家藏契约文书》，人民出版社2008年版，第102页。

作者简介：

陈海玉，女，档案学博士，云南大学历史与档案学院副教授，硕士生导师。王聪，男，云南大学历史与档案学院 2020 级硕士研究生。陈雨，女，云南大学历史与档案学院 2021 级硕士研究生。

我国少数民族非物质文化遗产档案价值的实现研究

河北大学管理学院　锅艳玲

摘　要：少数民族非物质文化遗产是各族人民在社会实践活动中逐渐形成的重要文化财富，对于人类社会的长期可持续发展意义重大，其保护和传承必然需要包括档案界在内的各相关领域的参与。本文以非物质文化遗产档案价值为基点，分析了少数民族非物质文化遗产对于本民族及社会的重要意义，探寻非物质文化遗产档案价值的实现的影响因素及策略，以为少数民族非物质文化遗产保护研究提供新的视角。

关键词：非物质文化遗产　档案价值　档案资源建设

Abstract：Minority intangible cultural heritage is an important asset, it is the production of public life, so it is important for long-term sustainable development of human society. Archives and other social sectors need to be involved in the intangible cultural heritage conservation. Based on archival value, this paper analyzed the minority intangible cultural heritage's significance, explored the influencing factors and strategies for intangible cultural heritage archives value realization. It will add new perspective for minority intangible cultural heritage research.

Key words: Intangible Cultural Heritage; Archival Value; Construction of Archives Resources

我国是一个统一的多民族国家,各少数民族在形成、演变、迁徙的过程中创造了丰富的文化遗产,其中非物质文化遗产以传统礼仪、节庆、音乐、舞蹈、戏曲等文化表现的方式记录了各民族在天文、历法、医药、教育、哲学、伦理、宗教等方面所取得的成果,使该民族记忆得以延续、文明得以传承。然而由于各种因素的影响,非物质文化遗产处于失存、失真、失传、失众的危险境地,保护非物质文化遗产刻不容缓。目前非物质文化遗产的保护与传承已被纳入历史学、人类学、经济学、艺术学等诸多学科的研究范畴中。本文基于档案学的视角,以非物质文化遗产档案价值为切入,提出少数民族非物质文化遗产档案价值实现的策略,以期促进非物质文化遗产保护,也为档案学的可持续发展添砖加瓦。

一 少数民族非物质文化遗产档案的价值

档案的价值及档案价值是档案学中两个相互区别又相互联系的概念,其中,档案的价值是指档案这一客体对于主体的意义或作用,是一种非明确表述性概念,[①]这一概念并不能真正的指明或确定价值,而是确定了价值客体——档案。档案的价值必然会因主体的不同而具有无限多的可能性,因此又具体表现为凭证价值、参考价值、现实使用价值、历史研究价值等多种价值样态。档案价值是一种明确表述性概念,是一种具体的价值样态,表现为某一客体能够满足人们档案保存、档案利用、档案研究等需要,对档案研究者、档案管理者、档案利用者具有积极意义。因此，经过鉴定保存在档案馆、档案室的档案一定具有档案价值，但其他客体（如非物质文化遗产）可能也具有档案价值。

少数民族非物质文化遗产是各民族人民创造力、想象力、智慧和劳动的结晶，在密切本民族人与人之间关系以及促进各民族人与人之间交流等方面具有重要意义，根据马克思"两个尺度"思想，从主体尺度看，非物质文化遗产与档案一样，能够满足主体在发展与繁荣人类文化、构建国家记忆、寻求身份认同等方面的需求，从客体尺度看，非物质文化遗产与档案具有多种历史记录性、知识性、文化性等相同属性，二者共同决定了非物质文化遗产能够满足人们在档案保存、档案利用、档案研究等方面的需要，对档案事业发展具有积极意义，即具有档案价值，并与其他价值样态共同构成了一个立体、丰富、动态的价值体系。

二 少数民族非物质文化遗产档案价值的表现

（一）满足我国和谐社会建设与国家记忆构建的需要

我国已确立了建设社会主义和谐社会的伟大目标。北京市档案馆、北京市海淀区档案馆、天津市河北区档案馆等多家档案部门以"社会主义和谐社会"为主题，以档案为主要原材料，通过举办展览、制作宣传片等方式参与到和谐社会的建设中。我国绝大部分非物质文化遗产都是以人与自然、人与人、人与自我的和谐为思想基础和价值理念的，这些古老而鲜活的非物质文化遗产是和谐文化的组成部分，它们所蕴含的和谐思想和行为规范为规范社会秩序、构建公序良俗的社会环境、达到内心和谐等方面起着决定性作用，因此说非物质文化遗产为建设社会主义和谐社会提供了强大的思想道德力量。

档案部门拥有丰富、真实、可信的档案资源，参与构建国家记忆已成为档案部门的重要使命。丰富多彩的非物质文化遗产也是构建国家记忆的重要力量。孙家正曾指出："断层和失根的文化可能使我们游荡的灵魂难以找到精神的家园"，"我们的祖先远比我们更具有创造力"。②一个国家或民族的记忆是全方面、多维的，大多数非物质文化遗产是在大众的生产实践活动中产生并发展的，具有草根性，能从"平民"的角度记录、反映国家、民族的发展，因此说非物质文化遗产是构建国家记忆不可或缺的重要力量。

（二）满足寻求身份认同与经济发展的需要

随着人口流动与文化交流的范围得到极大的扩展，各少数民族在与他族互相影响的同时，也开始面临身份认同的困扰。通过身份认同，个体或群体会因自己族群身份而产生自豪感和荣誉感，同时还会产生强大的精神力量。许多国家都比较重视利用档案满足人们寻求身份认同需求。如在美国 NARA 网站的"档案检索"栏目中，专设有"Resources for Genealogist"板块。非物质文化遗产是在族群漫长的历史发展中逐渐形成的，凝聚了该群体的意识、价值和精神，融入了该族群的血液，打上了该族群的文化烙印，因此非物质文化遗产不仅承载着族群内部成员的情感依赖，使同一族群内部成员之间获得一种感情上的亲密感，还蕴含着该族群的认知系统和信仰价值，因此也成为寻求身份认同的重要依据，在满足群体与个体身份认同方面扮演重要的角色。③

随着知识社会的到来，档案是无形资产、知识资产这一理念已得到了越来越多人的认可，从总体上看，非物质文化遗产都具有一定的发展历史，具有重要的历史文化价值。从个体上看，每一项非物质文化遗产都存在于特定的区域、民族、群体环境中，具有各自的特色。对这些非物质文化遗产资源进行适度开发，可以满足现代人对少数民族文化欣赏的需求而创造经济效益,提高非物质文化遗产传承人或某些群体的经济水平,进而反哺非物质文化遗产。除此之外,非物质文化遗产中大量传统的工艺性、技艺性项目,如中医药、酿酒、剪纸、年画、风筝等,本身具有一定的科学性和技术性,会对其传承者及某些群体产生直接的经济效益。

(三) 推动档案事业的发展

我国档案工作历史悠久,档案部门保存着丰富的档案资源,但由于历史传统及体制原因,档案馆保存的资源大多来自政府、国有企业、学校等机构,将非物质文化遗产转变成档案资源保存起来,有利于丰富馆藏档案资源。随着档案管理由"国家模式"向"社会模式"转换,档案部门在集体记忆构建、身份认同、知识管理中开始承担重要职责,然而,如果没有认识到非物质文化遗产的档案价值,而将这一重要资源排除在档案工作之外,所构建的集体记忆定是残缺不全的,一些身份认同是无法完成的,知识管理中大量隐性知识会被遗漏,因此研究非物质文化遗产的档案价值是完成档案部门职责的必然要求。档案学是研究档案现象及其规律的一门科学,根据上文对非物质文化遗产主客体尺度分析的结果,可以得出非物质文化遗产具有档案价值,即非物质文化遗产对于档案工作、档案事业具有积极作用,因此理应将其纳入档案学的研究范畴中,这是档案界参与非物质文化遗产研究的基础,因此也合理拓展了档案学的研究范畴。

(四) 有利于各民族非物质文化遗产的保护与传承

在多年的非物质文化遗产保护研究和实践中已形成了活态保护模式、生态圈保护模式、博物馆式保护模式、档案式保护模式等多种保护模式。其中档案式保护模式是"将无形的非物质文化遗产用文字或形成图像的手段将其保留下来,并按照特定的管理方式存档",④即伴随非物质文化遗产的普查、记录、建档、保存等业务将非物质文化遗产资源转化为档案资源,这是非物质文化遗产档案价值呈现出来的主要方式。为了实现该价值的增值,还需要伴随非物质文化遗产的传承与传播而采用新的技术手段和方式对非物质文化遗产档案资源进行深度开发,并与公众共享,从而将非物质文化遗产档案资源转化为一种社会资源。因此说研究非物质文化遗产档案价值及其开发,有利于探索出新的非物质文化遗产保护模式,从而使非物质文化遗产得以更好地保护与传承。

三 少数民族非物质文化遗产档案价值实现的影响因素

(一) 非物质文化遗产自身传承状况的影响

非物质文化遗产的档案价值来自该文化事象对传承族群生产生活实践的客观记录,得以正常传承、演变的非物质文化遗产一般具有较高的档案价值。而若不是客观、真实的记录,也就丧失了其档案价值,目前来看主要有以下两种情况:一是某些非物质文化遗产本身濒危状况比较严重甚至已经消失,在非物质文化遗产保护大潮中,在现代价值观的引导下,依靠不准确的记忆或不完整的史料被"恢复"的非物质文化遗产,难免会丧失其原汁原味,档案价值必然大打折扣。二是在市场化冲击下,某些非物质文化遗产在工艺方法、表现形式等方面刻意迎合市场需求,过于追求经济效益或表演趣味而丧失其自身精神内涵,这些非物质文化遗产是一种被"扭曲"的镜子,丧失了档案价值。

(二) 档案工作的影响

通过档案记录、反映活态的非物质文化遗产,必然需要有效的档案工作支持：

其一是档案理论研究，虽然非物质文化遗产档案已被列入《国家基本专业档案目录》，但关于非物质文化遗产档案的理论研究水平还亟待提高，档案管理主体、管理方法、非物质文化遗产保护工作与档案工作的有效连接、归档范围、分类方案制定等问题缺乏理论指导会影响档案管理的科学性。

其二是档案采集工作需要与非物质文化遗产的动态发展相一致，一方面体现在采集时间上的动态性，即伴随非物质文化遗产的演变，本体档案、传承档案、申报与保护档案会不断形成，档案采集要动态进行；另一方面体现在采集对象上，形成、拥有非物质文化遗产档案的主体非常多，甚至包括新闻媒体、普通社会公众。档案采集是否及时、全面决定了档案是否齐全完整，进而会影响档案价值的高低。

其三是档案工作者的素质，档案价值的发挥需要由档案部门代表其他主体对档案进行开发，一方面要代表其他主体的意志对档案进行采集、加工、整理；另一方面要预测其他主体的需求和行为，为其提供优质服务，尤其在数字化、网络化环境下，要求档案工作者在知识结构、工作理念等方面都要进行适当的调整。因此档案工作者的素质决定了档案部门是否能够代表其他主体将非物质文化遗产这一客体有效地主体化，即档案价值的充分发挥。

（三）社会环境因素的影响

非物质文化遗产是社会的产物，其发展、演变与社会环境息息相关，档案价值的形成、实现也是诸多社会环境因素共同作用的结果。我国是拥有几千年悠久历史的文明古国，不计其数的非物质文化遗产在历史长河中繁衍生息，从历史传统上看，我国自古以来就有非物质文化遗产保护的传统，从古代《诗经》的采集、整理到

20 世纪 80 年代的《中国民族民间文艺集成志书》、2003 年启动的"中国民族民间文化保护工程",再到 2011 年《中华人民共和国非物质文化遗产法》颁布,基于以上从政策到实践的保驾护航,我国大量非物质文化遗产得以有效的保存、传承,为档案价值的发挥奠定了基础。

随着社会文明程度的提高,人们对文化、精神方面的需求越大,非物质文化遗产作为一个民族的文化基因,承载着一个民族的智慧和精神,在满足人们精神文化需求方面具有不可替代的作用。社会文明程度越高,来自主体的需求越大,非物质文化遗产越易得到科学保护、保存,档案价值越大。

法律是协调社会各方面关系最有效的一种手段,制定、执行法律法规、方针政策已成为我国非物质文化遗产保护的常见手段,从 2003 年联合国颁布的《保护非物质文化遗产公约》到 2005 年出台的《国务院办公厅关于加强我国非物质文化遗产保护工作的意见》、2011 年颁布的《中华人民共和国非物质文化遗产法》,在这些法律法规中都包括建档以及将档案提供给公众利用的条款,如在《中华人民共和国非物质文化遗产法》第十三条中明确规定应为非物质文化遗产建档,"除依法应当保密的外,非物质文化遗产档案及相关数据信息应当公开,便于公众查阅"。⑤这些法律条款为档案价值实现也起着制约或规范的作用。

四 少数民族非物质文化遗产档案价值实现的策略

(一)加强档案资源建设

档案资源是非物质文化遗产档案价值的载体,因此,优化档案价值的实现效果,必须要加强档案资源建设。首先,结合档案学全宗理论,按照"依项目建档""依传承人建档"的原则将同一项非物质文化遗产的档案进行集中，以全面反映非物质文化遗产的历史演变及发展过程。其次，将非物质文化遗产视为国家重要资源，将档案资源建设上升至保存国家记忆、维护国家文化安全、传承中华文化的高度，遵循统筹规划、分级建设、多方合作等原则进行国家非物质文化遗产档案资源的建设，使非物质文化遗产档案的采集、整理、保护、开发等在统一框架下进行，尤其在数字化、网络化的支持下，数字档案资源建设也成为优化档案价值的重要保障。

（二）关注主体需求及行为

主体的需求及心理决定着档案价值开发的方式和实现的效果，因此档案部门不仅要加强档案资源建设，也要关注主体的需求及心理，以便促进档案价值的实现。其中的主体是指基于研究、传承、休闲、兴趣等各种原因需要利用非物质文化遗产档案以获取关于该文化事项客观、真实信息的国家机构、社会组织和个人。一般情况下，由于不同主体利用目的、档案意识、表达能力和习惯不同，表达需求往往不能准确表达自己的客观需求，档案部门需要通过与主体的沟通来了解需求产生的情景，挖掘潜在需求，以更适当的方式和档案资源满足用户需求，优化档案价值的实现效果。

（三）以多元方式主动提供档案利用

如上所述，非物质文化遗产档案面对的是多元主体需求，档案部门需要对主体类型、需求、不同利用方式的效果进行研究，以多元的方式提供利用。首先，要对档案资源进行深加工，能够通过举办展览、编研、专题服务、出版物等多种服务方式满足主体需求；其次，服务态度要变被动为主动，除了满足前来寻求服务的主体外，还需要主动服务到申遗、非物质文化遗产保护工作中；再次，在提供利用工作中，不仅档案工作者是主动者，更要发挥其他主体的主动性（而不只是被动地接受服务），强调公众参与，供需双方充分沟通，实现良性循环才能更大程度地实现非物质文化遗产的档案价值。

（四）与博物馆、图书馆、文化馆等公共文化机构合作

档案资源是档案价值的重要载体，但博物馆、图书馆、文化馆、科技馆等公共文化机构也都进行了非物质文化遗产的整理、研究、学术交流、宣传、展示等活动，如2012年国家图书馆启动的"中国记忆"项目，文字、年画、剪纸以及一些传统技艺得以被抢救和保护。博物馆是展示、宣传、保护文化遗产的重要阵地，文字、书法艺术、雕刻技艺等非物质文化遗产也经常出现在博物馆的展览中。我国文化馆数量、种类繁多，在文化部颁布的《群众艺术馆、文化馆管理办法》中明确规定，文化馆的工作任务包括"收集、整理、研究、开发民族民间优秀文化，挖掘、保护和继承民间文化遗产"⑥，由此可以看出，不同文化机构在非物质文化遗产保护上均承担了一定的职责，各有优劣，并且目的相同，因此若能实现文化机构之间在非物资文化遗产资源、开发策略、申遗、举办展览、出版物等方面的合作，将不同机构力量进行集成，必将更有利于非物质文化遗产的保护。

"夫源远者流长，根深者枝茂。"非物质文化遗产就像一条源远流长的河流，伴随各少数民族流过历史，流到今天，流向未来。2013年，国家主席习近平就曾经指出："一个国家、一个民族的强盛，总是以文化兴盛为支撑的，中华民族伟大复兴需要以中华文化发展繁荣为条件。"⑦少数民族非物质文化遗产是其记忆的承载、智慧的结晶。非物质文化遗产档案价值的研究及其实现，一方面夯实了档案界参与非物质文化遗产研究的基础，同时也为非物质文化遗产研究注入新的力量，促进其保护与传承。

注释：

①张斌：《档案价值与档案的价值》，《山西档案》1995年第2期。

②戴廉：《非物质文化遗产保护的困惑》，《瞭望新闻周刊》2005年第30期。

③彭兆荣：《文化遗产学十讲》，云南出版集团公司、云南教育出版社2012年版，第35页。

④覃美娟：《非物质文化遗产档案式保护研究》，硕士学位论文，广西民族大学，2007年，第43页。

⑤中华人民共和国第十一届全国人民代表大会常务委员会第十九次会议：《中华人民共和国非物质文化遗产法》，2011年2月25日。

⑥文化部：《群众艺术馆文化馆管理办法》，1992年2月27日。

⑦北京市中国特色社会主义理论体系研究中心：《中华民族伟大复兴需要中华文化发展繁荣——学习习近平同志在山东考察时的重要讲话精神》，《求是》2013年第12期。

作者简介：

锅艳玲，女，河北大学管理学院副教授。

基于文化遗产理论的少数民族档案对象体系重构研究

云南大学历史与档案学院　华　林　李浩嘉　谭雨琦

摘　要：我国现存有丰富的少数民族档案，从具有中国特色的文化遗产理论重构少数民族档案对象体系，可从学术与现实方面完善少数民族档案学学科理论体系建设，更好地指导实践工作的开展。本文提出少数民族档案对象体系重构问题，从文化遗产理论的视角阐述对象体系构建思想，在分析对象体系重构需要解决问题的基础上，全面阐述少数民族档案对象体系重构对民族档案学学科理论体系建设的重要理论价值与实践意义。

关键词：文化遗产理论　少数民族档案　对象体系

Abstract: There are abundant minority archives in China. Reconstructing the object system of minority archives from the theory of cultural heritage with Chinese characteristics can improve the construction of the discipline theoretical system of minority archives from the academic and practical aspects, and better guide the development of practical work. This article puts forward the reconstruction of the object system of ethnic minority archives, expounds the construction idea of the object system from the perspective of cultural heritage theory, and comprehensively expounds the important theoretical value and practical significance of the reconstruction of the object system of ethnic minority archives to the construction of the theoretical system of ethnic archival science.

Key words: Cultural Heritage Theory; Archives of Ethnic Minorities; Object System

一 少数民族档案对象体系重构理论研究问题的提出

少数民族档案研究对象是指少数民族档案研究的物质对象，具体而言，就是少数民族档案，要解决的是少数民族档案的界定与描述问题，包括对其形成主体、档案来源、本质属性、价值作用与类型构成等要素的凝练与阐述。少数民族档案对象体系则是在明确少数民族档案内涵外延的基础上，对少数民族档案对象类型构成的理论概括与体系化构建。这一问题的解决不仅对明确少数民族档案研究的物质对象，更好地对其内涵要素与具体类型构成进行深入研究有理论意义，对重新构建少数民族档案框架体系，开展档案收集、整理、鉴定、保护、资源建设，及其档案信息资源开发利用工作也有重要学术价值。

少数民族档案概念的产生，源于1960年8月国家档案局在内蒙古呼和浩特召开的全国少数民族地区档案工作会议。会上提出"少数民族档案"概念，但对其内涵外延并未明确阐述。1987年11月，中国档案学会在昆明举办"少数民族档案史料评述学术讨论会"，对少数民族档案及其工作问题进行研讨。张鑫昌、郑文、张昌山等在《民族档案学刍议：特征与任务》（1988）论文中提出，少数民族档案有狭义与广义之分。狭义的少数民族档案是以少数民族文字符号等方式记录和反映本民族自身历史和现状的原始记录。广义的少数民族档案则是各个时代的一切社会组织及其成员，关于各少数民族的具有一定保存价值的各种文字符号的原始记录。①这一表述集中了当时学者们对少数民族档案认识的观点，但对其图画、声像和实物等记录方式尚未涉及。其后，狭义概念逐渐淡出，广义概念为多数学者接受。1993年，杨中一先生所著《中国少数民族档案及其管理》（1993）提出，应当从少数民族档案所反映内容的角度来表述其档案定义，即凡属于反映少数民族问题内容的档案，无论什么形成单位，无论什么载体形式、书写方式，都应视为少数民族档案。②这一观点为多数学者认同。

其后，学者们都从不同的研究视角，对各种少数民族档案进行界定。如在少数民族历史档案方面，1996年和2001年，华林教授先后出版的博士论文《西南彝族历史档案研究》和专著《西南少数民族历史档案管理学》等，对少数民族历史档案概念进行探讨。2019年，华林教授出版的《少数民族历史档案管理学》将少数民族历史档案界定为：1949年以前的少数民族，以及各个历史时期的国家机构、社会组织和个人等，在社会历史发展进程中直接形成的，反映少数民族政治、历史、经济、军事、科技、文艺、教育、哲学、伦理、宗教和民俗等情况，具有保存价值的文字、图画和声像等不同形式的历史记录。③其内涵包括：一是少数民族历史档案的形成主体是1949年以前的少数民族，以及各个历史时期的国家机构、社会组织和个人等。二是少数民族历史档案是"直接形成的"，因此，它具有较强的档案原始性，能如实地反映少数民族社会历史发展的真实面貌。三是少数民族历史档案真实地反映了少数民族政治、历史、经济、军事、科技、文艺、教育、哲学、伦理、宗教和民俗等社会历史情况，内容涉及少数民族社会历史发展的各个领域。四是少数民族历史档案有各种不同的记录方式与表现形式，因此档案种类极为繁多。在少数民族口述档案方面，陈子丹教授认为，无论是有文字的民族还是无文字的民族，都用口碑方法保存自己本民族的历史文化遗产，形成了一批价值可观的口述档案史料。④子志月将云南少数民族口述档案表述为：为了抢救保护、开发利用各少数民族文化遗产，或记录、核实重大历史事件等的需要，对掌握或熟悉少数民族文化遗产的当事人、重大历史事件参与者或见闻者、重要历史人物等进行有计划的采访，并经采集者以标准方法采集形成的各种文字、录音、录像以及数字化等形式的、对国家和社会有保存价值的历史记录。⑤在民族档案文献遗产方面，2013年，仝艳锋出版的《民族档案文献遗产保护研究：以云南为例》提出，云南少数民族档案文献遗产是指云南省少数民族本身及其有关机构和个人在社会活动中形成的，由不同形式的载体材料和记录内容构成的，以不同类型的记录符号表现出来的，记载着云南省少数民族多样文化和历史的原始记录总和。⑥这一概念实质上是少数民族档案的实践化界定，其贡献是厘清了少数民族档案和少数民族档案文献遗产的关系，明确了少数民族档案文献遗产的范围类型，对开展其保护工作提供了理论依据。

在少数民族档案对象类型描述方面，许多专家学者都从不同视角进行过阐释，如仝艳锋出版的《民族档案文献遗产保护研究：以云南为例》，将云南少数民族档案文献遗产具体概括为三个部分：①用汉字记录的有关云南省少数民族问题的档案文献遗产，包括党和国家在各个历史时期所制定及执行的云南省少数民族政策的档案文献，记录云南省各少数民族地区与民族政治经济文化生活有关的其他档案文献。②用少数民族语言文字记录云南省少数民族问题的档案文献。③没有文字的少数民族用口耳相传和用简易图形符号记录形成的档案文献，这部分档案同样是少数民族档案文献遗产中必不可少的内容。⑦2019年，华林教授出版的《少数民族历史档案管理学》将少数民族历史档案分为：一是少数民族原生历史档案，包括少数民族原始历史档案、少数民族口述历史档案、少数民族文字历史档案、少数民族汉文历史档案和少数民族图像历史档案等类型。二是其他少数民族历史档案，是指1949年以前，历代国家机构、社会组织或个人在各个历史时期以汉文或其他文字、符号等直接形成的，涉及少数民族问题的历史档案，主要包括文书档案、碑刻档案、印章档案等类型。⑧

少数民族档案的一个重要功能是传承民族文化，是民族文化遗产的重要构成部分。上述可知，无论是少数民族档案概念界定，或是在少数民族档案对象阐述方面，都从不同的研究视角对少数民族档案本质特征与外延范围进行了研究与阐释，但从民族文化构建、保护与传承视角看，还未从理论上解决民族文化的全面性传承问题。所产生的不利影响有：一是不利于对少数民族档案与少数民族档案对象类型进行准确描述，影响了对少数民族档案的全面认识与研究。二是不利于全面了解少数民族档案的构成范围与具体类型，对少数民族档案收集、整理、鉴定、保护、资源建设与开发利用工作造成不利影响。三是不利于对少数民族档案学研究的物质对象进行准确研究与认知，对少数民族档案学的学科理论体系的科学构建造成不利影响。鉴于此，如何依托文化遗产理论，全面构建少数民族档案对象体系，从而推动少数民族档案学学科建设的完善与发展，也就成为本研究需要解决的重要学术问题。

二 基于文化遗产理论的少数民族档案对象体系重构

（一）中国特色文化遗产理论的产生形成与演进

文化遗产理论的形成有一个逐渐发展演进的过程。1972年，联合国教科文组织发起世界遗产项目，提出自然遗产和文化遗产保护问题。1992年，联合国教科文组织发起"世界记忆工程"，提出开展文献遗产，包括档案馆、图书馆等保存的文档、手稿等任何介质的珍贵文件以及口述历史的记录保护工作，其目的是实施联合国教科文组织保护世界文化遗产的任务。在此背景下，我国有多个项目入选世界记忆名录，如2003年的云南《纳西东巴古籍文献》，2010年的天主教澳门教区档案文献，以及2018年西藏《四部医典》和云南《南洋华侨机工支援中国抗战档案》等。为更好地保护我国档案文献遗产，1995年，国家档案局牵头成立世界记忆工程中国委员会，参加单位有国家档案局、国家图书馆和文化部档案处等。2000年，国家档案局启动"中国档案文献遗产工程"，有多件民族档案文献遗产入选。如2002年，有48件（组）档案文献入选第一批国家级名录，民族档案文献遗产有"纳西族东巴古籍"等。2010年，有30件（组）档案文献第三批入选，有"清末云南为禁种大烟倡种桑棉推行实业档案文献"等。2015年，有29件（组）档案文献第四批入选，有"卡瓦山佤族酋长印谱"等。世界记忆工程依托各国政府，整合档案馆、图书馆、博物馆、相关社会组织和个人等社会力量，共同开展珍贵文献遗产保护利用工作。

在中国特色文化遗产理论建设方面，党和国家长期重视文化遗产抢救工作，如2005年12月，国务院颁布的《关于加强文化遗产保护的通知》指出，我国文化遗产蕴含着中华民族特有的精神价值，是各民族智慧的结晶，也是全人类文明的瑰宝。要加大文化遗产保护力度，充分发挥文化遗产在传承中华文化，增强民族凝聚力，促进社会主义先进文化建设和构建社会主义和谐社会中的重要作用。⑨2012年，党的十八大报告提出，建设优秀传统文化传承体系。2017年1月，中共中央办公厅、国务院办公厅印发《关于实施中华优秀传统文化传承发展工程的意见》，要求开展少数民族特色文化保护工作，加强少数民族语言文字和经典文献的保护和传播，做好少数民族经典文献和汉族经典文献互译出版工作，以及推动民族传统体育项目的整理研究和保护传承。⑩2020年6月20日修订通过《档案法》第三十四条规定，国家鼓励档案馆开发利用馆藏档案，通过开展专题展览、公益讲座、媒体宣传等活动，进行爱国主义、集体主义、中国特色社会主义教育，传承发展中华优秀传统文化，继承革命文化，发展社会主义先进文化，增强文化自信，弘扬社会主义核心价值观。⑪2021年6月，中共中央办公厅、国务院办公厅印发《"十四五"全国档案事业发展规划》提出，引导支持地方各级综合档案馆重点围绕"四史"教育、历史研究、工业遗产保护、历史文化遗产传承等进行专题档案开发，通过开发带动保护，更好发挥档案在服务国家治理、传承红色基因、建构民族记忆、文明交流互鉴等方面的独特作用。⑫党和国家发布的一系列文化遗产保护方针政策，从保护内容阐释、保护意义与保护措施等方面，推进了中国特色文化遗产理论的形成发展。

（二）对少数民族档案对象体系构建的应用指导

党和国家发布的一系列文化遗产保护方针政策对中国特色文化遗产理论建设产生重要指导作用，其中，对少数民族档案对象体系构建最具指导意义的是2005年国务院颁布的《国务院关于加强文化遗产保护的通知》，将文化遗产界定为：文化遗产包括物质文化遗产和非物质文化遗产。物质文化遗产是具有历史、艺术和科学价值的文物，包括古遗址、古墓葬、古建筑、石窟寺、石刻、壁画、近代现代重要史迹及代表性建筑等不可移动文物，历史上各时代的重要实物、艺术品、文献、手稿、图书资料等可移动文物，以及在建筑式样、分布均匀或与环境景色结合方面具有突出普遍价值的历史文化名城（街区、村镇）。非物质文化遗产是指各种以非物质形态存在的与群众生活密切相关、世代相承的传统文化表现形式，包括口头传统、传统表演艺术、民俗活动和礼仪与节庆、有关自然界和宇宙的民间传统知识和实践、传统手工艺技能等以及与上述传统文化表现形式相关的文化空间。[13]依据这一理论，少数民族文化遗产包括三种类型：一是不可移动的物质文化遗产，包括具有历史、艺术和科学价值的文物，主要有古遗址、古墓葬、古建筑、石窟寺、石刻、壁画、近代现代重要史迹及代表性建筑等。二是可移动的物质文化遗产，包括历史上各时代的重要实物、艺术品、文献、手稿、图书资料等。三是非物质文化遗产，包括口头传说、传统表演艺术、民俗活动和礼仪与节庆、有关自然界和宇宙的民间传统知识和实践、传统手工艺技能等。[14]基于上述少数民族历史文化遗产的划分，少数民族档案对象体系可划分为以下三种类型：

（1）可移动征集进馆保存的少数民族档案。这是指在管理上可移动征集到档案馆保存的，1950年以前形成的，涉及少数民族的皇朝政令、律令则例、治边方略政书、时事政书、著名人物谱牒，以及少数民族地方政权文书，民间家谱族谱，契约、地契，民间具有档案性质的手稿、宗教经书、医书、农书、历书和工艺典籍，印章、金文或木刻等。1950年以后，党和国家以及各个少数民族形成的涉及民族问题的有价值的原始档案文献等。这类少数民族档案是档案部门资源建设的主要构成部分，可采用接收、征集、征购或购买，以及拓印、拍摄、录制、抄录等方式，将其征集到档案部门进行保管。这类少数民族档案管理的特点是对象明确具体、征集方式多样。其难点是对少数民族档案与文物、古籍等的多元性要从理论上进行正确鉴别与把握。

（2）不可移动文化遗产建档少数民族档案。这类档案是对不可移动的，具有历史、艺术和科学价值的石刻、壁画、近代现代重要史迹；具有历史、艺术和科学价值古遗址、古墓葬、古建筑、石窟寺等；在建筑式样或与环境景色结合等方面具有突出价值的历史文化名城、街区或村镇等建档形成的档案。这类少数民族档案记录的对象特点是不可移动性，只能采用普查登记、文字记录、拍摄、录制或数字化等方式，对其进行再生性建档管理。其建档的特点是具可行性，档案部门有能力和技术，与博物馆等单位共同完成这一建档保护工作。

（3）非物质文化遗产等建档少数民族档案。这类档案有两种类型：其一，非物质文化遗产建档少数民族档案。其建档对象主要包括各种以非物质形态存在的口头传说和表述，如作为非物质文化遗产媒介的语言；表演艺术；社会风俗、礼仪、节庆；有关自然界和宇宙的知识和实践；传统的手工艺技能等，可采用文字记录、拍摄、录制或多媒体等方式，对其进行再生性建档管理。其建档管理的特点是建档工作田野性强，工作范围广，且成本高，档案部门需要投入更多的人力和物力完成这一建档保护工作。其二，基于口述历史建档的少数民族档案。少数民族口述档案实质上是一种建档性档案，即"对掌握或熟悉少数民族文化遗产的当事人、重大历史事件参与者或见闻者、重要历史人物等"进行建档，建档目的是为了保护传承少数民族文化遗产，或记录重大历史事件等，建档方式有文字记录、录音、录像和数字化等，是档案部门常用的一种资源建设方式。

三 少数民族档案对象体系重构需要解决的主要问题

（一）档案对象体系构建的细化研究问题

上述可知，依托文化遗产理论，可将少数民族档案对象体系划分为：可移动征集进馆保存的少数民族档案、不可移动文化遗产建档少数民族档案、非物质文化遗产等建档少数民族档案三个模块。

其中，非物质文化遗产等建档少数民族档案又划分为：非物质文化遗产建档少数民族档案、基于口述历史建档的少数民族档案两个模块，这样就形成了4个模块的少数民族档案对象体系。从学术研究的视角看，这一少数民族档案对象体系只是提出了一个框架构建设想，而4个模块的少数民族档案对象体系的具体细化研究，如可移动征集进馆保存的少数民族档案具体包括什么类型，各种类型的概念鉴定、分类构成、档案特点与内容价值等，都还需要进一步细化研究，以对少数民族档案对象体系进行具体理论梳理与精准学术认知。

（二）非遗与口述档案关系研究厘清问题

非物质文化遗产等建档少数民族档案包括了非物质文化遗产建档少数民族档案和基于口述历史建档的少数民族档案两个模块，这两种档案类型有联系又有区别，其共同之处是两种档案都是依托传承人或当事人等进行建档而形成的，所建档记录的是非物质文化遗产和口述档案。其中，对于非物质文化遗产的构成，2011年6月施行的《中华人民共和国非物质文化遗产法》将其概括为：传统口头文学以及作为其载体的语言；传统美术、书法、音乐、舞蹈、戏剧、曲艺和杂技；传统技艺、医药和历法；传统礼仪、节庆等民俗；传统体育和游艺；其他非物质文化遗产等。[15]口述档案建档记录的是"各少数民族文化遗产，重大历史事件等"。从建档记录上看，两种建档记录的内容是有交叉的。因此，如何对少数民族非遗档案和口述档案的本质特征、外延构成、档案特色、内容价值，以及两者之间的具体联系与区别进行深入研究与厘清，也就成为下一步少数民族档案对象体系构建需要研究解决的重要学术问题。

（三）档案对象体系构建的学科研究问题

少数民族档案对象体系的构建对民族档案学科理论框架体系的

建设产生了重要影响，主要表现在：一是从逻辑起点上重构少数民族档案对象，以对象体系构建支撑民族档案学的学科建设，因而对少数民族档案普查、收集、整理、鉴定、保管、统计、检索、编研与开发利用工作，及其机构设置、行政管理、法制建设、宣传教育、科学研究和对外合作与交流等事业管理工作的理论体系重构都产生了一定的影响。二是从少数民族档案工作实践方面重构实践对象，对少数民族档案工作对象、工作内容、工作方法，以及收集整理、鉴定保管、工作统计、数字化建设和档案信息服务利用等实践工作等也产生了重要影响。因此，以少数民族档案对象体系的重新构建，推进民族档案学的学科理论体系建设，用以指导少数民族档案实践工作，对完善民族档案学理论研究，推动边疆民族地区少数民族档案工作的建设与发展就有了更为重要的学术价值与现实意义。

四 少数民族档案对象体系重构的重要理论实践意义

（一）为构建少数民族档案资源体系提供理论依据

少数民族档案资源体系的构建是指依据少数民族档案对象模块，以及各个模块所属少数民族档案类型，构建少数民族档案横向与纵向层次框架体系，形成一个结构严谨的体系化少数民族档案资源体系，用以指导少数民族档案实践工作。少数民族档案资源体系的具体内容可做以下细分：首先，少数民族档案资源体系的一级模块构建可划分为可征集的少数民族档案、固定文化遗产建档档案、少数民族非遗建档档案、少数民族口述建档档案4个模块。其次，二级类目可依据不同模块划分具体档案类别。如可征集的少数民族档案按其载体可分为：纸质档案、音像档案、电子档案和实物档案等类型。再次，三级类目可依据不同档案类别划分档案类型。如少数民族纸质档案可划分为：文书、家谱、契约、地契、手稿、经书，以及医书、农书、历书和工艺典籍等。少数民族档案资源体系的构建对明确少数民族档案收集范围，做好档案征集与建档工作，进一步开展少数民族档案分类整理、资源建设以及数据库构建等实践工作都有较好的理论指导意义。

（二）为推动少数民族档案工作发展提供理论支持

少数民族档案对象体系构建对推动少数民族档案工作发展的实践意义在于：一是明确了少数民族档案工作的对象。以往少数民族档案工作大多从可征集的少数民族档案、少数民族口述建档档案等方面开展工作，少数民族档案对象体系的重构则从可征集的少数民族档案、固定文化遗产建档档案、少数民族非遗建档档案、少数民族口述建档档案4个方面明确了少数民族档案工作的对象，这对相关档案馆制定民族档案方针政策、进行工作规划，开展标准规范建设，以及提供人财物保障，推动少数民族档案工作的发展有较好的实践意义。二是完善少数民族档案资源建设工作。从档案与社会记忆关系看，档案的主要功能是传承社会记忆，这是对档案与社会记忆关系的基本认识，即认为档案是社会记忆的载体或工具。⑯从可征集的少数民族档案、固定文化遗产建档档案等4个模块重构少数民族档案资源体系，有利于完整构建与传承民族记忆，更好地保护珍贵的少数民族文化遗产。三是全面开发少数民族档案信息资源。少数民族档案对象体系的重构，既为开展档案资源体系化建设提供了理论指导，也有助于从可征集的少数民族档案、少数民族非遗建档档案等领域全面开发少数民族档案信息资源，为服务边疆民族地区经济文化建设发展提供档案信息支持。

（三）为完善民族档案学科科学建设提供对象支撑

少数民族档案对象体系的重构，可从三个方面完善民族档案学科科学建设：其一，全面阐释民族档案研究对象。重构少数民族档案对象体系，就可从可征集的少数民族档案、固定文化遗产建档档案、少数民族非遗建档档案、少数民族口述建档档案等对象类型，对少数民族档案概念鉴定、分类构成、档案特点与内容价值等进行重新阐述与完善，以对其研究对象进行精准梳理与认知。其二，科学建设民族档案工作理论。依托少数民族档案对象体系，对少数民族档案普查、收集、整理、鉴定、保管、统计、检索、编研与开发利用等实体管理工作进行完善，可丰富少数民族档案工作的理论、技术与方法，全面推进其实践工作的建设与发展。其三，完善民族档案事业建设工作。少数民族档案对象体系的重构，不仅对少数民族档案对象、工作内容与方法的建设产生了影响，同时也对少数民族档案机构设置、行政管理、法制建设、宣传教育、科学研究和对外合作与交流等事业管理工作的理论、内容与方法建设产生了推动作用，这对更好地构建与完善少数民族档案学学科理论体系，创新民族档案工作，更好地服务边疆民族地区治理体系与治理能力的现代化建设有重要现实意义。

注释：

①张鑫昌、郑文、张昌山：《民族档案学刍议：特征与任务》，《思想战线》1988 年第 1 期。

②杨中一：《中国少数民族档案及其管理》，中国档案出版社 1993 年版。

③⑧华林：《少数民族历史档案管理学》，中国文史出版社 2019 年版。

④陈子丹、周知勇：《少数民族口述档案浅论》，《云南档案》2004 年第 2 期。

⑤子志月：《云南少数民族口述档案开发利用研究》，云南大

学，2013年。

⑥⑦仝艳锋：《民族档案文献遗产保护研究：以云南为例》，山东大学出版社2013年版。

⑨⑬⑭中央人民政府网：《国务院关于加强文化遗产保护的通知》，2005年12月22日，http：//www.gov.cn/gongbao/content/2006/content_185117.html.

⑩人民网：《关于实施中华优秀传统文化传承发展工程的意见》，2017年1月26日，http：//politics.people.com.cn/n1/2017/0126/c1001-29049653.html.

⑪国家档案局网：《中华人民共和国档案法》，2020年6月20日，http：//www.saac.gov.cn/daj/yaow/202006/cfc8c422e68f4d3aae46389a3c470a5f.shtml.

⑫国家档案局网：中办国办印发《"十四五"全国档案事业发展规划》，2021年6月8日，https：//www.saac.gov.cn/daj/yaow/202106/899650c1b1ec4c0e9ad3c2ca7310eca4.shtml.

⑮人民网：《中华人民共和国非物质文化遗产法》，2019年7月4日，http：//ip.people.com.cn/n1/2019/0704/c136672-31214011.html.

⑯丁华东：《档案记忆观的兴起及其理论影响》，《档案管理》2009年第1期。

作者简介：

华林，男，博士，云南大学历史与档案学院教授、博士生导师，全国档案专家。李浩嘉，女，云南大学历史与档案学院2021级硕士研究生。谭雨琦，女，云南大学历史与档案学院2021级硕士研究生。

第二编

民族档案开发利用研究

面向用户的少数民族档案开发利用实践探索*

云南大学历史与档案学院　胡　莹

郑州航空工业管理学院信息科学学院　刘　为

黑龙江大学信息管理学院　朱天梅

摘　要：少数民族档案开发，可为我国文化"软实力"建设提供丰富的资源，并满足全社会的利用需求。鉴于少数民族档案内容民间性、草根性，收藏机构基层性等特点，相较于传统档案开发专业性过强，本文认为少数民族档案开发模式应更亲和、灵活多元、传播便捷。运用受众广泛的现代技术，面向不同用户的开发利用实践，对于现阶段的少数民族档案事业而言，具有实践可行性与理论积极性。

关键词：少数民族档案　面向用户　开发利用

Abstract：The exploitation on the indigenous archives could of-

---

＊ 本文系2013年国家社科基金项目"世界记忆遗产——东巴古籍文献整合性保护研究"（项目编号：13CTQ049）阶段性研究成果之一。

fer several resources to concrete our national cultural soft power construction as well as meeting the overall cultural demands from the whole society. Given the generality and grass-root of indigenous archival content besides the primary level of storage, the paper insists the exploration mode of indigenous archives should be designed more amiable, diverse and disseminated than the original professional-rooted way. As for recent indigenous archival career, the exploration which pays attention to different customers and supported by mass-based modern technology would be both practice motivation and theory enthusiasm.

Key words: Indigenous Archival Resource; cater to Customer; Exploitation Service

引 言

少数民族档案[①]作为档案的一股分支，种类、内容堪称丰富。结合各地情况，由于收藏部门大多地处边疆，收藏条件、工作意识等主客观条件与发达地区相比，均存在较大差距，因此，长期以来工作模式仍停留于仓库式初级保护阶段，大量有开发利用价值的资源被掩盖，与少数民族档案相关的编纂成果乏善可陈，导致少数民族文化建设水平总体较低。

相较于档案开发利用研究的体系化发展，[②]少数民族档案由于民族群体多、档案载体杂、分布区域广等影响，导致其开发利用研究之路迂回曲折。在本就不多的研究成果中，少数民族档案开发利用研究主要集中表现为以下两个领域：首先，开发利用研究常包含于少数民族档案研究之中。泽仁邓珠曾在《对搞好少数民族档案研究工作的几点认识》一文中提到"搞好少数民族档案研究工作必须正确认识少数民族档案的价值""加强少数民族档案资料的发掘、整理是搞好少数民族档案研究的物质基础",③段丽波的《西南少数民族档案研究综述》中也指出"对少数民族历史档案的研究也不能只停留在研究的层面,更重要的是对其进行保护和开发利用,而这方面明显做得不够"。④其次,开发利用研究常与某一民族或地区的少数民族档案捆绑。郑荃、陈子丹的《云南藏文历史档案及其开发利用》根据藏文历史档案整理的现状及存在的问题,提出了政策制定、管理制度构建、翻译力度增强、特藏室设置、档案数字化转变、双语骨干培养等七个方面的对策。⑤熊颖玲、周安帜、杨晚潜的《贵州少数民族档案开发途径研究》,结合贵州少数民族档案内容、数量、资金投入、收集整理工作以及研究等方面的调查,从转变理念、协同配合、加强收集三个方面对贵州少数民族档案收集与开发提出了建议。⑥鉴于少数民族档案理论研究存在诸如区域性、语言性、交叉性等固有特点,已有的少数民族档案理论研究对于开发利用实践工作的指导意义非常有限。

少数民族档案与生俱来的社会记忆质性,可加以充分开发并为社会提供多元服务。然而,少数民族档案收藏部门几乎清一色由民族地区基层机构组成,其业务不仅受制于开发专业性过高而无以为继,还存在诸如基层人员责任意识提升、数字化标准空白、档案馆定位、少数民族档案开发利用概念争论等议题而导致实践举步不前,社会强烈需求、少数民族档案粗陋保管与少数民族档案社会记忆价值挖掘之间的矛盾破解需要迈出实质性一步。基于收藏机构现有的技术水平,对利用者加以区分的少数民族档案开发利用是当前避免空想、解决实际且提升理论研究水平的可行性尝试。

一　价值与意义

面对社会各界的文化需求,收藏少数民族档案的基层机构应主动迎接时代赋予的挑战。作为民族文化的主人，少数民族档案开发者肩负着为历史书写多彩篇章的工作、为各类受众讲好故事的责任、号召大家齐心合力传承传统文化的义务。

（一）面向用户的民族档案开发利用有助于转变档案部门工作作风与意识

坚持"宁可错过、不可过错"的心态开展开发利用业务在民族档案收藏部门具有普遍性。其实，"档案是一种信息资源，它具有'共享'的特性，对它使用越多，发挥作用就越大，而知识本身不会有损耗"。⑦我们一直坚信泄露档案机密有罪，但人为埋没档案资源，给社会文化建设造成损失的行为同样有过。作为民族档案资源收藏方的民族档案收藏部门是整个开发利用过程的主导者，"知己知彼"，了解自己家底、知晓对方需求，有助于根本上扭转被动式的工作形式。面向用户的学习，可让民族档案收藏部门了解到自身的业务局限与发展的迫切需要。抓住当前大数据时代的背景参与社会建设，乃是民族档案事业飞跃的历史性重要契机。

（二）面向用户的民族档案开发有助于培养社会公众的遗产保护认同感与责任感

民族档案保护事业的发展离不开社会公众的支持与参与，无论是哪种类型的档案，与外界互动的环节都是从开发服务工作起始的。在充分考虑社会各阶层、各年龄、各文化背景受众的前提下，横向看，民族档案开发成果的社会反响能促进民族记忆内容深入人心，引发认同与共鸣；纵向看，民族档案开发成果确实可以不断增强社会公众的利用信心，受众可以从点状开发向片状业务拓展，受众心理也会从被动灌输转变为主动索取，而对于档案和民族记忆等文化类遗产的保护认同感与责任感在此过程中将会潜移默化逐渐形成。

（三）面向用户的民族档案开发利用有助于档案事业理论与实践的飞跃

民族档案开发利用对于档案事业理论与实践的发展大有裨益，以用户需求为研究契机，首先，有助于档案开发形式的研究。民族档案草根性很强，但往往这样接地气的开发形式能为公众所普遍接受，由此反向促进档案开发的研究；其次，有助于档案研究对象的扩展。对民族记忆、各类文化及非物质文化遗产的保护研究，为新时代档案事业发展提供了前所未有的好机遇，这个发展过程也为档案研究对象的扩展提供更多思路，以便丰富档案学科体系。除了有助于档案事业与档案学科研究发展外，民族档案开发利用也能为其他学科理论与实践工作提供大量丰富可靠的研究资源。

二 模式与构建

由于受到主客观条件的制约，少数民族档案基层收藏机构的馆藏量与开发业务能力成反比，如果一味按照常规的理论指导，以传统的档案开发利用模式运行业务，则越是专业、庞大的开发利用方式，越是难以在基层收藏机构推行开展。基于此，寻找一条适合于基层收藏机构开展业务工作的模式，是实现少数民族档案资源开发并为社会提供利用的基础。

（一）传统档案开发利用模式

图2-1中可见，传统档案开发利用工作位于整个档案管理流程的最后一个环节，档案编纂是档案信息开发利用的基础。但往往档案编纂工作不仅专业造诣要求极高，还必须具有渊博的历史知识

以及深厚的文学功底。

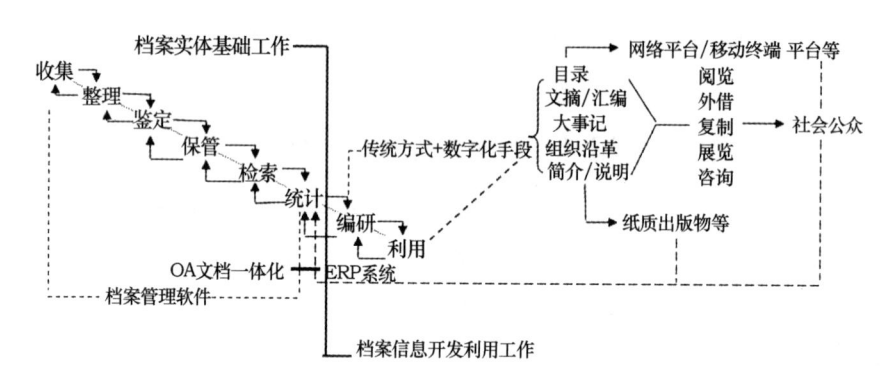

图 2-1　档案开发利用模式

现阶段，基层收藏少数民族档案机构内部工作人员学缘结构、专业知识不足以应付档案专业开发利用业务；对外无预算聘请第三方公司开展开发业务。因此，若传统档案开发利用模式运用于少数民族档案，则少数民族档案开发利用工作的开展终将难以维系。如何基于基层收藏部门的实际，面向用户，构建一套可行的少数民族档案开发利用模式，是需要认真思考与分析的问题。

（二）基层收藏部门开发利用业务开展之需

结合基层收藏部门的实际，少数民族档案开发利用工作作为一项特色业务，是独立于常规工作之外的，在冒着"叫好不叫座"[⑧]的风险开展这项工作时，坚持下去的动力，除了依靠领导的重视、员工的热情外，简易的方法是关键。

简易的开发方法是提供利用的前提，这个方法不一定是最佳的，但却是目前条件允许下最实用的。简易技术的运用可以激发其主动意识，建设出一块馆藏特色业务；简易技术的操作便于掌握，业务不再需要外包；简易技术的应用便于在同类型机构间推广，有利于形成少数民族信息资源共享平台。因此，围绕用户种类的简易划分，简易技术、节约、便于推广三方面构建的少数民族档案开发利用模式具有可行性（图2-2）。

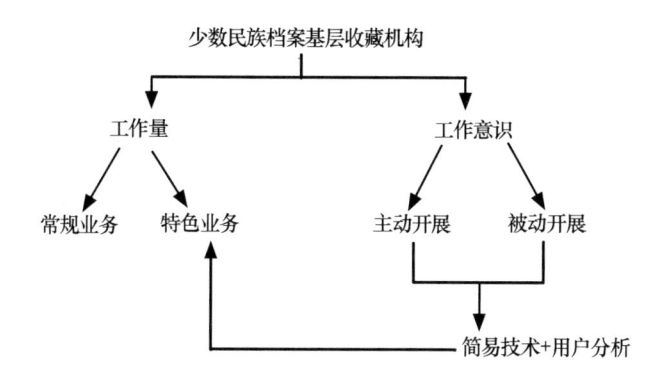

图2-2 少数民族档案基层收藏机构开发利用业务开展之需

（三）少数民族档案开发利用模式

图2-3中可见，面向用户的少数民族档案开发利用模式在充分考虑基层收藏机构条件的基础上，以各级收藏机构为对象、通盘设计后的少数民族档案开发利用模式运行能够兼顾如下五个方面的工作。

1. 开发利用与实体保管同步进行

少数民族档案内容广泛，对于极珍贵的非物质类民族记忆，人工建档常作为加强保护的方法之一，其实体保管与信息开发利用可实现同步推进。

2. 开发利用、统计工作与用户分析处于辩证统一的平衡中

少数民族档案开发利用与用户分析是辩证统一的关系，而统计工作则为档案工作的被认识、被了解、被掌握创造了条件，给开发利用提供了更丰富的内涵资源。

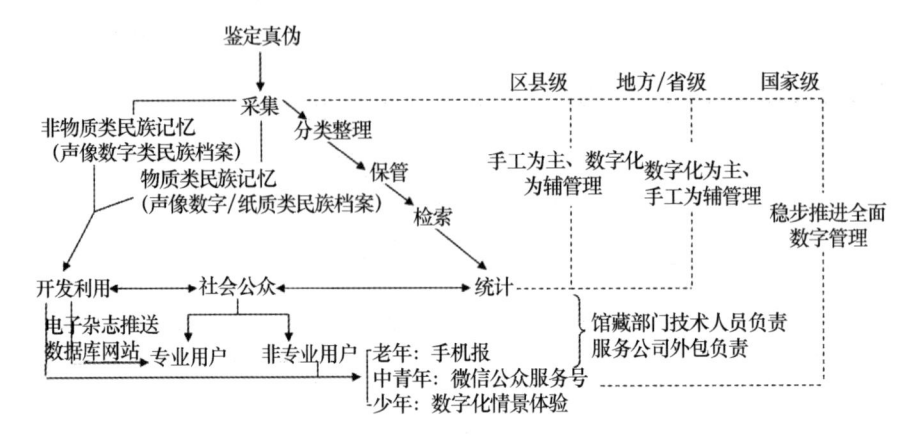

图 2-3　少数民族档案开发利用模式

3. 充分尊重少数民族档案馆藏机构的差异

结合实际，部分少数民族档案馆藏品大多生存条件堪忧。保存少数民族档案的各级档案部门，管理工作水平及信息开发利用方式因级别不同、条件不同、意识不同而存在很大差异，因此，尊重实际之余，各级少数民族档案收藏部门应采取渐进式的开发利用手段开展工作。

4. 少数民族档案开发利用方式应新旧结合

档案部门应强化用户需求意识，将被动的服务转变为主动的服务。但鉴于用户需求以及收藏部门条件的差异，少数民族档案开发利用方式并非一味求新，而是应该新旧结合地推出多种举措的实践方式，让专业或非专业用户都能获取最理想的信息资源。

5. 人尽其责、物尽其用以确保少数民族档案最优化开发利用

面向用户、参与市场竞争的开发利用实践需要投入大量时间、人力、物力保障，以"人尽其责"的原则鼓励馆内人员主导宏观管理，以"物尽其用"的原则在条件允许情况下引入具有资质的外包公司，将面向用户与市场的具体业务交由专业人员打理，不仅尊重专业化分工的事实，更体现追求资源整合、成果优化的少数民族档案开发利用愿景。

三 思路与策略

对于大部分地处落后区域的基层少数民族档案收藏部门而言，人力、物力与财力的支持都很缺乏，通过简单易学的一些数字化处理技术，分阶段、分步骤、分模块实现少数民族档案开发利用是客观条件使然。

（一）少数民族档案信息采集

现阶段，很多宝贵的少数民族档案资源或是散落于民间各地，或是紧缩在馆藏库房中。散落的少数民族档案采集需要较长周期，因此，对现存的少数民族档案做数字化采集刻不容缓。馆藏少数民族档案大致按载体可分纸质与非纸质两大类，数字化采集方式需要分开进行。

1. 纸质载体少数民族档案数字化采集

可通过两种途径实现纸质载体档案数字化采集：一是数码翻拍纸质原件；二是扫描仪扫描纸质原件。前者仅适用于保管机构条件设备有限，纸质原件数量较少的场所，且原件本身质量、保藏状况较好。这种翻拍形成的数码图片虽然能记录下信息内容，但还原性较差，容易受到外界光线、拍摄水平、拍摄角度等诸多因素的影响。据笔者走访收藏机构得知，省级档案部门此项工作几乎都是借助专业大幅面书刊扫描仪完成。但鉴于民族档案纸质载体，尤其是史料、手稿及图籍类对象，大多历史悠久、容易破碎，因此，扫描过程中的操作往往需要做很多细致的工作，诸如将裁剪好的宣纸轻柔塞入对折装订的书页之间，再行扫描。

2. 非纸质载体少数民族档案数字化采集

非纸质类少数民族档案数字化采集途径较为丰富，可运用数码相机、数码摄像机、移动电话、数码录音笔以及较为专业的数码周边配件产品等设备进行摄录。上述这些设备摄录形成的数据资源格式各异，因此，在启动采集工作之前务必需要对收录数据的标准作出相应的规范设计。相比纸质载体少数民族档案，非物质载体档案由于形式各异，其采集过程的控制通常会受到外界环境、采集人等主客观条件的影响或干扰，比如，有些口述音频文件由于录制过程中录制对象语速过快、设备放置方位不妥、录音笔本身质量欠佳、录制环境过于嘈杂等原因，导致部分内容模糊不清、音质较差，此类问题就需要通过 Adobe Audition、Gold Wave 等音频处理软件得以解决；若仅是对放缓录制音频的语速、增大声量、过滤外场噪声等进行操作，则可以使用一些诸如 Sony Sound Organizer 操作简单的音频编辑软件处理。

（二）少数民族档案开发利用

民族档案数字化采集后，形成的信息数据便于与开发利用工作对接，采集环节为开发利用环节提供素材，面向用户的需求有助于开发利用找准方向。社会公众种类繁杂，在此，考虑到基层民族档案收藏部门对于用户分析的工作现阶段很难取得过于专业的进展，故笔者基于他们的立场，仅从专业用户与非专业用户两个类别进行讨论。[9]

1. 面向专业用户的开发利用

民族档案的专业用户在笔者看来主要由两个部分组成，行政决策者与科研工作者。这两部分人群对于使用资源的目标都趋于专业、细致、严谨、规范，既使用经过加工的综述、参考，也会了解未经加工的原始信息，专业用户对于民族档案的索取方式既能通过主动查询，又能坐等接收而实现。相较于传统样刊出版物形式的开发利用方式受时间、空间等多方面的局限，民族档案数字化开发利用成果能够适应专业用户"移动办公、提高效率"的工作需求。

基于此,笔者认为诸如电子杂志推送以及数据库网站共享的方式对于专业用户利用较为适用,针对这两种方式所需的数字化技术在没有外包技术公司支持的前提下,只要熟悉计算机软件操作技术的人员都能学会并掌握。由此可降低受区域发展水平制约的档案部门技术力量薄弱带来的业务消极影响。

电子杂志兼具平面杂志与网站的特点,将融入了图像、文字、声音、视频、游戏等相互动态结合的信息内容呈现给读者,延展性强、主题鲜明。但公开发行的电子杂志不仅编辑版面复杂,还涉及发行者资质选择、知识产权的保护等问题,目前都超出了档案部门业务能力所控,因此,可先从初级电子杂志做起,通过 ZMAKER、IEBOOK、POCOMAKER 等简单易懂的电子杂志制作软件,根据专业用户的需求,按照不同主题编辑民族记忆素材。[⑩]

数据库网站作为一种共享平台,档案部门可以根据所掌握的民族档案资源,借助 HTML 等工具制作出民族档案通用数据库以及专题数据库,不仅利用网站展示文化、传递资讯,还能通过网站的沟通互动平台,提供给用户多种渠道的社会服务。很多常用的网站制作软件并不要求操作者必须掌握 SQL 语言或数据编程技能,如 FrontPage、Dreamweaver 等。开发者可以就利用者需求先行设计一个逻辑合理的内容框架,而后根据已有的民族档案资源多寡,建立一个单独的网页或一个完整的网站。

无论哪种方式开发民族档案,都需要寻找一个安全可靠又受众广泛的平台。鉴于专业用户的基数较之社会公众而言范围较小,可根据专业用户的分类,通过两种途径实现传播:一是针对行政决策者。民族档案资讯对接的行政部门往往集中于文化事业范畴,因此,可以从每个部门选定一名专员,将电子杂志与数据库网站信息定期更新后,通过各接收部门选派专员的邮箱推送,再由专员中转,向各自所在部门的某一范围传递,目前行政部门很多诸如财务预算、审计核查、统计数据的工作都是以这样的形式开展的,因此,在强调安全性的前提下,可行性较强。二是针对科研工作者。科研工作者分散于各类高校、研究院所之间,无法有针对性地实现专员式的推送,因此,需要在宣传所建网站的基础上,以会员方式运作,既保证信息共享的广泛又可以对利用者资质进行必要的控制。

2. 面向非专业用户的开发利用

民族档案的非专业用户是指除行政决策者与科研工作者外的所有人群。从某种程度上看,专业用户也有非专业利用的需求,而非专业用户也是潜在的专业用户。在不同情景下,两者之间存在一定角色转换的可能。非专业用户与专业用户相比,利用目标较为快速、随意、宽泛,通俗易懂是首要的要求。非专业用户利用民族档案资源的随机性,致使接收资讯的方式趋于被动,因此,民族档案开发利用工作需要借助数字化技术,主动将可供利用的馆藏文化财富送出去,为用户提供便捷的利用体验。

笔者在此以年龄为划分标准,将非专业用户分为老年用户、中青年用户及少年用户三类。这三类用户对于数字化资讯的接受程度与接收速度存在巨大差异。

对于老年非专业用户而言,民族档案资源可以通过手机报提供服务。常用手机报制作软件有 RabbitPre、MAKA 等,操作原理与电子杂志相似,展示平台主要依靠微信广泛传播。手机报内容不仅可以陶冶用户情操,也可提升用户民族文化认同感,丰富老年用户的退休生活,与周围各年龄段公众保持资讯同步。

对于中青年非专业用户而言,民族档案资源可以通过注册微信公众服务号并定期更新推送信息实现资讯共享。民族档案收藏部门可以根据自身条件与开发利用意愿选择认证或不认证微信订阅号,[11]每天限发布一条资讯的数额标准对于绝大多数开发者来说完全可以胜任，这样的接收频率对于绝大多数利用者来说也符合每日阅读需求，便于利用者养成归属感阅读的习惯，增强用户社会责任心。

对于少年非专业用户而言，民族档案资源的文化熏陶，对于培养民族自尊心、树立爱国荣誉观有着重要意义。少年用户对民族档案资源的接受程度更容易受到资讯内容是否有吸引力的影响，因此，开发利用时作品深入浅出、积极向上、活泼有趣等特征需要多加考虑。为了让学习资讯的过程变得更生动，采用数字化情景体验的方式将是一种可行的尝试。如举办民族记忆建档等主题类型的开放活动，邀请少年用户参观体验，将某一项实在的民族档案作为展示对象，开发者现场演示，体验者亲自操作，完成的作品通过发放奖状等形式赠予利用者，由此种种都可以大力提升全民参与热情，并取得较好的社会反响。

注释：

①本文所指的少数民族档案可以理解为由各类社会机构、组织或是个人直接用特有的少数民族文字书写或绘画于纸张、布料、石料等物质载体之上的手稿、文件，以及能够全方位反映少数民族社会风貌的相关口述史音视频影像（图片和声像档案）记录。

②档案开发利用研究体系构建更加清晰，如马文洁《档案开发利用应抓好三项工作》、曹燕《档案开发利用趋势之我见》等文结合工作实际，从整体对档案开发利用工作的开展提出了纲领性建议，毕艳红和汪洋《试论档案开发利用的制约因素及对策》、贺剑红《强化服务意识搞好档案开发利用》、李理《创新服务机制对档案开发利用的影响》等文强调了用户需求分析在整个档案开发利用中的重要性。档案开发利用研究总体而言，从宏观到微观、从宽泛到细致的研究有利于理论指导实践、实践反哺理论的发展脉络。

③泽仁邓珠：《对搞好少数民族档案研究工作的几点认识》，

《档案学通讯》1990年第5期。

④段丽波:《西南少数民族档案研究综述》,《档案学通讯》2008年第5期。

⑤郑荃、陈子丹:《云南藏文历史档案及其开发利用》,《档案学通讯》2007年第1期。

⑥熊颖玲、周安帜、杨晚潜:《贵州少数民族档案开发途径研究》,《兰台世界》2014年第4期。

⑦陈作明:《档案用户研究刍议》,《档案学通讯》1989年第2期。

⑧"叫好不叫座"在本文中引申寓意为:常规工作开展好坏纳入考核系统,但特色业务的开展目前并不在列。即开展与否并不影响该机构今后的预算多寡、员工的收入增减等重要事项。

⑨笔者作为高校教师,在做科研工作过程中,面对民族记忆资源时有专业用户的需求,而作为普通公众,在接收文化资讯过程中,面对民族记忆资源时有非专业用户的需求。因此,本文仅从这两个类别入手对社会公众需求进行探讨。

⑩如云南昆明地区的花灯戏剧发展历程为主题的电子杂志,不仅含有与花灯发展有关的历史记忆素材信息,还能以图片、文字、视频、唱腔等多种表现形式展示在杂志里,为研究花灯艺术的专业用户提供了很多一手资料。

⑪认证过的订阅号如同注册过的商标,具有排他性、唯一性及权威性。

作者简介:

胡莹,女,档案学博士,云南大学历史与档案学院副教授,硕士生导师。刘为,女,郑州航空工业管理学院信息管理学院讲师。朱天梅,女,黑龙江大学信息管理学院副教授。

民族文献遗产隐性信息传承问题探讨*

山东艺术学院 仝艳锋

摘 要：民族文献遗产隐性信息是少数民族成员中的个人经验、特殊人才的技能或蕴含在少数人或普通民众的记忆中并不为文献内容所直接记载的信息资源。在当代社会文化变迁过程中，民族文献遗产隐性信息的传承受到了传承人群、社会环境的影响，陷入了社会生态环境改变、赖以生存的社会根基动摇、传承人的文化心理弱化、年老传承人传承方式固化和年轻传承人传承意愿消极等种种问题。

关键词：民族文献　隐性信息　文化传承

Abstract：The implicit information of the national documentary heritage is the personal experience, the skills of special talents in the ethnic minority members, or the information resources which are directly recorded in the memory of a few people or ordinary people, not directly recorded in the content of the literature. In the process of contemporary social and cultural changes, the implicit information

---

* 本文系中国博士后科学基金第53批面上项目"民族文献遗产隐性信息保护研究"（项目编号：2013M531626）的阶段性成果。

of the national documentary heritage are affected by the inheritors and social environment, plunged into dilemma of the social ecological environment change, the survival social foundation shaken, the cultural psychology of inheritors weaken, the inheritance mode of older inheritors solidified and the inheritance will of younger inheritors weaken.

Key words: National Documentary; Lmplicit Information; Cultural Inheritance

民族文献遗产借助于一定的记录符号将少数民族成员各种活动的真实场景和过程记录于一定的载体之上，因而载体上的记录符号如文字、图画、图案、刻画符号等，记载了民族活动的各种信息，是民族文化的主要载体。文献载体直接记录普通民众容易解读的少数民族传统文化信息为显性信息，而隐性信息是指少数民族成员中的个人经验、特殊人才的技能或蕴含在少数人或普通民众的记忆中并不为文献内容所直接记载的信息资源。蕴含于文献遗产中的原始知识体系所包含的思想文化信息和各式各样的隐性信息，必须通过记录者、使用者熟练解释并口传心授，才得以世代相继而积累传承下来。[①]

过去，民族文献遗产隐性信息由年老传承人通过口传心授的方式悉数教给年轻的传承人，凭借着在特定民族文化知识系统中日渐积累的经验，年老传承人比年轻人获得了更为丰富的文献信息资源，在文化传承过程中取得了知识传承的优势地位。然而，到了当代，由于年老传承人体系更新速率的限制、传承方法的落后、年轻一代知识积累的效率高等原因，隐性信息的传承陷入了传承生态环境改变、传承的社会根基动摇、传承人文化心理弱化、年老传承人传承方式固化和年轻传承人传承意愿消极的困境。文献隐性信息的传承形势契合了当代文化发展过程中民族文化传承的趋势和特征，本文结合当代民族文化的发展特征来探讨民族文献遗产隐性信息的传承问题，以期为寻求更佳的民族文献遗产隐性信息传承方式提供一定的理论借鉴。

一 隐性信息传承的生态环境改变

民族社会中学习、传承文献隐性信息的环境氛围出现了日趋消极的态势，传承后继乏人、社会生产生活使用文献隐性信息的场合逐渐减少，传承中的社会环境因素已经遭到改变或破坏，限制了文献隐性信息的继续生存。新中国成立后尤其是改革开放以来，民族地区进入了社会建设时期，民族社会和外界交流日益频繁，现代化交通、电力设施、通信设施、广播电视媒体日益普及，外界汉文化乃至西方文化进入民族地区的社会视野，民族社会中的生产、生活和文化教育的各方面逐渐接受了汉文化。民族社会与外界的接触占用了当地人大量的时间、精力，原本用来学习民族文献的时间被看电视、对外交流、接触新事物等新鲜事情所挤占，人们没有更多的时间去学习传统的文化知识，演练隐性信息及其表演、仪式内容。

受到外界文化、工作方式和生活习惯的影响，在与汉族广泛接触的过程中，民族群众逐渐接纳了汉族的饮食、服饰、语言、通信、医疗等生产、生活的方式，在孩子出生、丧葬习俗、医疗卫生、婚嫁习俗等方面有越来越趋向汉族的趋势，虽然也有坚持传统生活方式的，但毕竟只是少数。与此相关的民族文献中记载的这些事项在实际生活中缺少了使用的场合和人群，很少再使用这些文献来再现隐性信息的表演、仪式了，自然而然的民族文献隐性信息的传承也就难有用武之地了。生活环境的改变导致了民族文献隐性信息的使用和传承人群、场合的减少，进而民族文献的使用机会越来越少。

民族语言、文字担负着族群交际、传载历史、族群认同等多重功能，组成了民族文化的核心，也是文献隐性信息传播、教育、传承的媒介。发展经济、对外交流服务扩大了民族地区对汉语的需求，各种传播媒介使用汉语作为不同民族间的通用语言工具。民族语言、文字的使用场合被严重压缩，只是在民间文艺、仪式表演、地方宗教等现代社会边缘领域中还在使用，民族文献隐性信息的传承释读得到制约。受过汉文化教育较多的人群一般在公共场合不再使用民族语言、文字，很多人即使回到家乡也不会使用民族语言来称呼一些现代事物。民族语言、文字使用范围的缩减、使用人群的减少为民族文献隐性信息的可持续传承增加了不确定性。

学校教育承担了民族地区文化教育的主要任务，也决定着民族文献隐性信息现代社会中群体性传承的重要责任。当前，民族地区的汉语、汉字教学水平都普遍有所提高，为适应客观环境的变化和发展，学生学习汉语的积极性已经远远超过了民族语言、文字的学习。各级小学、中学的教学普遍使用汉语，中考和高考制度成为学校教学水平的评判标准，学校在教学过程中较少涉及传统文化的教学，使得学生对汉语、汉字的理解掌握程度远远地超过了民族语言、文字。民族文献隐性信息的学校传承阵地在逐渐丧失，本应成为主要传承场所的学校已经无奈或被迫削弱本民族文化的传承。

二 隐性信息传承的社会根基动摇

民族文献在历代传承过程中，传承人在社会中普遍拥有绝对威严、高人一等的身份、地位、权力和传承技艺，拥有为大多数民众所认可的威望、声誉。传承人对于民族文献中知识信息的存储、整理、加工和传播、教育能力，代表了本民族的最高文化权威，是本民族的文化象征和文化使者。民众对于传承人的知识运用、信息解释、社会规范的理解和事务的处理都是非常信服的。民族文献及其记载内容、隐性信息具有至高无上的社会认可度，任何成员都是毋庸置疑也无从质疑的。对于普通民众来讲，民族文献是神圣的、神秘的和能力超群的，任何集体和个人在生产、生活中的困难和疑惑都可以通过传承人的信息传授和仪式表演来解决。民族文献神秘、超普通人能力的内在本质和传承人神圣、权力、威严的形象代表是民族文献隐性信息得以在民族社会中长期持续传承的基础。

传承人作为民族文献的直接使用者，在社会文化传承和民众的心目中具有独一无二的地位，传承行为的垄断排他性使得他们在过去的传承活动中占据着强势的地位、身份。历史上，民族社会生产力低下，民众普遍对于祖先、神灵和自然界具有忠诚的崇拜信仰，在很大程度上推动了民族文献隐性信息的使用、繁荣。分布普遍的传承人在为民众解决各种生老病死、婚姻嫁娶、生产活动的事务中获得了比较高的评价，得到了民众的广泛尊重。历史发展到当代，科学技术逐渐得到普及，普通民众认识自然环境的能力得到提升，许多传承人的活动被民众摒弃，民族文献的应用范围大大缩减，民族文献及其隐性信息的受关注、受重视程度已大不如昔。在适者生存的社会环境中，传承人神圣、权力、威严的文化使者形象被打破，甚至部分传承人被认为是封建迷信的代表。

民族文献的内容因为具有神秘的特征，在传承人掌握隐性信息的协同作用下于生产力相对低下的环境中产生了超越普通人能够理解的奇特效果，使得普通民众对民族文献产生了敬仰、祭拜、尊崇的感情并自觉传承至今。然而，现代科学技术的普及、民众对于科技的日益重视对民族文献的神秘性、隐晦性提出了质疑。不可否认，民族文献中的内容及其隐性信息有相当部分是具有一定的科学依据的，如傣族的医药文献中记载的医学、药学知识，但是医术与巫术一体的治病祛邪的神秘力量却是掺杂入很多非科学的因素。科学的本质和目标就是发现自然界的发展规律，揭示各种未知的现象，科技发展及其在民族文化中的应用必然会削弱民众对于民族文献的神秘感和敬重感。

历史上，水书文献及其隐性信息的解读和传承依靠水书先生来完成，民众对于水书先生的支持、认可程度很高，水书先生受到民众的普遍尊重并以其为榜样。水书先生在民族地区有一定的民众支持氛围，在一定民众范围内具有相当大的威望和号召力。水族地区日常生产、生活中如果遇到重大事件或发生严重纠纷，水书先生作为召集人和主持人来共同协商事务并能够取得令人信服的解决方案，此时水书先生起到了民间乡规民约引导者、规范者和判定者的作用。此外，水书先生还具备多重社会身份，既是为民众服务的布道者，也是为人师表的典范，还是具有调解民事纠纷权力的判官。由此可以断定，历史上的水书先生在水族社会的生活、生产各方面事务留存下深刻的时代烙印，发挥了调适社会事务、缓和社会矛盾、传承社会文化、引领社会发展的积极作用。在当代水族社会的日常事务纳入统一的法治规范，水书先生的社会影响力被逐渐削弱，水书先生逐步失去了历史上较大的影响力、号召力，往日的荣耀光环逐渐褪去，虽然他们仍然具有较高的威信，但是整体上水书先生正在回归传承文化的社会需要。

三　隐性信息传承人的文化心理弱化

以往的民族地区，作为传统文化根基深厚的地域，民族成员身份的社会格局保留较为完整，民族文献的历代传承关系或心理教化关系，主要以年长位尊、技艺高超的传承人为主导，年幼位卑的人总是模仿、接受文献的信息、暗示、行动指导、思想辅导和文化教化。年龄、阅历和社会地位的高低，基本决定着民众的文化水平、身份地位和社会话语权。这种文化传承形态源于民族地区以体力劳动为主的传统生产方式，生产知识、社会经验基本上是通过家庭内部在劳动实践中获得。传承人拥有民族文献中这些经验形态的知识，其掌握程度的深浅、多寡大致上与参加劳动实践时间的长短呈现正相关状态。

年长的传承人接受教育的时间长，经验知识自然丰富，掌握的隐性信息及其表演活动、仪式流程自然娴熟。他们汲取了更早前辈的知识遗产，加上自身多年的独到观察、理解、领悟和总结，能够在民族文献传承中凭借多年的经验把隐性信息的表达运用到随心所欲的地步。因此，年长的传承人具有民族文献及其隐性信息文化传承的优势，在民族社会中居于文化优势地位。在一般民众看来，那些年长而劳动经验丰富的传承人的言行举止、是非观念、行为倾向、情感好恶和行事规范准则，对年轻传承人产生了强烈的暗示、示范和榜样的作用，促使年轻人去模仿、效法。民族文献及隐性信息中反映社会中的老幼之序、师徒之规的习俗、道德、章法，把这种文化优势关系又加以强化。在民族文化传承过程中，年长传承人的文化优势主体地位得到了维护，社会中尊老敬贤、取法先祖的倾向是维护、强化他们强势文化心理的重要组成部分。可见，在传统的民族社会内部，民族文献及其隐性信息的传承以年龄、阅历和社会地位为主体的分类标准构成了社会各阶层的文化心理分类，各级成员之间的关系维系亦以此为标准，年长与年轻传承人之间呈现出稳定的文化心理状态，极少出现逾越情形。

就民族社会整体与外界其他民族社会的文化、经济交流的状态而言，历史上民族社会与汉族文化之间处于基本公平、稳定的平衡状态。汉族传统社会以农业文化为主的文化形态决定了汉族社会整体呈现为比较保守的文化传承形式，以促进文化融合、传播文化理念为目的与各少数民族地区相互融通、共同发展。少数民族社会与汉族社会之间的经济发展水平、文化传承、宗教信仰和社会治理都是处于比较缓慢的发展趋势，汉族社会并没有在某些方面呈现出特别突出的领先优势，因此民族社会的文化传承与汉族社会之间并未出现较大的差距，民族文献及其隐性信息传承人的文化心理也并未呈现较大的落差。

近年来，民族社会的经济格局、人际关系、行为方式、社会角色、文化取向、价值观念等发生了显著的变革，因而社会民众参与外部社会变革并适应外部环境的过程中，文化心理上的能动与受动、优势与劣势的平衡状态被逐渐打破，发生了剧烈的变革，已经出现并且正处于重新整合、配置与转化的状态。社会的变革通过推行新的制度、措施而实现崭新的社会风貌和改革成果，无处不在的媒介把新产品、技术、知识、观念、思想向社会传播。年轻的民众以此当作时尚去对待、去接受并积极追求，其中那些头脑灵活、思想灵敏的民众先于接受改革措施而率先得利。民众逐渐形成追求时尚的社会心理，以重时尚为荣逐步取代以尊重习俗为重的传统。虽然传统文化习俗尚留存在民众心里的比重还未可知，但民众趋于时尚而并未一味恪守习俗，则已成为不争的事实。民族社会的文化传承与汉族社会之间逐渐出现较大的差距并呈加速势态，民族文献及其隐性信息传承人的文化心理与外部社会也随之呈现较大的落差。

民族社会内部只靠经验的文化局面被打破，重视有经验老人的社会态度相应改变。年轻一代通过掌握新的科学知识，提升了综合素质，活跃了思想，开阔了眼界，取得了较高效益，受到了社会的普遍关注。民族文献及其隐性信息的传统传承方式在这一文化传承状态下，由年轻传承人来充当主体力量。一些思想开放的中老年人开始向年轻传承人学习，文化优势主体发生转移，对于民族社会内部的文化心理平衡关系来讲则是伟大而深刻的变革。传承人的文化心理由取向历史逐步转到取向现在和未来，由相信自身的感性经验逐步开始相信现代科技，由只尊重年老传承人逐步转移到各层次传承人相互尊重，尤其是开始从心理上注重年轻人，而这些年轻人以前是处于文化传承底层关系上的。民族文献及其隐性信息传承的平衡状态被迅速打破并重新开始构建迥异于已有社会的传承方式。民族社会内部年老传承人的文化心理迅速弱化，年轻一代传承人逐渐占据文化心理优势，新的传承方式、手段正在由各层次的传承人共同主导，而并非仅仅由年老传承人单独掌握。

四　年老传承人传承方式固化

民族文献遗产隐性信息大部分仍然由老一辈年长的传承人来掌握，并且由他们作为主要的传承主体，年长传承人的知识体系、思维习惯、行为方式限定了隐性信息的传承效果。以往隐性信息的传承过程，更多依赖于传承人以经验积累、言传身教、耳濡目染为框架的思维习惯，民族群众之间的日常沟通、交流、情感联络很少使用文字来直接表达，更很少使用专门的文字来描述文献中所记载事件、仪式和行为的详细情节，民族文献隐性信息的传承也与这一发展趋势一致，更多的使用非文字形式的面授形式来表达。

传统的民族社会是面对面交流的熟人社会，大家世代群居生长在熟悉的村寨社区中，动作、表情和声音的传承功能替代了文献的传承，隐性信息的传承以社会中熟知的行为规范作为前提条件，有文字记载需求的场合相对有限。经历了时间的流逝、世代的更替，民众所得到的经验、继承而来的隐性信息都可以看作祖先们经验知识的传承。社会中的个人经验知识的集合，就等同于民族群体世代的经验总和。经验知识、隐性信息只需要言传身教、日常熏陶和机械记忆模仿即可，很少用文字记录供他人阅读。相同的生活环境、口口相传的传承形式、不间断的完整信息传承保证了社会总体文化信息的全面、有序、高效的传承，所以对于每一位民众来说，所继承而来的隐性信息就是整个民族社会可以传承给他的整体经验知识，依据这些传统的文献隐性信息形成了传承人多年固定不变的知识体系和思维框架。

这种过度依重经验积累的心理定式，往往使传承人的思维停留于文献遗产显性信息和隐性信息的外部特征的直接比较，而忽略对于同类文献信息的内部结构、外部联系、演变机制、发展趋势的深入探索，容易产生表面、片面、主观的缺陷。年老传承人常依靠自己深厚的阅历、丰富的经验而自认为技艺、知识高深，看不到年轻人的知识长处，即使年轻人已经通过其他教育、学习手段学得了很多现代科技文化知识。年老传承人经验丰富、知识渊博、技艺高超是先天的优势，但是如今社会中许多隐性信息的传承单凭以往的经验知识是很难完成的。旧有的经验信息需要在社会发展过程中重新提炼、加工以适应时代的发展。文献信息传承中耳提面命、父传子承、师传徒授的传承方式，加上民族社会传统观念的影响，社会文化传承的主导总是以年老传承人的意愿作为主旨，因此，年轻传承人极少有自主传承的舞台和勇气，很难有表达自己意愿的权利和场合。

彝族毕摩文献隐性信息的传承必须使用专门的语言文字作为媒介，运用祭经祭词、仪式表演、咒语形式进行毕摩文化信息内容传承，老一辈毕摩掌握了丰富的语言，识得较多的文字，对于隐性信息的理解更为全面、深刻。毕摩文献隐性信息传承过程借助于民俗、表演、仪式、宗教活动来念诵祭经、祭词、咒语、谱牒以达到娱神育人的目的，其中念诵祭经祭词、谱牒是进行民俗表演、宗教仪式的主要手段，所以隐性信息传承具有使用本民族语言、文字的局限，具有民俗表演、宗教礼仪必须与祭经祭词、咒语相结合才能协同使用的局限性，具有特定人群接受、理解信息的局限特征。彝族毕摩文献隐性信息固定模式的传承过程限制了本民族其他人群接受完整信息的可能性，更限制了其他外来民众、研究人员对于毕摩文献隐性信息的深入理解。

彝族社会经济的发展相对滞后，民众生活条件较为艰苦。毕摩使用文献为民众择吉避凶可以获得一定的报酬，因此毕摩在文献隐性信息传承过程中难以提升到民族文化传承、发展的境界，而是以自我为中心的个体意识来指导传承活动。因此，在授徒传承技艺过程中，年老传承人很难竭尽全力将技艺传授给弟子以保证自己在周边区域内保持相对高超的技艺，年轻传承人的技艺也就难以超越师傅，可见，经济基础条件较差、知识经验保守不愿外传、主动传承意愿低也是老一辈传承人在传承文献隐性信息时有所保留的原因所在。

五　年轻传承人传承意愿消极

民族文献遗产隐性信息能否不间断传承，关键是有大批不同年龄、热衷于学习本民族传统文化的青年人作为后续力量。大部分年轻传承人接受的是汉文化教育、汉语学习，使用汉语教材、图书和通信工具，很少有年轻人能够完全懂得本民族的语言和文字，更很难完全看懂民族文献，对于隐性信息很少有兴趣来深入学习。年轻传承人对于民族文献的隐性信息表达出漠不关心的意愿，并且没有多大兴趣主动参与其中的传承活动。当然，也有一些特别热爱本民族文化的自觉行动在文化程度较高的年轻人中悄然兴起，他们自觉传播语言、文字、历史传说和神话故事等文献内容，将现代技术与民族文化的传播相结合来实现本民族文化信息更大范围的交流共享。

当民族社会的经济结构与外界繁华的经济状态逐渐接轨之后，从事农业生产的效益与外出务工得到的收入产生了巨大的差异。年轻人通过求学、务工等形式离开民族地区，进入经济发展迅速的外地以追求充足的物质条件、富裕的生活水平，使得当前留守民族社会的大多为老年人、儿童，基本上没有年轻人主动求学民族文献了。仍然在世的年老传承人年龄越来越大，年轻人大量外出难以承担民族文献信息的传承任务，使得文献信息传承群体出现严重老龄化趋势，民族文献遗产隐性信息传承出现断层现象。

民族文献遗产的吸引力和兴趣点只是属于少数人的事情，尤其是缺少年轻人的长期持续参与就导致隐性信息的传承遇到了不可预知的困难。精湛地掌握民族文献并不能使年轻传承人到外面工作有多大的便利、帮助，也很难带来直接收益，外面工作需要掌握的是汉语、汉字、汉文化甚至英语。民族文献遗产隐性信息的各类民俗、表演、宗教事项在民族社会中的实践越来越缺乏普遍重视的氛围，以前这些频繁举行的仪式活动能够吸引年轻人的关注面越来越少。现在的年轻人不再像父辈、祖辈那样晚上跟年老传承人学习唱民族歌曲、讲述民俗故事神话传说、演奏民族音乐，民族节日时也不再像以往那样去本民族的文化空间去参加仪式活动，大都以看电视、打牌、上网、玩手机等现代娱乐活动来打发时间，民族文化对年轻一代传承人的精神培育越来越淡化。

更令人担忧的是年轻人对于孩子的民族文化教育态度，很多年轻人认为民族语言、文字的使用范围有限，不再花费财物、人力、精力去教育孩子专门学习民族语言、文字和文献，也有年轻人担心孩子学了民族语言、文字会影响他们接受新知识的能力，特意去学习民族语言、文字会导致目光短浅，是没有前途和价值的。年轻传承人及其年幼儿童接受民族语言、文字教育的意愿呈现出消极态度，民族文献遗产隐性信息的传承范围急剧缩减。

云南德宏傣族地区对主持宗教仪式、吟诵佛经的传承人称为"贺鲁",其使用的佛教经典称为"令",然而傣族年轻人平时不接触佛教的日常活动,很多年轻人不知道"令"的属性和用途,不认识佛经上的文字和记载内容的意义,也不明白佛经的文化内涵。许多村寨中"贺鲁"的儿孙们从来没有了解傣族诗歌的兴趣,也从不过问诗歌文本的用途。即使是作为"贺鲁"的新接班人,也很难把"贺鲁"所掌握的全部傣族文化信息学全、学深,新的"贺鲁"主要工作是主持村寨中的各种佛事活动、简单吟诵佛经,而很少能够完整学会传抄和诵读长诗。

六 结语

社会文化的变迁给民族文献遗产隐性信息的传承人和生态环境带来了深刻而急剧的变革,在其传承过程中遇到了前所未有的困难。民族社会中学习、传承文献隐性信息的环境氛围出现了趋于消极、淡化的趋势,传承后继无人、社会生产生活运用文献隐性信息的场合逐渐减少,传承中的社会环境因素已经遭到改变或破坏,限制了文献隐性信息的完整传承。民族文献神秘、超普通人能力的内在本质和传承人神圣、权力、威严的形象代表是民族文献隐性信息得以在民族社会中长期持续传承的基础,然而当代社会环境中传承人神圣、权力、威严的文化使者形象被打破,民众对于民族文献的神秘感和敬重感被削弱。民族社会整体的文化传承与外部社会之间逐渐出现较大的差距并呈现加速态势,民族文献及其隐性信息的传承人的文化心理与外部社会呈现较大的落差。民族社会内部年老传承人的文化心理被弱化,年轻传承人逐渐占据文化心理优势,由各层次传承人共同主导的新的传承方式正在形成。年老传承人惯有的知识体系、思维方式很难适应时代的发展,仅凭已有的经验难以顺利、完整的完成民族文献遗产隐性信息传承活动。年轻传承人对于民族文献的隐性信息并没有给予特别的关注和强烈的传承意愿，也没有积极的兴趣主动参与传承活动。年轻传承人及儿童接受民族语言、文字教育的意愿呈现出消极的态度，民族文献遗产隐性信息的传承范围呈现急剧缩减的趋势。针对民族文献遗产隐性信息传承过程中出现的各类难题，有目的、有针对性地探索有效的解决方法将是需要继续深入探索的课题。

注释：

①仝艳锋：《民族文献遗产隐性信息特征探讨》，《内蒙古社会科学（汉文版）》2014年第1期。

作者简介：

仝艳锋，男，山东大学中国史博士后流动站出站，山东艺术学院文化遗产系主任，副教授。

中国少数民族语言语义电子文件初探*

西藏民族大学管理学院　赵生辉

摘　要：应对语言文字多样性带来的语义异构问题是中国少数民族语言电子文件管理的重要任务。针对上述需求，本文参照语义网思想，提出了"中国少数民族语言语义电子文件"的概念，构建了少数民族语言语义电子文件的逻辑模型，分析了作为核心技术的多民族语言通用语义本体模型的构建原理，并对这一领域需要关注的重点研究方向进行了梳理。少数民族语言语义电子文件通过标注通用语义符号，使各少数民族语言文字与国家通用语言文字之间、各语种少数民族语言文字之间有了共同的语义基础，可以进行高精度信息共享和交换。

关键词：电子文件管理　少数民族语言　语义网　跨语言信息检索

Abstract: It is a crucial task for the management of electronic records in minority languages of China to addressing the problems of

---

* 本文系国家社科基金项目"多民族语言信息资源跨语种共享策略研究"（项目编号：14BTQ008）、国家民族事务管理委员会民族问题研究项目"中国民族事务大数据体系构建方略研究"（项目编号：2016GMD007）和西藏自治区高校青年教师创新支持计划项目"藏汉双语交融式网站原型设计与验证"（项目编号：QCR2016—62）的研究成果之一。

semantic heterogeneous caused by lingual diversity. Toward above issue, referenced from idea of semantic web, the conception of semantic electronic records in minority languages of China is proposed, its logic model is formulated, and the theory of multilingual ontology as core technology is analyzed. Finally, some important research topics in this field are suggested. It is clarified in this paper that though semantic marking, the semantic links between the national common language and minority languages, among minority languages are established thus their information can be shared and interchanged easily.

Key words: Electronic Records Management; Minority Languages of China; Semantic Web; Cross Language Information Retrieval

中国是统一的多民族国家，多语言、多文字是民族地区社会生活的基本特征。一般认为，除了全国通用的汉语普通话和规范汉字之外，目前全国正在使用的少数民族语言在80种以上，正在使用的少数民族文字在30种左右。[①]近年来，伴随着少数民族语言文字信息处理技术的快速发展，以蒙古文、藏文、哈萨克文、柯尔克孜文、朝鲜文、壮文、彝文等为代表的少数民族语言文字处理软件、办公自动化系统、编辑出版系统、广告照排系统、节目制作系统等开始在民族地区的政府机关、企事业单位和社会生活中得到应用，一大批少数民族语言文字网站相继开通。如何应对语言文字多样性带来的挑战，稳妥、科学、有效地管理随之产生的少数民族语言电子文件，已成为民族地区档案管理工作迫切需要研究和解决的问题。

一 概念界定

中国少数民族语言电子文件（Electronic Records in Minority Languages of China）是核心内容以我国境内现存的或者曾经存在过的少数民族语言文字或语音符号作为信息记录形式的电子文件。与国家通用语言文字电子文件相比，少数民族语言电子文件的管理需求具有诸多特殊性，其中最为显著的就是"异构性"（Heterogeneous）特征。"异构性"是信息工程学术语，是指信息系统各组成要素之间的差异性。少数民族语言电子文件的"异构性"可分为"编码异构性"（Coding Heterogeneous）、"逻辑异构性"（Logic Heterogeneous）和"语义异构性"（Semantic Heterogeneous）三个方面。"编码异构性"是指由不同语言文字底层代码之间的冲突而出现的不可兼容的现象。例如，我国政府自20世纪80年代起陆续制定并颁布了使用人口较多的几种少数民族语言文字字符集编码国家标准，当时主要考虑单机版的应用需求，因而所使用的编码空间是重合的。采用上述国家标准的少数语言文字信息处理系统产生的不同语种的少数民族语言电子文件在同一系统读取时就会出现代码冲突或乱码现象。目前，这一问题可以通过包括多种语言文字的中文统一编码体系 GB18030、GB13000 或国际统一编码体系 Unicode 得以解决。"逻辑异构性"是指不同来源的电子文件在逻辑结构上可能是千差万别的，要进行信息共享必须进行特定的加工处理，使之可以实现互操作。目前，在基于 XML 的元数据结构自定义技术的支持下，异构电子文件的整合问题已经得到部分解决。

与"编码异构性"和"逻辑异构性"相比，最难解决的是语义层面上的异构性问题。"语义异构性"是指由于语言文字本身的差异性所造成的用户阅读和理解障碍，即通常意义上的"语言鸿沟"（Language Divide）。②在传统电子文件管理模式下，计算机和网络充当信息传递的媒介，只负责产生、保存和传递电子文件，其中蕴含语义信息必须依靠人的阅读和理解完成。如果用户没有掌握某特定语种少数民族语言文字，即使该语种电子文件记录的内容非常重要，也不能被该用户所理解和利用。作为统一的多民族国家，我国民族地区特殊的信息生态决定了少数民族语言电子文件应用的"非孤立性"。在民族地区社会生活当中，国家通用语言文字和少数民族语言文字同时发挥着重要作用，以其中一种作为信息记录符号的时候，同时要考虑不能识读这一文字的其他社会群体的阅读需求。由于人类语言系统的复杂性，"语义异构性"的消除还面临巨大障碍，很多技术难题短期内难以攻克，但是采取可能的措施降低语义异构性带来的沟通障碍，已成为少数民族语言电子文件管理的核心需求，语义电子文件（Semantic Electronic Records）正是在上述背景下提出的。

"语义电子文件"是语义网（Semantic Web）思想在电子文件管理领域的应用。语义网是万维网创始人蒂姆·伯纳斯－李（Tim Berners-Lee）1998年提出的概念，其核心思想是通过给万维网上的各类文档添加语义标记，从而使计算机能够"理解"互联网的内容。语义网要求数据及其参照统一规范产生的语义信息同期创建，这一点正和与电子文件管理的"前端控制"思想是一致的，也就是要从源头开始为信息共享做准备。中国少数民族语言语义电子文件就是通过标注通用语义符号支持多语言信息交流的少数民族语言电子文件。这里的语义标记是用来表征某少数民族语言文字语义信息的代码符号，通常由事先设计好的多民族语言通用语义参照体系映射而来。少数民族语言语义电子文件在生成文字符号的同时，可以标注和传递语言文字背后所蕴含的语义信息，从而使各少数民族语言文字与国家通用语言文字之间、各语种少数民族语言文字之间有了共同的语义基础，可以基于共同的语义代码体系进行高精度信息共享和交换。本文拟在构建少数民族语言语义电子文件研究框架的基础上，分析这一领域研究的核心问题，展望未来研究趋势。少数民族语言语义电子文件对于提高民族地区电子文件管理的一体化程度，促进各民族人口之间的沟通和交流具有重要的意义。

二 逻辑模型

少数民族语言语义电子文件是按照语义网思想提出的一种解决我国多民族语言电子文件信息共享问题的构想方案。蒂姆·伯纳斯-李在提出语义网理念之初，曾经提出过一个著名的"语义网分层模型"[③]。该模型将语义网的实现分为 Unicode/URI、XML、RDF Schema、Ontology、Logic、Proof、Trust 共七层，其中信任层 Trust 伴随数字签名 Digital Signature 的使用。参照上述模型，对我国少数民族语言语义电子文件的结构模型概要介绍如下（图2-4）：

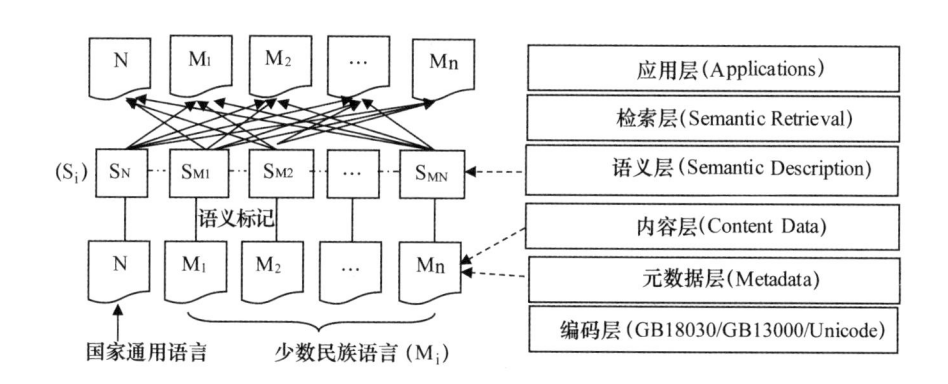

图2-4 少数民族语言语义电子文件的逻辑模型

图2-4右侧是少数民族语言语义电子文件的逻辑模型，整体上分为6层，底层是编码层主要通过一体化的编码方案确保不同语

种电子文件直接能够兼容。在编码层之上是元数据层,是维护电子文件真实性、完整性和可读性的重要方式,电子文件是否具有证据效力,与元数据的完整程度有非常紧密的联系。元数据层之上是内容层,即电子文件需要记录和表达的核心内容。内容层之上是语义层,这是整个语义电子文件的核心部分,需要参照通用语义体系进行映射和标注。在语义层之上是检索层,即通过语义检索语言实现语义电子文件的内容检索。语义电子文件的最高层是应用层,即基于统一的语义参照体系实现的诸如数字资源整合、跨语言辅助阅读、跨语言信息检索、跨语言知识发现等应用。

中国少数民族语言语义电子文件实现跨语言信息交互的方式如图2-4所示。国家通用语言文字电子文件（N）和各语种少数民族语言电子文件（M_i）在生成时参照共同的语义表达体系进行映射,在正文或者元数据当中嵌入通用语义标记（S_i）。基于这些通用语义标记,不同语种电子文件在逻辑上就被联结为一个整体,可以支持全局性的信息检索。在检索系统中以国家通用语言文字检索词进行检索的时候,系统会根据该检索词的语义联系,自动查找与之对应的各少数民族语言文字的检索词,从而获得所有与某一主题相关的电子文件,无论电子文件使用的是何种记录文字。

此外,由于不同语种电子文件都标注了语义标记,基于这些标记可以开发出多种类型的应用,使得计算机辅助跨语言阅读、机器翻译等技术的实现变得相对容易。在语义电子文件管理模式实现的过程中,采用某种少数民族语言文字作为记录符号的电子文件可以转换为其他各语种的信息,方便对应语种人口的阅读和理解,如图2-4所示。例如,藏文电子文件可以提供国家通用语言文字版本的提示信息,也可以根据需要提供蒙古语、维吾尔语、朝鲜语等版本的提示信息。

三 技术原理

中国少数民族语言语义电子文件的实现，关键在于构建可供多种语言语义映射的"通用语义参照体系"。"通用语义参照体系"是对"通用语义空间"（Universal Semantic Space）的形式化表述方式。这里的"通用语义空间"是指人类社会的各种自然语言所描述的语义对象及其关系所构成的虚拟空间，是客观世界和思维活动中各类语义对象的总和。"通用语义空间"与各种自然语言的"语义空间"之间是"表现"和"映射"关系：一方面，通用语义空间是一种观念意义上的空间，它无法脱离自然语言空间而独立存在，通用语义空间的语义对象必须通过某种具体的自然语言才能展现出来从而被人们所理解；另一方面，任何一种自然语言本质上是对"通用语义空间"进行映射的结果，相当于以某种具体的自然语言所展现的"通用语义空间"视图。从"通用语义空间"视角来看，跨语言信息阅读实际上是实现"通用语言空间"不同语种"自然语言视图"的切换过程。那么，如果可以用代码表达通用语义空间的语义对象，并基于这一代码，实现多个自然语言视图当中等价语素的语义关联，则可以非常方便地实现这些等价语素不同语种语义符号之间的切换，可以大大降低不同语种语言文字等价语素转换的难度和执行速度，如图2-5所示。

"通用语义代码"（Universal Semantic Code，USC）是一种为实现多语言信息交流而专门设计的人工编码体系，该体系独立于任何一种具体的自然语言，其存在主要是为多种自然语言同义语素的定位和关联提供逻辑基础，也是多种自然语言一体化信息检索和语义共享的逻辑中介。"通用语义代码"本身并没有任何特殊含义，其建构必须以某种具体的自然语言作为语义参照对象，结合我国语言

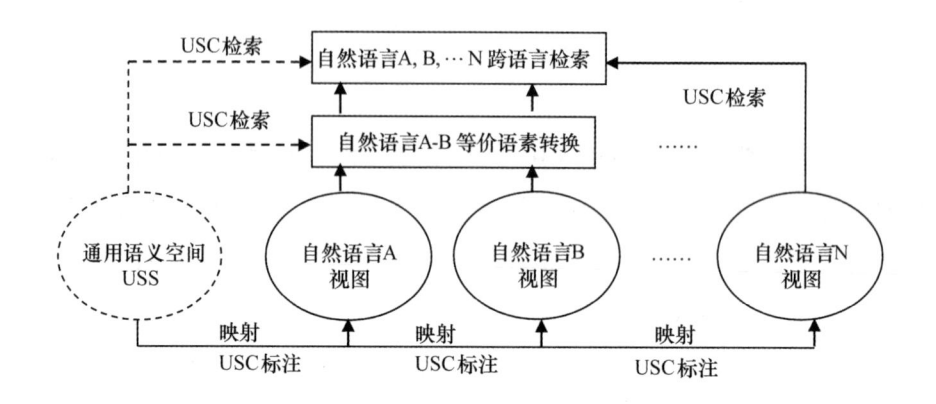

图 2-5　通用语义参照体系的实现原理

文字工作的总体规划，多民族语言通用语义代码体系的构建应当以国家通用的汉语和规范汉字作为参照语言文字。因此，对少数民族语言电子文件进行"通用语义代码"（USC）的标注，本质上是参照国家通用语言文字进行语义映射的过程，因而也是以国家通用语言文字为核心的多民族语言信息资源共享体系的实现方式。例如，如果使用数字代码进行标注，汉语"政府"一词的词义信息可以用"10021 特指国家行政机关"和"10033 泛指公共权力机构"来标注，则"10021，10033"这些代码就成为"政府"一词的语义代码，各少数民族语言文字当中用来表示"政府"的词语就可以用这两个代码来标注，从而使国家通用语言文字与少数民族语言文字建立了逻辑关联。

　　由于人类语言的复杂性，"通用语义参照体系"的建立是一项非常艰巨的任务。目前，实现不同语种语言文字等价语素之间的语义转换常用的语义参照体系主要有：机读双语词典（Machine-Read Bilingual Dictionary）、双语语料库（Bilingual Corpus）、多语言叙词表（Multilingual Thesauri）、多语言本体（Multilingual Ontology）等，这些方法主要是为实现语言文字的对等翻译而设计的，需要有专门的语言学知识作为基础，并且需要经过长期的积累和优化才能最终投入应用。从发展的趋势来看，基于多语言本体的语义转换正在日益受到重视而成为主流方法。作为信息学术语，本体是指共享概念的形式化说明，能够用规范化的方式描述关键概念及其逻辑关系。目前，全球最著名的本体模型是由美国普林斯顿大学的语言学家、心理学家和计算机专家联合创建的 Word Net，该模型囊括了绝大多数英语常见词汇，并揭示了这些词汇直接的语义关系。本体建立需要投入巨大的精力和成本，为了降低工作难度，目前世界上绝大多数国家和地区的多语言本体都是基于 Word Net 或者采用与 Word Net 类似的架构建立的，例如，欧盟建立的欧洲多语言词网 Euro Word Net，俄罗斯建立的俄英双语本体模型 Russian Word Net 等，我国一些机构建立的多语言本体的技术原理也与之类似，例如，北京大学计算语言学研究所的中文概念词典 CCD、中科院计算机语言信息中心的 How Net、我国台湾地区建立的中英双语知识词网等。[④]

我国少数民族语言文字语义信息技术目前还处在初级阶段，能够支持跨语言信息组织与检索的技术资源非常少，需要国家民族事务管理委员会和各民族地区信息化管理部门高度重视，国内相关研究机构共同协作，完成我国多民族语言通用语义本体的设计与开发工作。鉴于通用本体开发工作的复杂性和长期性，在研究初期可以根据需求对通用语义代码体系进行适度简化，例如，通用语义编码主要针对等价词汇和常用等价例句，原则上不对语法现象进行编码，从而大大降低了通用本体模型构建工作的难度。根据现实需求，我国多民族语言"通用语义本体模型"可以采用开放式结构设计，初期主要进行国家通用语言文字和蒙古语、藏语、维吾尔语、哈萨克语、柯尔克孜语、壮语、傣语、朝鲜语等使用人口较多，具有较大社会影响力的少数民族语言文字（少数民族语言的古代文字暂不在研究范畴）的统一编码，今后根据实际需要可以继续补充其他的少数民族语言文字。

四 研究方向

与语义网一样，"少数民族语言语义电子文件"到目前为止还只是美好的技术愿景，需要档案管理机构、业务工作部门、技术支持部门的协同工作，共同推进。当前，中国少数民族语言语义电子文件研究领域需要关注的问题主要有以下方面：

第一，"中国多民族语言文字通用语义本体模型"的协同构建。这是语义电子文件构建最为核心的任务，需要以国家通用语言文字为参照，设计通用语义代码体系，实现藏语、蒙古语、维吾尔语、哈萨克语、柯尔克孜语、壮语、傣语、朝鲜语等少数民族语言文字的语义映射。要完成这一任务，必须由精通各少数民族语言文字的学者与计算语言学、知识管理、计算机科学等学科的专家共同协作完成。鉴于这一任务的艰巨性，可以采用任务分解的方法，分期完成。同时，需要立足我国民族地区信息化建设实际，在满足应用需求的前提下，适度降低通用本体构建的精度要求。

第二，中国少数民族语言电子文件语义信息标注与质量控制规范。在通用语义本体模型建立之后，如何进行语义信息标注也是需要探讨和研究的问题，例如，人工标注的工作效率太低，要实现自动化语义信息标注又面临诸如词语切分、语义选择、语义消歧等多方面困难。此外，标注的精度和粒度也是需要考虑的问题，大粒度、低精度语义信息标注只需要对篇章内容进行概括，用多语言主题词表就可以满足要求，但是高精度、细粒度的语义信息标注则要细化到每句话，甚至要进行词语切分后对每个词的语义信息进行高精度标注。究竟要采用哪一种精度和粒度，取决于电子文件内容的重要程度和它的利用场合。同时，语义信息标注质量也需要进行评价和控制。

第三，基于领域本体的少数民族语言语义电子文件管理实践。本体分为通用本体和领域本体两种，多民族语言通用本体模型的长远目标是实现对各语言主要词汇的全面覆盖，从而为构建多语言无障碍交流奠定基础。然而，本体构建是一项高度复杂的工作，从更加现实一些的角度出发，可以优先发展部分领域的多语言本体模型，以满足这些领域的跨语言信息共享需要。例如，我国民族地区司法机关当中，国家通用语言文字司法文书和少数民族语言文字司法文书都是被认可的，可以结合司法机关的多语言信息共享需求，开发司法领域多民族语言电子文件管理的相关探索。

第四，少数民族语言语义电子文件管理需求的嵌入与生命周期控制。少数民族语言语义电子文件语义信息是要在内容信息生成后就要进行标注的，需要与内容信息一同参与电子文件的处理、保存、归档和利用等环节。因此，语义信息嵌入式需要在概念阶段就嵌入电子文件管理系统功能需求当中，成为系统设计考虑的重要问题。在电子文件的整个生命周期当中，语义标记信息需要完整保存，而且在业务处理过程中产生少数民族语言文字处理结果是同样需要进行语义信息标注。在电子文件对应的业务处理完成之后，电子文件执行归档操作时，语义信息的完整程度也是归档鉴定的重要内容。总之，在少数民族语言电子文件管理生命周期当中，作为表征内容和管理过程的语义代码，需要与核心内容信息同期创建、同时管理，最终成为归档电子文件不可或缺的组成部分。

第五，基于通用语义代码的少数民族语言电子文件利用模式。由于电子文件当中嵌入了通用语义代码，不同语言文字的电子文件就建立了语义关联，从而使电子文件的利用方式变得更加多样。例如，可以开发基于跨语言的阅读系统，用户读取少数民族语言文字电子文件的时候，鼠标可以提示对应词语的国家通用语言文字或者另外一种少数民族语言文字的词义，供利用者概要理解电子文件的主题信息。在电子文件语义标注的情况下，可以通过词频分析等方法，揭示电子文件内容的深层次规律，使电子文件编研具有新的可能性。

五　研究结论

中国少数民族语言电子文件是核心内容以我国境内现存的或者曾经存在过的少数民族语言文字或语音符号作为信息记录形式的电子文件。中国少数民族语言语义电子文件就是通过标注通用语义符号支持多语言信息交流的少数民族语言电子文件，是语义网（Semantic Web）思想在电子文件管理领域的应用。少数民族语言语义电子文件的逻辑模型整体上分为编码层、元数据层、内容层、语义层、检索层和应用层 6 个层次，关键在于构建可供多种语言语义映射的"通用语义参照体系"。"通用语义参照体系"的主流实现方式是多语言通用本体模型，其建立是一项非常艰巨的任务，需要相关研究机构共同协作设计与开发。中国少数民族语言语义电子文件研究领域需要关注的问题主要有"中国多民族语言文字通用语义本体模型"协同构建、中国少数民族语言电子文件语义信息标注和质量控制规范、基于领域本体的少数民族语言语义电子文件管理实践、少数民族语言语义电子文件管理需求的嵌入与生命周期控制和基于通用语义代码的少数民族语言电子文件利用模式等方面。

注释：

① 中华人民共和国国务院新闻办公室：《中国的民族政策与各民族共同繁荣发展》，人民出版社 2009 年版，第 32 页。

② 赵小兵、邱莉蓉:《多民族语言本体知识库构建技术》,《中文信息学报》2011 年第 4 期。

③ [美] 格雷戈里斯·安东尼乌:《语义网基础教程》,机械工业出版社 2014 年版,第 10 页。

④ 刘伟成、孙吉红:《多语言本体及其在跨语言信息检索中的应用》,《武汉科技大学学报》2008 年第 10 期。

作者简介:

赵生辉,男,西藏民族大学管理学院公共管理系教授。

少数民族地区档案志编修研究*

辽宁大学历史学院　赵彦昌　朱宝君

摘　要：少数民族档案志是记录少数民族档案、档案工作以及档案事业的历史与现状的专业志书。本文以中华人民共和国成立后少数民族档案志为研究对象，从少数民族档案志编修原则、编修特色以及价值三个方面系统分析少数民族档案志以期能够达到总结前人之经验，为后人续修少数民族档案志提供参考。

关键词：少数民族　档案志　编修

Abstract：Archives of ethnic minorities is a professional record of minority archives, archival work and the history and current situation of archives. This paper takes the archival records of ethnic minorities after the founding of the People's Republic of China as the research object systematically analyzes the archival records of ethnic minorities from the three aspects of compilation principle, compilation characteristics and value, in order to summarize the experience

---

* 本文为2015年国家社科基金项目"现存中国古代历史档案编纂研究"（项目编号：15BTQ076）阶段性研究成果。

of predecessors and provide reference for future generations to continue to revise the archival records of ethnic minorities.

Key words: Ethnic Minorities; Archive Log; Compiling

志书，含一地风物，记一方历史，历代相传，绵延不断。一方档案之志，录一地档案之全貌，书一方档案之发展，意义重大。档案志是志书的一种，是记录某一地区在一定阶段内档案事业发展历史与现状的志书。档案志因其独有的专业记录性，受到档案界的广泛关注，因而厘清其发展脉络，研究它的发展轨迹，具有重大的学术意义。志书的编修源远流长，而档案志的编修却姗姗来迟。档案志是地方志的一种，但又具有自身的特殊性，档案志的记述内容是关于地方档案事业、档案工作的，这与其他地方志相比，是最为明显的特征。我国现已公开出版多部档案志，展现了我国各地在不同时期内档案事业发展的历史与现状。我国大规模的档案志编修工作源于20世纪80年代首轮修志之中，后在二轮修志之中继续发展。目前为止，全国除西藏自治区、新疆维吾尔自治区、广西壮族自治区、宁夏回族自治区、香港特别行政区、澳门特别行政区、台湾地区没有公开出版过档案志书，其他地区均已公开出版档案志，根据统计数据我国共编修了209部档案志，中华人民共和国成立后共编修了208部档案志，其中能够公开出版的有81部，内部发行的档案志有127部。[①]

少数民族档案志是展现少数民族档案事业古往今来发展的珍贵资料，是记录少数民族档案工作前世今生的重要志书，是保存少数民族社会记忆的重要载体。编修史志是我国优秀的文化传统。中华人民共和国成立后少数民族档案志的发展得益于社会大环境的稳定，中华人民共和国成立以后，我国各项事业百废待兴，中共中央对于档案工作的重视、少数民族档案事业的发展，以及方志编修热潮共同推动了少数民族档案志的编修。档案志产生于我国首轮修志的浪潮之中。中华人民共和国成立后,我国档案志的发展势头良好,少数民族编修的档案志发展亦十分出彩,少数民族编修的主要档案志如表2-1、表2-2所示:

表2-1 公开出版的少数民族地区档案志一览表

序号	志名	编者	出版社	出版时间	种类	所在省市
1	《峨山彝族自治县档案志》	峨山彝族自治县档案局	云南大学出版社	1992.3	县级志	云南
2	《黔东南苗族侗族自治州志·档案志》	黔东南苗族侗族自治州地方志编纂委员会	贵州人民出版社	1992.8	市级志	贵州
3	《青海省志·档案志》(第66卷)	青海省地方志编纂委员会	黄山书社	1996.12	省级志	青海
4	《黑龙江省志·档案志》(第54卷)	黑龙江省地方志编纂委员会	黑龙江人民出版社	1996.12	省级志	黑龙江
5	《吉林省志·档案志》(第36卷)	吉林省地方志编纂委员会	吉林人民出版社	1999.1	省级志	吉林
6	《昆明市志·档案》(第9分册)(合志)	昆明市地方志编纂委员会	人民出版社	1999.3	市级志	云南
7	《云南省志·档案志》(第79卷)	云南省地方志编纂委员会总纂;云南省档案局(馆)	云南人民出版社	2000.10	省级志	云南
8	《贵州省志·档案志》	贵州省地方志编纂委员会	贵州人民出版社	2002.9	省级志	贵州
9	《辽宁省志·档案志》	辽宁省地方志编纂委员会办公室	辽宁民族出版社	2004.11	省级志	辽宁
10	《黔南布依族苗族自治州志·档案志》(第45卷)	黔南布依族苗族自治州史志编纂委员会	贵州人民出版社	2005.4	市级志	贵州
11	《内蒙古自治区志·档案志》	内蒙古自治区档案局	内蒙古人民出版社	2006.6	省级志	内蒙古

续表

序号	志名	编者	出版社	出版时间	种类	所在省市
12	《乌拉特后旗档案志》	乌拉特后旗档案局	远方出版社	2007	县级志	内蒙古
13	《毕节地区志·档案志》	贵州省毕节地区地方志编纂委员会	方志出版社	2009.6	市级志	贵州
14	《铜仁地区档案志》	铜仁地区地方志编纂委员会	贵州科技出版社	2009.11	市级志	贵州
15	《大理白族自治州档案志》	大理白族自治州档案局（馆）	云南民族出版社	2010.12	市级志	云南
16	《呼和浩特市档案志》	呼和浩特档案志编纂委员会	内蒙古大学出版社	2012.10	市级志	内蒙古
17	《临沧市档案志》	临沧市档案局，临沧市档案馆	云南民族出版社	2012.11	市级志	云南
18	《阿拉善盟志·档案史志》	阿拉善盟档案史志局	内蒙古文化出版社	2013.12	市级志	内蒙古
19	《兴安盟档案志》	兴安盟档案局	内蒙古文化出版社	2015.5	市级志	内蒙古

表2-2　　　　内部发行的少数民族档案志一览表

序号	书名	编者	印刷时间	种类	所在地区
1	《甘孜藏族自治州档案志》	甘孜藏族自治州档案局、馆	2001	市级志	四川
2	《鄂尔多斯档案志》	鄂尔多斯档案局	2003	市级志	内蒙古
3	《昆明市档案志》	昆明市档案学会	2006	市级志	云南
4	《玉溪市档案志》	玉溪市档案局	2007	市级志	云南
5	《昆明市档案志》	昆明市档案学会	2008	市级志	云南
6	《银川档案志》	银川档案志编委会	2009	市级志	宁夏
7	《文山州档案志》	文山州档案局	2010	市级志	云南
8	《遵义县档案志》	遵义县档案志编纂委员会	2011	县级志	贵州
9	《红塔区档案志》	红塔区档案志编纂委员会	2011	县级志	云南

续表

序号	书名	编者	印刷时间	种类	所在地区
10	《盘龙区档案志1959—2009》	盘龙区档案局	2011	县级志	云南
11	《永胜县档案志》	永胜县档案局	2013	县级志	云南
12	《抚顺档案志》	抚顺档案局	2014	市级志	辽宁
13	《修文县档案志1955—2010》	修文县档案局	2014	县级志	贵州
14	《昭通档案志》	昭通档案志编委会	2014	市级志	云南
15	《施甸县档案志》	施甸县档案局（馆）	2014	县级志	云南
16	《官渡区档案志1956—2014》	官渡区档案学会，官渡区档案局（馆）	2015	县级志	云南

一 少数民族档案志的编修原则

古语有云，无规矩不成方圆。少数民族档案志的编修也需要遵循一定的原则才能更好地展现少数民族档案事业的历史与现状。

少数民族档案志的编修需要遵守以下原则：

（一）"以类系事"的原则

少数民族档案志在志书中属于专业志，是专门记述档案事业的志书。"以类系事"主要是针对少数民族档案志的编写资料而言，如何收集资料以及如何对资料进行分类。它的含义主要是将性质相同的一类事放在一起记述。如档案馆馆藏资源、档案机构、档案教育、档案工作、档案学会、档案交流与宣传等事物，这些事务都属于档案事业这一类之中，因此由它们构成了少数民族档案志书的主要内容。

（二）"详今略古"的原则

详今略古，即现代的事物应详细记述，古代和近代的事物概略记述。在新一轮的修志中，少数民族档案志大部分都遵循这一原则，对古代和近代的档案事业介绍的不及现代的档案事业详尽。一般来说档案志对古代和现代档案事业的介绍以时间段进行介绍，而对现代的档案事业以年份来介绍，将每一年发生的有关档案的事情进行介绍，这便是对详今略古的最好体现。如《甘孜藏族自治州档案志》在凡例中指出本志编纂的史料，上限以藏民族有档案工作以来，下限2000年。1949年以前的档案，依据仅有的史料进行了简述。②

（三）"横排竖写"的原则

少数民族档案志以时间为线，以档案事业包含的各项事务为面。横排，即将档案事业包含的各项事业铺列开来，这是一种横向的展开；竖写，即以时间为顺序，将各个事务的发展脉络进行梳理，这是一种纵向的延伸。横排门类时，不能有遗漏，否则就破坏了志书的完整性；纵述史实时，不能空缺太久，使前后记述有断裂，破坏了志书的连贯性。这一原则使得少数民族档案志兼顾了横向的事务，又考虑了纵向的发展，进而完整地记录了地区档案事业的发展历史现状。《乌拉特后旗档案志》在凡例中指出，"三、志书以现代方志学理论为依据，横排门类、纵贯始终。"③

（四）"述而不论"的原则

少数民族档案志作为了解地情的资料之一，具有资料性的属性，在语言表述方面要客观真实，不能掺杂议论或褒贬，更不能带有明显的政治宣传色彩。少数民族档案志，便是要原原本本地将少数民族的档案事业的事情记录下来。具体的要求是：对所记述的事物，不要人为地去进行褒贬，要"寓褒贬于事实之中"。如"章、节、目部分则秉笔直书，寓褒贬于史料中，但涉及珍贵经验教训，为警示后人，则做精当点评，以资教化。"④

（五）"严守志体"的原则

少数民族档案志归根结底是志书的一种，志书是某一地区某一时间段内发生的各项事务，而少数民族档案志则是记录某一地区在某一时间段内有关档案事业的事务。志书严守疆界和时间段，只记录疆域内和时间段内发生的事物，其他疆域和时间段内的事务皆不录于志书之内。少数民族档案志的下限原则上要求一致，要断在哪一年，各篇章均应记述到哪一年，否则，这一篇断至这一年，那一篇断至那一年，参差不齐，不利于少数民族档案志规范性的体现，但是，考虑到一些特殊情况，为完整记录某一事物的来龙去脉，时间下限有所下延，这并不影响少数民族档案志规范性的体现。《甘孜藏族自治州档案志》在凡例中指出本志编纂的史料，上限以藏民族有档案工作以来，下限2000年。⑤少数民族档案志在编修过程中要应做到"严守志体"这一原则，才能编修出专业和规范的少数民族档案志。

二 少数民族档案志的编修特色

档案志编修的特点主要集中在三个方面：地方、时代、专业特色。编修少数民族档案志应有自身独有的档案特色，少数民族档案志的特色主要体现在民族特色、时代特色和专业特色三个方面。

（一）民族特色是少数民族档案志的生命来源

民族性是少数民族档案志最重要的属性。突出民族特色，是少数民族档案志编修的第一准则。在少数民族档案志编修工作当中，对于如何突出民族特色，首先，在内容上"详独略同"，也就是说突出本地档案工作和档案事业中特有的或者成绩突出的事物，进行着重介绍，对于各地共同的现象或事物，可以适当缩减篇幅。在《甘孜藏族自治州档案志》中对于档案资源进行的介绍，重点突出藏族特有馆藏的档案资料。其次，在篇目结构上，以不改变少数民族档案志的篇目结构与层次为前提，将具有地方特色的内容在序言、概述等地方进行揭示，或者将能够反映地方色彩的内容进行前置处理，抑或专设类目进行介绍。《甘孜藏族自治州档案志》第二章设为藏族历史档案，下设藏族历史档案管理工作、世俗政权档案、寺庙档案、木刻档案、藏族历史档案的收集与整理5个小节。最后，还可以运用图片图表等形式，直观展现具有地方特色的档案事业与档案工作。《甘孜藏族自治州档案志》在卷首展示了具有浓郁藏族特色的藏文档案库，亦是民族特色的体现。

（二）时代特色是少数民族档案志最为鲜明的特征

少数民族档案志的编修工作依存于社会大环境之中，必然反映一定的时代特征，这是时代的印记。在少数民族档案志编修工作中体现最为明显的便是少数民族档案志编修指导思想，它与中国特色社会主义的伟大实践相一致，与不断丰富的中国特色社会主义理论成果相一致。少数民族档案志在编修工作中要真实反映时代发展，同时客观记录改革开放30多年来地区档案事业发展，记录取得成就的同时，也要记录挫折，这也是少数民族档案志时代特色的重要体现。如2007年出版的《乌拉特后旗档案志》在凡例中明确指出，"二、志书以马列主义、毛泽东思想、邓小平理论和'三个代表'重要思想为指导，坚持辩证唯物主义和历史唯物主义，力争做到思想性、科学性、资料性、可读性的统一，为社会主义物质文明、政治文明和精神文明建设服务，为全面建设小康社会、构建和谐社会服务。"⑥

(三) 专业特色是少数民族档案志的灵魂所在

专业特色，即体现出不同于其他事务的专业特征。少数民族档案志的专业特色主要体现在档案专业术语的应用。少数民族档案志在编修过程中运用专业术语一方面可以增强少数民族档案志编修的规范性和专业性，另一方面也可以展示档案研究发展的情况。如"档案信息化建设"一词，它一方面是少数民族档案志专业特色的体现，同时也反映了档案学术研究应用到实践的具体情况。

三 少数民族档案志的价值

从根本上说，少数民族档案志的价值主要体现在保存少数民族珍贵的历史记忆、助力少数民族档案事业的后续发展以及传承少数民族档案文化。

(一) 保存社会记忆

"存史"，亦保存资料，即通过史料、资料用以记录历史，进而达到固化历史的目的。这是志书编修的基本任务，也是志书基础价值的体现。少数民族档案志的存史价值体现在保存少数民族珍贵的历史记忆。少数民族档案志是记录少数民族地区在某一时间段内档案事业与档案工作的发展状况。在少数民族档案志编修的过程中收集了大量的具有民族独特性的档案与资料。少数民族档案志作为一种志书，是了解一方档案发展的重要资料。少数民族档案志中记载的档案资源，是当地所藏的档案，少数民族档案志书自身包含了大量的资料，是系统保存资料的一个文学载体。如《甘孜藏族自治州档案志》中记载当地馆藏大量的藏族档案与资料，而这一部分是最为独特的部分，是甘孜藏族自治州这一地区的少数民族最为重要和珍贵的社会记忆。

(二) 助力档案事业发展

"资政",亦为管理者提供决策服务或是历史借鉴,这是编修志书的一种历史传统,也是志书根本的价值体现。少数民族档案志的资政价值体现在助力少数民族档案事业的后续发展。"治天下者以史为鉴,治郡国者以志为鉴"。治理国家要将以往历史作为借鉴,治理郡县则要借助志书的力量。

少数民族档案志是一种布局未来档案发展方向的参考。主管少数民族档案事业的领导要想对未来档案事业发展做出科学合理符合事物发展规律的决策,必须建立在充分了解该地区档案工作和档案事业历史与现状的基础上。阅读少数民族档案志是了解档案事业在地方发展情况最为直接便利的方法。通过阅读少数民族档案志,主管少数民族档案的部门和领导可以便捷、迅速地了解和掌握该地方档案工作与档案事业的基本情况和权威资料,以此作为参考,从而根据地方的实际情况确定方针政策,制定未来发展规划,进而做出科学有效的决策。

(三) 教化少数民族民众

"教化"亦可称为教育作用。在中国方志的历史上,人们非常重视地方志的"教化"作用,这是地方志书最广泛的价值体现。

少数民族档案志的教化价值是由它本身的地域属性所决定的。少数民族档案志以特定的区域为记载的空间范围,以特定的地情为记述对象,以特定的时间段为记述时域,最终形成以地方名加少数民族档案志为名称的志书,进而体现出鲜明的地域性特征。

少数民族档案志是一部优秀的地方档案教材。

少数民族档案志作为记录某一地方在某一时间段内有关档案、

档案工作、档案事业的发展变化情况，因此，一方面，可以作为档案工作新人的阅读材料，从整体上了解和把握当地档案、档案工作、档案事业的历史与现状，认识到档案工作的价值，感受档案文化的无限魅力，催生档案工作新人对档案工作的热情以及投身档案事业的愿望；另一方面，利用少数民族档案志作为教材，可以对在职的档案人员进行培训，强化在职档案工作人员对于少数民族档案志的基本认识，加固在职档案工作人员对少数民族档案志重要价值的深刻认识，同时，对于少数民族档案志编修感兴趣以及具有扎实编修基础的在职档案工作人员进行重点培训，悉心培养，从而为下一次编修少数民族档案志提供后备人才。

少数民族档案志可以作为爱国主义教育宣传的载体。

首先，少数民族档案志编修的指导思想是：坚持以毛泽东思想、邓小平理论和"三个代表"重要思想及社会主义核心价值观，在编修的思想上是拥护党的领导，拥护社会主义。在这种指导思想的领导下，爱国主义始终贯穿于少数民族档案志的字里行间；其次，少数民族档案志属于官修志书，在进行少数民族档案志的编修工作中，始终离不开国家和政府的支持，离不开人民的辛勤付出，因此作为编修工作成果的少数民族档案志依然带有热爱祖国的厚重色彩；最后，少数民族档案志的内容离不开近代历史的发展背景，对于档案资源中有关我国近代史的档案以及资料，阅读者对于近代中国的屈辱历史有了更加正确的了解，激发着他们报效祖国的激情，同时对于改革开放以来档案工作与档案事业所取得的成就，让阅读者为祖国的进步感到自豪。

（四）丰富文化遗产

少数民族档案志的文化价值主要体现在少数民族档案志作为一种书籍的价值，少数民族档案志是知识的传播者，亦是文化传承的承载者，它是人类文明和智慧的结晶。少数民族档案志的文化价值是由它本身的文化属性所决定的。

编史修志是中华民族的优良传统，世代流传。少数民族档案志以文字配以图表的形式记录档案事业发展的轨迹，是我国文化宝库中一笔珍贵的文化财富。少数民族档案志书集思想性、科学性、史料性为一体，是中华民族珍贵的文化财富，是中华民族宝贵的文化遗产。

少数民族档案志在内容上是总结各少数民族档案事业的发展变化的志书，充分展现少数民族特色与档案资源优势；在外观上，出版的档案志书装帧优良，美观大方，具有很高的收藏价值。

注释：

①赵彦昌、朱宝君：《浅谈中国地方志编纂的历史沿革》，《中国地方志》2016年第9期。

②⑤甘孜藏族自治州档案局、馆：《甘孜藏族自治州档案志》，2001年版，凡例。

③④⑥乌拉特后旗档案局：《乌拉特后旗档案志》，远方出版社2007年版，凡例。

作者简介：

赵彦昌，男，辽宁大学历史学院教授，辽宁大学中国档案文化研究中心主任。朱宝君，女，辽宁大学历史学院档案学硕士研究生。

少数民族地区文化教育机构在少数民族档案文化传播中的比较与选择

广西民族大学管理学院　郑　慧

摘　要：在少数民族档案文化传播的众多媒介中，各种文化教育机构是比较容易被忽视却又不可缺少的媒介之一。通过对比分析档案馆、图书馆、博物馆、高校以及孔子学院等文化教育机构在少数民族档案文化传播的特点与方式，有针对性地选择不同的文化教育机构，达到不同的目标，实现少数民族档案文化的价值。

关键词：少数民族档案文化　文化传播　文化教育机构

Abstract: In the many media of minority archival culture dissemination, all kinds of cultural education institutions are one of the media which are easy to be neglected but indispensable. According to contrast archives, libraries, museums, universities with Confucius Institutes, to analysis the characters and methods on minority archival culture dissemination, to select different cultural education institutions, to achieve different aims and realize minority archival culture value.

Key words: Minority Archival Culture; Cultural Transmission; Cultural Education Institutions

档案是一个民族、国家、地区文化的重要载体，狭义的档案文化主要从实体上去界定，包括档案信息和档案载体，是人类物质文明和精神文明的结晶。①狭义的少数民族档案文化主要是指少数民族档案信息和档案载体。少数民族档案文化传播的深度和广度，直接影响其传播效果，因此，必须根据少数民族档案文化的内容，恰当地选择合适的传播媒介，传送给不同类型和需求的受众，才能产生预期的理想效果，实现少数民族档案文化的特定价值。

一 少数民族地区文化教育机构在少数民族档案文化传播中的作用

（一）档案馆在少数民族档案文化传播中的作用

自周朝始，我国历代都设有专门的中央档案保管机构，如周朝的天府，汉朝的石渠阁，唐朝的甲库，宋元朝的架阁库，明清时期的皇史宬等。中华人民共和国成立以后，我国从中央到地方建立了各级各类档案馆，档案事业体系庞大、复杂而完善。档案馆是对档案进行收集、保管的机构，并对档案进行编研，提供利用。《档案馆工作通则》规定："档案馆是党和国家科学文化事业机构，是永久保管档案的基地，是科学研究和各方面利用档案史料的中心。"②因此，少数民族地区档案馆在少数民族档案文化传播中处于主导地位，发挥直接作用，具有不可推卸的责任。

（二）博物馆在少数民族档案文化传播中的作用

博物馆是保存人类文化遗产的重要场所，是社会公共文化服务体系的重要组成部分,担负着保管和传承历史文化,弘扬爱国主义精神,推动社会发展的重任。1979年,全国博物馆工作座谈会通过的《省、市、自治区博物馆工作条例》明确规定:博物馆是文物和标本的主要收藏机构、宣传教育机构和科学研究机构,是我国社会主义科学文化事业的重要组成部分。③通过收藏文物、标本和其他实物资料,博物馆可以向社会传播科学文化知识,提高公民的综合素质。少数民族地区博物馆所蕴含的少数民族档案文化也会借助各种展览和编纂物对外进行传播,但由于少数民族档案并不是博物馆的唯一藏品,也不是主要藏品,所以博物馆在少数民族档案文化传播中起次要作用。

(三) 图书馆在少数民族档案文化传播中的作用

图书馆以收集、整理、存储、提供利用图书资料供参考、阅览为主要工作内容,不仅汇集了人类悠久丰富的历史文明成果,也是文化传播的主导者。读者们在图书馆开展各式各样的文化交流活动,阅读图书报刊,参观古籍展览,聆听专家文化讲座,吸收文化的精髓,品位艺术的真谛。不少历史题材的著作和个人传记等文献直接取材于少数民族档案,间接传播了少数民族档案文化,因此,图书馆在少数民族档案文化传播中发挥间接作用。

(四) 高校在少数民族档案文化传播中的作用

高校即高等学校,泛指对公民进行高等教育的学校。截至2013年6月21日,我国拥有普通高等学校2198所,成人高等学校298所,有数量大、类型多、功能齐全的特点。④现代高校具有人才培养、科学研究、传播知识、社会服务四大职能。无论哪项职能的履行和实现,都离不开上述四项活动中产生的大量档案。少数民族地区高校履行四大职能的过程,就是传播少数民族档案文化的过程,因此，高校在少数民族档案文化传播中实际上发挥着较大作用，但这些作用并不明显，往往容易被人忽视。

（五）孔子学院在少数民族档案文化传播中的作用

当今社会，文化已成为人们生活的必需品，人们不仅对自己国家的文化感兴趣，同时也深深受到其他国家文化的吸引。孔子学院就是在这样的背景之下诞生的。从 2004 年 11 月 21 日全球首家孔子学院在韩国首尔成立以来，2013 年 9 月，世界范围内已建立了 435 所孔子学院和 644 个孔子课堂，分布在 117 个国家和地区。[5]其间，2009 年 3 月出版的中英文对照版《孔子学院》和后来陆续出版的 10 个双语对照版的《孔子学院》期刊带领读者阅中国文化、品文化中国。[6]

孔子学院以"孔子"为名，目的是将儒家文化、汉语与中国文化结合在一起，向世人展示中国的昨天、今天与明天，力图把中国文化传播到世界的每一个角落。国学大师季羡林说过："不能只让外国人在孔子学院学习我们的汉字，还要让他们领会中国和谐文化的精髓，这是最主要的。"[7]儒家文化以孔子和儒家经典为代表，孔子从事教学活动形成的档案为儒家经典的编纂提供了原始素材，因此儒家文化与档案文化有交集，儒家文化的传播在某种程度上也可以说是档案文化的传播。

与一般大学相比，孔子学院具有国际性强、职责单一的特点，对少数民族档案文化传播可以起到事半功倍的效果，但是不确定性较大，因此它在少数民族档案文化传播中的作用并未得到有效发挥，有待发掘。

二 少数民族地区文化教育机构传播少数民族档案文化的优缺点

(一) 档案馆传播少数民族档案文化的优缺点

档案馆是一种特殊的社会机构。一方面,档案馆是国家档案事业的主体,是永久保管档案的基地,它既是党的机构,又是国家的机构,履行"为党管档,为国守史"的职责;另一方面,档案馆是社会各界利用和研究档案史料的中心,为各行各业提供信息,促进科学文化事业的发展。档案馆以其丰富的馆藏,通过举办展览、学术讲座,出版档案编纂物等方式向人们传播档案文化,具有专业性和学术性。

作为专门保存明清时期中央国家机关档案及皇室档案的国家级档案馆,中国第一历史档案馆馆藏74个全宗,1000余万件档案,称得上是明清档案的宝库。1981年创办的学术期刊《历史档案》,以公布历史档案为主,集资料性、学术性、知识性于一身,在全国具有首创之功。与此同时,该馆还有专门的档案网站,设有精品展台、学术活动、清史工程、成果展示、档案知识等栏目,及时更新网上的档案信息,传播档案文化。2006年杭州市档案馆举办的《清代杭州宫廷档案展览》,以喷绘展板与复制件的形式进行专题档案展览。杭州市民可以亲自到现场观赏,外地人则可以登录中国第一历史档案馆网站进行网上浏览。中国第一历史档案馆在档案文化传播方面做出的卓越贡献,令人钦佩,让人受益。

但是,由于档案馆开放程度和受人们欢迎的程度比博物馆和图书馆低,因此,人们缺乏主动去档案馆或登录网站接受档案文化熏陶,汲取档案文化营养的意识,档案馆对外传播少数民族档案文化的方式不够丰富,使得档案馆在少数民族档案文化传播方面显得比较被动。

（二）博物馆传播少数民族档案文化的优缺点

博物馆作为公益性社会组织和机构，肩负着保护国家宝贵的文化遗产、弘扬民族精神和气节的光荣使命，它通过举办各种定期和不定期展览、提供讲解、刊物出版及纪念品开发的方式向社会大众传播中华文化。2016年内蒙古博物馆在"5·18国际博物馆日"推出了"梦幻契丹"特展，⑧挑选2003年发掘的吐尔基山辽墓以及其他辽代墓葬出土文物精品97件套，与吐尔基山辽墓3D数字化文物50多件套进行交互展示。与以往传统展览不同，在进行实物展览的同时，运用多媒体技术突出了数字化文物的多维度展示和解读，以期对文物从静态品鉴向动态"活化"进行重新诠释。作为鲜卑人的支系契丹人游牧于今内蒙古西拉木伦河及老哈河流域，曾归附唐朝，直到契丹首领耶律阿保机统一各部后，于916年正式称帝，是为辽太祖，建元神册，国号契丹。938年，辽太宗耶律德光改国号为大辽。鼎盛时期，其疆域东临大海，西逾阿尔泰山，南达河北、山西，北抵贝加尔湖，与宋、西夏鼎足而立，在对抗与融合中，为中华多民族统一国家的形成做出了杰出贡献。这些珍贵文物不仅是我国灿烂文化遗产的重要组成部分，更是见证了千年以前草原丝绸之路的繁荣与昌盛。

博物馆以收藏文物、资料为主，档案为辅，尽管一个专题展览中常常是文物、档案、资料兼而有之，但是只能视为对档案文化的部分传播，这是缺点。然而，博物馆受大众欢迎，展出方式多元，馆际交流频繁，这些是优点。

（三）图书馆传播档案文化的优缺点

图书馆馆藏资源丰富，其中不乏与档案文化有关的信息，如鸿篇巨制《二十四史》是我国一部比较完整、系统的"编年大史"，包含大量历史档案信息。又如档案学著作《档案学概论》《档案管理学》等，记录了档案的产生发展和档案内容与载体的演变，向读者传播档案文化。图书馆是知识的海洋，为广大读者提供了安静而温馨的阅读环境、便捷的借阅方式，人们已经把图书馆作为阅览书籍、学习知识、提升自我修养、做出自我完善的神圣的精神殿堂。

2016年广西"壮族三月三"民族节日到来之际，广西图书馆整合资源，利用馆藏文献，依托品牌项目，于4月8日举办了"壮族三月三"民俗文化服务系列活动，包括有广西图书馆"壮族三月三"馆藏文献专题展、广西民族民间传统技艺展示及体验、壮乡歌韵——"三月三"歌友沙龙和民俗文化专题讲座等内容，让读者感受到了浓郁的民族节日气氛。⑨

图书馆以其开放性、数字化的特点走进千家万户，传播效果较好。但它所传播的档案文化大多经过加工，作者的个人因素容易使档案信息的真实性与准确度降低。

（四）高校传播档案文化的优缺点

高校在档案文化传播中，主要是通过课堂教育、学术交流、实习实践等方式来完成。教师给学生传授的档案理论知识、档案实践技能、档案工作规律及档案事业发展等都体现了档案文化。档案工作人员在档案收集、整理、开发利用等环节中也在传播档案文化。高校还与地方档案管理部门联合设立奖学金，专门奖励有突出表现的老师以及品学兼优的学生。如广西壮族自治区档案局自2010年起与广西民族大学共同设立了档案学"兰台奖学金"，用于奖励在教学中做出突出贡献的老师和品学兼优的学生，对传播少数民族档案文化起到很好的作用。

少数民族地区高校在教学中主要传授的是档案学的知识及档案

整理的方法，使其在档案文化传播中更具有针对性，师生和档案工作人员既是主要传播者，也是受众。但是由于受众数量有限，类型单一，无法带来较大的影响。

（五）孔子学院传播档案文化的优缺点

孔子学院以传播中国传统文化为主旨，现已成为学校国际化的重要标志之一，也是中国公关外交的一张夺目的名片。广西民族大学先后与泰国玛哈沙拉坎大学、老挝国立大学、印尼丹戎布拉大学合作建立了孔子学院。2011年印尼丹戎布拉大学孔子学院的成立，为印度尼西亚青年学生学习汉语提供直接的场所和更为便利的条件，对增进中国与印度尼西亚两国人民的相互了解与友谊，开展教育文化交流起着重要的促进作用。为庆祝丹戎布拉大学孔子学院揭牌，广西民族大学派出大学生艺术团到丹戎布拉大学举行文艺演出，艺术团还到坤甸市和三口洋市开展文艺演出和汉语国际推广活动，受到了当地人民的欢迎。[⑩]

孔子学院主要传播中国汉字和传统文化，虽然也在一定程度上涵盖了档案文化，但缺乏系统性、完整性和全面性，且文化的差异、交流的障碍会导致不同的人感悟到的档案文化有所差异，这就影响了孔子学院档案文化传播效果。

三 不同角度下文化教育机构的选择

传播档案文化的文化教育机构众多，选择哪种不同文化教育机构，必然会受到档案文化内容、受众、传播环境以及传播效果的影响，下面将从传播内容、传播对象、传播环境及传播效果四个角度，帮助人们选择合适的文化教育机构进行档案文化的传播和接收。

（一）以传播内容为导向的选择

档案文化内涵丰富，涉及面广。每个受众需要的档案信息不尽相同，只有了解各文化教育机构主要传播的是哪种类型或哪个方面的档案文化，才能获得想要的信息。档案馆保存着大量的档案实体，大到朝代更迭，小到土地分配，用史实诠释和表现档案文化；档案工作者编史修志的成果传递着档案文化；档案馆的规章制度、工作条例等也体现着档案文化。因此，档案馆档案文化传播的内容主要是档案实体文化和档案事业文化。博物馆主要保存的是文物，包括青铜器、瓷器、书法、绘画等形式，那些能够清晰、准确体现内容的有文字的文物可视为档案。博物馆通过展示档案型文物，将档案文化传播给参观者。图书馆馆藏文献数量多，内容丰富，不乏含有档案文化的图书，图书馆在档案文化传播中主要的传播内容，就是与档案文化相关的书籍。高校在档案文化传播中，主要是传播与档案学、档案工作有关的知识内容。孔子学院主要传播的是汉语和中国文化，大多数为档案所承载，但表现出来的多为隐性内容。

（二）以传播对象为导向的选择

不同文化教育机构所传播的档案文化针对的对象有所不同。当受众需要某种信息来证实某种事实，或进行科学研究，那么最佳的选择就是档案。档案是历史的原始记录，具有凭证价值与情报价值。档案最佳的储存场所就是档案馆，档案馆档案文化传播的主要对象就是档案利用者和档案工作者。我国绝大多数博物馆免费对参观者开放，已成为人们度过闲暇时光的好去处，更有全家老少一同去博物馆感受浓郁的文化气息，可谓其乐融融。但是博物馆传播的档案文化大多与文物相结合，不容易辨别和区分，只适合那些为了了解中华悠久历史和灿烂文化的普通大众。图书馆是知识的宝库、学习的圣地，那些对档案知识感兴趣或着迷于档案文化的一般层次的读者（如历史爱好者），就可以得到相应的满足。高校档案文化传播的对象主要是档案学专业的师生、学校专职和兼职档案工作人员，让他们接受最专业、理论与实践结合紧密的档案文化。孔子学院档案文化传播的主要对象是海外学子，一群热爱汉语、热爱中国文化的人，档案文化集知识性与趣味性于一身。

（三）以传播环境为导向的选择

博物馆、图书馆均为对外开放的机构，档案文化传播的环境相对来说比较宽松。受限较多的是档案馆，它需要提供能证明身份的材料才能进馆。从总体上说，无论是国家政策、财政支持、技术设备、人员安排，上述三馆均能给予档案良好的保护，能够提供给人们优质的档案文化。高校与孔子学院属于教育机构，档案文化传播的范围主要是校园内部，校园里拥有雄厚的师资力量、严谨的教风学风、辐射面广的档案工作，虽然传播环境比较局限，但是文化底蕴深厚。

（四）以传播效果为导向的选择

档案文化传播的效果强调的是受众对传播行为的反应程度，也就是说只有受众真正地认知、吸收、消化档案文化，传播行为才能起作用。简单地判断哪一种文化教育机构的传播效果好，哪一种差，都是不明智的。因为传播效果不仅仅取决于传播机构，还受传播内容、传播对象和传播环境的影响。档案馆传播的档案文化的真实性、可靠性程度最高；博物馆以文物为主，以档案为辅，传播的档案文化具有一定局限性；图书馆以图书文献为主，能最普遍、最广泛地传播档案文化，但专业性不强；高校与孔子学院的档案文化传播具有专业性，但影响人群有限。

综上所述，只有对比档案馆、图书馆、博物馆、高校以及孔子学院等文化教育机构在档案文化传播中的作用和优缺点的不同，并结合档案文化内容、受众、环境的差异，才能有针对性地选择合适的传播媒介，在不同程度上实现档案文化的不同价值。

注释：

① 宋琦：《档案文化传播渠道比较研究》，《四川档案》2007年第3期。

② 《档案馆工作通则》，国家档案局国档发〔1983〕14号通知。

③ 《省、市、自治区博物馆工作条例》第一条，国家文物局，1979年6月29日生效。

④ 教育部批准的高等学校名单、新批准的学校名单，http：//www.moe.edu.cn/publicfiles/business/htmlfiles/moe/moe_634/201306/xxgk_153565.html，2014-07-20.

⑤ 孔子学院，http：//baike.baidu.com/link？url=1TKvQQafDWPwenilDcO2SmlbINl8WiT6PlxVOS1uzJ_RZ6zbHGSuDeCGSHxImel8，2014-07-20.

⑥ 《孔子学院》院刊，http：//www.hanban.edu.cn/hb/node_7445.html，2014-07-20.

⑦ 艾波：《孔子学院：中国一扇窗》，《公关世界》2010年第5期。

⑧ 2016年"5·18国际博物馆日"主会场特展——"梦幻契丹"，http：//nmgbwy.com/zldt/1306.jhtml，2016-07-25.

⑨ 广西图书馆开展2016年"壮族三月三"民俗文化宣传活动，http：//202.103.233.139：4237/UserCenter/usercenter？nodeid=20080313155550&querytype=3&viewjbid=55555555555555&treeid=

20080000000019&bibid = 20160413092957&deptid = 00000000000000，2016 – 07 – 25.

⑩ 广西民族大学与国外高校共建第三所孔子学院挂牌，http://www.chinanews.com/hwjy/2011/12 – 01/3501657.shtml，2016 – 07 – 25.

作者简介：

郑慧，女，广西民族大学管理学院教授。

第三编

民族档案学科构建与研究

少数民族档案学学科构建问题研究*

云南大学历史与档案学院　华林　邓甜　成灵慧

摘　要：本文认为，我国少数民族档案卷帙浩繁，构建少数民族档案学学科可解决其管理理论与实践问题，促进档案学学科建设发展。本文立足于少数民族档案学学科构建的法理依据与实践基础，在梳理其建设内容、成就与问题的基础上，依据其发展状况，探讨少数民族学科构建问题。

关键词：少数民族档案学学科建设

Abstract: This paper believes that China's ethnic minorities archives are numerous, and construction of archival science can solve the management problems of theory and practice, and promote the development of discipline construction archives. Based on ethnic archives legal basis and practical basis of discipline construction, on the basis of combing the construction content, achievements and problems, and according to its current state of development, to discuss the issue about construction of the ethnic minority discipline.

---

* 本文系国家社科规划项目"民族记忆传承视域下的西部国家综合档案馆民族档案文献遗产资源共建研究"（项目批准号：16BTQ092）的阶段性成果。

Key word: Construction of Archival Science of Ethnic Minorities

我国有55个少数民族，各民族历史悠久，和汉族在历史上共同创建华夏文明，留下了丰富的少数民族档案。现存少数民族档案种类繁多，特色突出，现实问题严重，一般档案管理学已经不能满足其管理的实践需求。鉴于此，立足于少数民族档案这一独特对象，构建与完善少数民族档案学学科，可解决其管理理论与实践的特殊需求，更好地抢救与发掘这一珍贵的民族历史文化遗产。

一 少数民族档案学学科构建的法理依据和实践基础

（一）少数民族档案学学科构建的法理依据

我国对少数民族档案工作极为重视，1960年，全国少数民族地区档案工作会议在内蒙古呼和浩特市召开，会上，国务院副总理乌兰夫、国家档案局局长曾三作重要讲话，强调开展少数民族档案工作的重要性，并提出具体的方针政策。1987年11月，中国档案学会在昆明召开少数民族档案史料学术研讨会，云南省人大常委会副主任王连芳、云南省政府秘书长王统曾出席会议并发表讲话。副理事长特木额作了题为《加强少数民族档案史料的研究，为两个文明建设服务》的工作报告。国家档案局韩毓虎局长就民族档案工作等事项发表了讲话。[①]此外，部分档案政策法规也将少数民族档案列入管理工作。如《云南省档案条例》第20条规定："有关单位应当加强对记述和反映少数民族政治、经济、文化等活动档案的收集、整理、保护和开发利用。"[②]《甘肃省档案条例》第20条规定："综合档案馆向社会征集本行政区划的历史档案、地方特色档案、少数民族档案和名人档案时，有关单位和个人应当支持和配合。"[③]国家对少数民族档案的重视与政策法规的支持，极大地推动了少数民族档案工作的发展。

(二) 少数民族档案学学科构建的实践基础

少数民族档案学创建实践基础有二：一是丰富的少数民族档案遗存。我国现存少数民族档案极其丰富，按其载体形式划分，有纸质、金石、竹木、布帛、羊皮、兽骨、陶片、贝叶、照片和石碑等类型。就数量而言，如据不完全统计，全国保存的蒙古族文书档案约有20万卷、100万件。④满文档案200余万件，藏文历史档案近400万（件）册，彝文纸质档案20万余（件）册，东巴档案文献有4万余册，傣文贝叶档案8万余（件）册。少数民族碑刻仅云南省武定县遗存的彝文碑刻就有500多块，口述档案云南省遗存有30000余种。二是少数民族档案工作的开展。自1960年内蒙古少数民族档案工作会议后，我国各民族地区开始重视少数民族档案工作，并取得可喜成绩。如内蒙古自治区档案馆收藏有以蒙古文、藏文、满文或汉文等产生的文书档案213万多卷。西藏自治区档案馆征集到原西藏地方政府各机构和部分贵族、官员、寺庙、拉章和上层喇嘛保存的文书档案共90个全宗300多万卷（册）。云南省档案馆征集到佤族土司档案262件，部分傣族贝叶经、纳西族东巴经，并采集到阿昌族、布朗族等录音680分钟，照片5200多张和音像110盘等。⑤少数民族档案工作的开展为少数民族档案学学科建立奠定了坚实的实践基础。

二 少数民族档案学学科构建取得的成就

(一) 通过研讨对少数民族档案的认识逐渐成熟

自1960年全国少数民族地区档案工作会议提出少数民族档案

概念至今，档案学界对其研究逐渐成熟，具体表现为：其一，对少数民族档案的内涵外延达成共识。对少数民族档案概念的研究论见众多，主要观点可归纳为：一是微观论，主张少数民族档案是由少数民族自身产生的，代表性文章有《让少数民族档案的花朵盛开——中国档案学会理事长裴桐在少数民族档案史料评述学术讨论会闭幕式上的讲话》和肖永福的《少数民族档案文献初探》等。二是宏观论，主张凡是反映少数民族问题的原始记录都是少数民族档案。代表性论文有杨中一的《云南省少数民族历史档案初探》，牛创平的《青海省少数民族档案史料概述》，梅先辉的《论少数民族档案的定义》，华林的《少数民族历史档案研究述评》等。此外，张鑫昌、张昌山等在《民族档案学刍义：特征与任务》一文中，提出了少数民族档案应有广、狭义之分的观点。目前，对少数民族档案的界定，学界已达成"宏观论"的共识。其二，对少数民族档案的起源发展、类型构成、档案特点和价值作用进行探讨。相关论文有杨毅的《论西南少数民族档案的源头》、陈子丹的《丽江木氏土司档案文献概述》、陈海玉的《论西南少数民族医药历史档案的研究利用价值》、罗洪恩的《少数民族档案史料及其文化功能试析》等。

（二）对少数民族档案工作实践的研究逐步发展

得益实践需求，少数民族档案工作的研究成果十分丰硕，已形成系统的归纳和总结。主要内容包括：一是收集工作研究，如金保荣的《对收（征）集少数民族档案史料的再认识》、赵昆红的《做好少数民族档案的征收工作》、陈子丹的《对少数民族金石档案收集的思考》、陈海玉的《论少数民族医药档案遗产收集工作的思路与对策》、华林的《论西南少数民族档案文献流失海外的保护与追索问题》等。二是资源建设研究，如陈海玉的《少数民族特色医药档案资源库建设刍议》、胡莹的《云南省少数民族档案的数字化管理策略》、陈子丹的《云南少数民族档案资源建设探索》、华林的《少数民族文字历史档案的数字化建设》等。三是保护工作研究，如陈海玉的《云南少数民族口述医药文献的档案式保护研究》、郑荃的《文献害虫防治技术的现状与展望》、陈子丹的《云南少数民族口述历史档案抢救保护研究》、胡莹的《东巴文档案抢救与保护》、华林的《论少数民族非物质档案遗产的抢救问题》等。四是发掘利用研究，如陈海玉的《白族历史档案及其发掘利用》，陈玲的《浅谈少数民族档案的开发利用》，郑荃的《云南藏文历史档案及其开发利用》，胡莹的《纳西族东巴文历史档案发掘利用初探》、华林的《论藏文历史档案的发掘利用》等。五是编研工作研究，如陈子丹的《元代档案文献编纂三题》《对白族科技档案文献研究的几点设想》《云南回族档案史料述略》《云南少数民族档案编纂史略》《傈僳族档案文献及其开发利用》等。六是整体管理工作研究，如胡莹的《纳西东巴文历史档案管理的现状与对策》、华林的《论少数民族历史档案管理工作中应解决的几个重要问题》等。

（三）对少数民族档案学科建设的研究达成共识

其成果集中在三个方面：其一，少数民族档案学研究对象的确立问题。张鑫昌等学者在《民族档案学刍议：特征与任务》中提出，民族档案学是以少数民族档案及少数民族档案工作为研究对象的一门学科。⑥陈子丹在《民族档案学形成与发展刍议》认为，民族档案学是以少数民族档案、民族地区档案工作、民族档案事业和民族档案学自身的基本理论问题为研究对象的一门学科。这类论文有杨毅的《论当下民族档案学科研究对象的塑造》、龙和铭的《从民族档案的历史形成与应用看建立民族档案学的必要性》、谢正禄的《关于民族档案学的探讨》等。其二，少数民族档案学学科体系的构建。张鑫昌等学者在《民族档案学刍议：特征与任务》等论文中，借鉴档案学学科体系构建的原理，提出其学科体系应包括民族档案学概论、民族档案史、民族文书、民族档案管理、民族档案文献编纂、民族档案保护技术、比较民族档案学等分支学科，为少数民族档案学学科体系的建立构建了基本框架。陈子丹在《民族档案学专题研究》一书中认为，民族档案学的体系结构包含理论民族档案学、应用民族档案学、专门民族档案学以及交叉民族档案学等。相关论文有华林的《少数民族历史档案研究述评》、龙和铭的《从民族档案的历史形成与应用看建立民族档案学的必要性》、谢正禄的《关于民族档案学的探讨》等。[⑦]在少数民族档案学学科构建探索方面，有相关论著，如1993年，杨中一编著出版《中国少数民族档案及其管理》；陈子丹撰写出版《民族档案史料编纂学概要》；2001年，华林撰写出版《西南少数民族历史档案管理学》等。

三 少数民族档案学学科构建的主要内容与问题

（一）少数民族档案学学科构建的主要内容

主要内容包括：其一，少数民族档案。主要研究少数民族档案的产生形成、界定、类型、特点及其发掘价值等。少数民族档案不仅是学科构建的研究对象，也是支撑其学科建立的重要基础。其二，少数民族档案实体管理工作。具体包括少数民族档案的征集、整理、鉴定、保护与资源发掘利用工作，以及工作内容、意义、原则、规律性等方面。少数民族档案实体管理工作是学科研究的核心对象，也是推动学科建设发展的实践基础。其三，少数民族档案管理理论。主要解决两个问题：一是档案学现有理论在少数民族档案工作中的应用与问题，如全宗理论在少数民族档案工作中如何确立少数民族档案全宗，档案分类理论如何解决少数民族档案多样性的分类问题等。二是少数民族档案工作新理论提出的问题，如少数民族档案的多元管理理论、少数民族档案的文化遗产保护理论等。其四，少数民族档案事业管理工作，具体包括发展规划工作、行政工作、法制建设工作、宣传教育工作、科学研究工作，以及对外合作与交流工作等。少数民族档案事业管理工作也是其学科建设的重要研究对象，这一管理问题的研究解决有利于推动我国少数民族档案事业的建设与发展。

（二）少数民族档案学学科构建存在的主要问题

虽然，我国少数民族档案学学科建设取得可喜成果，但也存在许多尚未解决的问题，这些问题主要有：①少数民族档案学学科发展的总体规划与设计问题。即从实际工作的开展与学科建设规划等方面，对少数民族档案学科建设发展进行总体规划与设计。②档案学理论在少数民族档案工作中应用与发展问题。主要探讨档案学理论在少数民族档案实践工作中的拓展应用，以及少数民族档案工作新理论的建立问题。③现代少数民族档案管理工作的复杂化问题。着重研究解决中华人民共和国成立后，少数民族档案来源多元化，以及管理复杂化等方面的理论与实践问题。④少数民族档案事业发展的管理问题。从国家行政管理的视角，探讨解决少数民族档案事业的组织、管理与规划发展问题等。

四 少数民族档案学学科构建的对策建议

（一）遵循少数民族档案学学科建设规律进行构建

少数民族档案学的学科建设有其形成和发展的规律性，也就是要围绕着其学科建设对象，全面构建少数民族档案学学科体系，以指导少数民族档案管理实践工作。其一，学科构建的全面性。即在学科框架构建上，要兼顾到少数民族档案、少数民族档案实体管理工作和少数民族档案事业发展控制等模块。具体而言，首先，在少数民族档案方面，要探讨其概念界定、类型构成、档案特色，及其在边疆少数民族地区文化建设与经济发展方面的功能价值；其次，要依据其特性，研究少数民族档案收集、整理、鉴定、保管等有序化管理，及其信息资源发掘利用的理论与方法；再次，要探索少数民族档案行政管理、政策法规、规章制度、工作规划、标准制定、宣传教育、人才培养，以及对外合作交流等方面，以科学构建其学科体系。其二，学科构建的创新性。也就是要应用新知识、新理念和新技术方法等，发展、创新少数民族档案学学科体系。随着信息化、大档案、知识管理、互联网+、大数据和数字化时代的到来，少数民族档案学的学科构建也要顺应新环境与形势的变化，利用这些新知识、新理念和新技术等创新其管理工作，推进新形势下少数民族档案管理理论知识体系构建与实践工作的发展。

（二）加强少数民族档案管理理论与方法的深化研究

少数民族档案学学科建设与发展有赖于对其认识的研究深化，以及实践工作的理论凝练归纳与理论总结。概言之，也就是要在构建其学科理论体系的基础上，对少数民族档案、少数民族档案实体管理工作和少数民族档案事业发展控制等模块的理论知识与技术方法进行深化研究，以丰富和完善其学科建设。以云南大学对少数民族档案的研究为例，迄今，云南大学在民族档案学研究中申报获得的国家自然科学基金、国家社科、教育部课题共16项，其中，内涵外延的研究有：国家社会科学青年基金项目"中国南传佛教地区贝叶经典籍调查研究（10XJA870001）"；保护研究有：国家社会科学基金项目"西部散存民族档案遗产集中保护研究（12BTQ048）"、教育部人文社会科学研究项目"植物源杀虫剂在档案害虫防治中的应用研究（10XJA870005）"等；资源建设研究有：国家社会科学基金项目"民族记忆传承视域下的西部国家综合档案馆民族档案文献遗产资源共建研究（16BTQ092。）"；口述档案研究有：教育部人文社会科学研究项目"云南少数民族口述历史档案抢救保护与国际合作研究（10XJA870001）"、国家社会科学基金项目"民族地区口承文献的保护与利用研究（10BTQ027）"；数字化研究：国家社会科学基金项目"白族口承文艺非物质文化遗产调查及专题数据库建设（12CTQ018）""云南傣族医药古籍文献整理及其基础数据库建设研究（11CTQ041）"等；档案管理理论研究有：国家社会科学基金项目"西南民族档案资源集成管理研究（11XTQ008）"、教育部人文社会科学研究项目"民族档案学理论方法及其学科化建设研究（09YJA870025）"等。这些研究极大地促进了少数民族档案学学科建设的发展。

（三）适应少数民族档案实践工作的新发展

中华人民共和国成立后，少数民族档案与档案工作发生重大变化，如在少数民族档案管理方法改革方面，中华人民共和国成立前，少数民族档案的主体是少数民族自身产生的原生档案。中华人民共和国成立后，除原生档案外，民委［（中华人民共和国）国家民族事务委员会］、民宗局（民族宗教事务局）等政府部门产生了大量的少数民族档案，其档案管理形成分散化或多元化的格局。这就需要提出新的理论与实践方法，解决少数民族档案的分散化管理问题。再如，在少数民族档案事业管理方面，少数民族档案工作属于国家档案事业发展的组成部分，其宏观管理工作涉及档案机构、行政管理、法制建设、宣传教育等方面，这就需要在档案事业发展规划中，增加少数民族档案宏观管理的内容，推动我国少数民族档案事业的建设与发展。其他现实问题还有：少数民族档案分散管理与资源集中建设问题；民族文化生态环境变化与少数民族档案文献遗产的保护问题；大数据环境下少数民族档案资源建设问题等，这些问题的解决对其学科的建设发展有重要理论与实践价值。

（四）少数民族档案学学科群建设问题亟待解决

基于实践需求，其学科体系建设应遵循以下原则：一是全面性原则。即学科群的建设应全面研究少数民族档案，少数民族档案工作的特点、规律和方法，及其事业管理等方面的问题。二是实践性原则。学科群的建设应以其实践需要为依据，以满足少数民族档案工作的理论与实践需求。三是民族性原则。学科群的建设应立足于研究对象的民族性，遵循少数民族档案的特点与规律性，科学构建少数民族档案学学科体系。鉴于上述原则，其主干学科建议包括：①少数民族档案学概论，全面阐述少数民族档案、少数民族档案工作理论和方法，以及少数民族档案学自身的特点与规律。②少数民族档案管理学，研究少数民族档案，及其实体管理和事业发展的理论与方法。③少数民族档案保护学，着重解决民族地区特殊地理环境、气候条件下，多种载体少数民族档案的保护问题。④少数民族档案史料编纂学，依据少数民族档案史料的载体、内容等特性，研究其编纂原理和方法。⑤少数民族档案发展史，探讨少数民族档案的起源发展、构成、分布和管理规律性问题等。⑥少数民族档案信息化建设，探讨少数民族档案信息化资源建设、标准建设、系统建设等方面的理论与技术。少数民族档案学科群的建设不宜过多，部分理论与实践问题，如少数民族档案事业发展、相关档案学理论在其管理的应用等可在档案学分学科中进行拓展解决。

注释：

①《云南档案》编辑部：《中国档案学会少数民族档案史料评

述学术讨论会在昆明召开》，《云南档案》1987年第6期。

②《云南省档案条例》，云南省档案信息网，http：//www.yn-da.yn.gov.cn/.

③《甘肃省档案条例法》，国务院法制办公室，http：//www.chinalaw.gov.cn/.

④国家民委全国少数民族古籍整理研究室：《中国少数民族古籍总目提要·蒙古族卷》，中国大百科全书出版社2013年版，"序言"第11页。

⑤黄凤平：《努力守护民族记忆 积极传承民族文化——云南多元民族档案工作的行与思》，《中国档案报》2011年8月25日第3版。

⑥张鑫昌、郑文、张昌山：《民族档案学刍议：特征与任务》，《思想战线》1988年第1期。

⑦段丽波：《西南少数民族档案研究综述》，《档案学通讯》2008年第5期。

作者简介：

华林，男，云南大学历史与档案学院档案学专业博士生导师。邓甜，女，云南大学历史与档案学院硕士研究生。成灵慧，女，云南大学历史与档案学院硕士研究生。

2005—2016年我国民族档案研究现状与热点分析*

云南大学历史与档案学院　杨　静　王宇佳　刘　凤

摘　要：以CNKI收录的2005—2016年国内民族档案研究文献为对象，通过CiteSpace V软件生成近12年来民族档案研究的机构分布、合作情况、学术代表人物和研究热点的知识图谱。结果表明，近12年来我国民族档案研究力量以高校为主，研究者之间的合作交流较少，民族档案史料及其价值、民族档案管理工作和民族档案数字化及资源库建设是近12年我国民族档案研究的热点，未来应加强民族档案保护技术、民族档案信息资源的开发利用和数字化技术等薄弱研究领域。

关键词：民族档案　CiteSpace　知识图谱　可视化分析

Abstract: The object of the paper is the research literature from 2005 to 2016 included in the CNKI ethnic archives. The agency distribution, cooperation, academic representatives and research hotspots of the mapping knowledge domain of the past 12 years in the

---

* 本文系海南省哲学社会科学规划课题"生态文明发展中海南生态档案资源体系构建与应用研究"[项目编号：HNSK(QN)15-45]的成果之一。

ethnic archives are generated by the application of the CiteSpace V software. The results illustrate that the strength of national archives research in our country is dominated by colleges and universities, and there is less cooperation and exchange among researchers in the past 12 years. The results show that the strength of national archives research in our country has dominated by colleges and universities. And there are less cooperation and exchange among researchers. The national archives and their value, the management and digitization of national archives as well as the establishment of resources system are the research emphasis in the past 12 years. In the future, it is strongly recommend to strengthen the weak research fields such as the national archives protection technology, the exploitation and utilization of the information resources in the national archives as well as the digital technology.

Key words: Ethnic Archives; CiteSpace; Knowledge Graphs; Visualization Analysis

随着信息化和科学技术的发展，档案事业的发展正经历着从传统时代向数字时代的过渡，民族档案研究也迎来了新的机遇和挑战，有关民族档案研究的反思和综述类文献亦渐次出现，但尚未有人对民族档案研究进行可视化分析。基于此，本文拟结合可视化知识图谱与一般文献计量法，对近12年（由于2005年以前关于民族档案研究的文献数量很少，研究意义不大，故选择2005年至今的文献作为研究对象）我国民族档案研究的现状加以可视化研究，明晰民族档案研究的机构分布、合作情况、代表人物和研究热点，以期更好地把握国内民族档案研究的状况，发现其中存在的问题，为后续的研究工作提供参考。

一 数据来源与研究方法

以中国知网（检索时间：2016年9月28日）作为数据来源，设定检索条件：题名＝档案并且题名＝族（或者题名＝民族），时间跨度为2005年1月1日至2016年9月28日。通过人工阅读和甄别，剔除重复发表的文献及报道、通讯稿、讲话稿等非学术性文献，最终得到符合要求的文献共357篇。本文对这些文献的分析处理方法如下：①在进行文献数量情况分析时，采用文献计量法，对检索出的文献进行定量分析。②在可视化分析方面，选用知识图谱领域中应用较为广泛的信息可视化软件CiteSpace V（版本5.0.R1.SE）。[1]将检索到的357篇有效文献以Refworks格式导出，并按照CiteSpace软件处理数据的格式要求，转换成该软件可识别的文本格式，将数据导入软件中，根据分析主题和内容操作软件，选择与之对应的网络节点和术语类型，最终得到可视化的知识图谱。

二 研究现状分析

（一）文献产出趋势

民族档案领域研究的发展水平在一定程度上可以通过文献数量的年度分布情况反映。图3-1列出了2005—2016年国内民族档案研究文献的产出结果。由图3-1的情况来看，近12年我国民族档案研究按文献年产量大致可分为三个阶段。第一阶段：2005—2008年，经过多年的积累，国内民族档案研究已经有了相应的基础，此阶段的年发文量已比较可观，但在不同年份呈波浪式浮动。第二阶段：2009—2013年，年发文量在前一阶段的基础上有较大幅度的增长并且保持持续增长的势头，说明国内民族档案研究在此期间开始进入快速发展轨道。第三阶段：2013 年之后，各年的发文量开始达到新的高度并且浮动很小，显示国内学者对民族档案研究依旧保持较高的热情，并开始趋于理性。

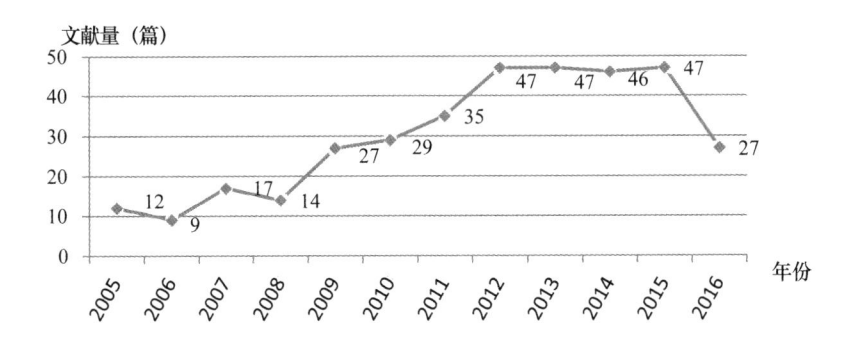

图 3-1　2005—2016 年国内民族档案研究文献的产出情况

（二）文献产出机构

在 CiteSpace V 软件界面中，网络节点（Node Types）选择"机构"（Institution），主题词来源（Term Source）选择文献标题（Title）、摘要（Abstract）、作者关键词（Author Key words）和扩展关键词（Keywords Plus），"Time Slicing"时间切割技术（将要分析的数据进行时区分割）中将"Years Per Slice"按年数切割（按多少年进行切割）值设为 1，即把 2005—2016 年分成 12 个时段进行处理，数据抽取对象设为 top20，其他为默认设置。运行软件，再经过机构重名处理（如云南大学历史与档案学院和云南大学公共管理学院情报与档案系，前者是云南大学 2015 年进行院系调整时重新组建的学院，与后者是同一机构不同时间的用命，所以将这两者合并为云南大学历史与档案学院，其他机构重名处理方式类似），最终得到我国民族档案研究的各机构发文数量及合作情况知识图谱，如图

3-2所示。

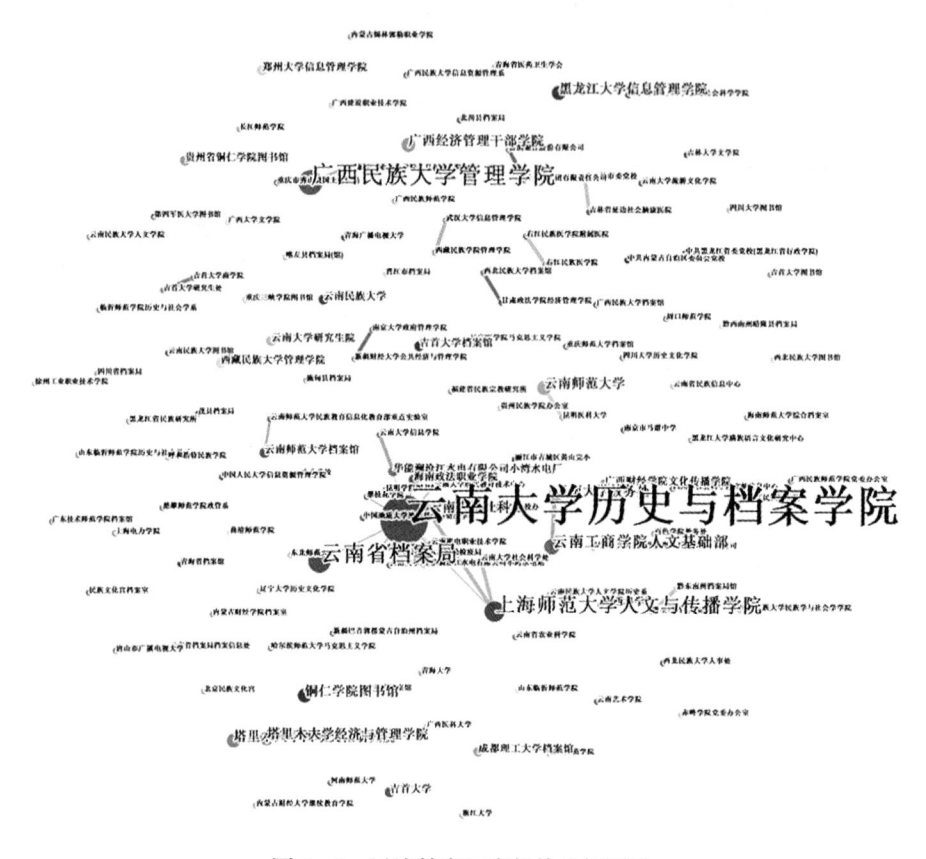

图3-2 民族档案研究机构分析图谱

图3-2中，圆形节点代表研究机构，节点的大小代表该机构的发文量，节点越大，说明该机构的发文总量越多。节点间的连线代表机构间的合作情况，连线的粗细代表机构间的合作次数，连线越粗代表机构间合作越密切。从图3-2可以看出，我国民族档案研究呈现出以高校师生为主要力量的特点。在所有发文单位中，发文量排在前5的依次为云南大学历史与档案学院、广西民族大学管理学院、云南省档案局、上海师范大学人文与传播学院和云南工商

学院人文基础部。其中，表征云南大学历史与档案学院发文量的节点面积远远超过其他机构，说明其发文量明显多于其他机构，是我国民族档案研究最为活跃的机构和核心力量。

另外，从图3-2中节点的分布来看，各个节点之间主要以云南大学历史与档案学院为中心，其与上海师范大学人文与传播学院、云南省档案局等多个研究机构彼此有连线相连，此外还有12条单独连线，但大部分节点则彼此孤立、互不相连，由此说明国内各民族档案研究机构之间比较封闭，大部分机构都以独立研究为主，虽然机构内部不同作者的合作比较频繁，但不同机构之间的合作研究不多，互相交流很少。

（三）主要作者分析

在CiteSpace V软件界面中，网络节点（Node Types）选择"作者"（Author），其他设置与上文一致。运行软件，得到我国民族档案研究的各作者发文数量及合作情况知识图谱，如图3-3所示。对图3-3研究数据获取可知，共有165名相关作者，共形成165个节点、71条连线。

图3-3中，圆形节点的大小代表作者的发文量，节点越大，说明作者发文越多。节点间的连线表示作者间的合作情况，连线的粗细代表作者间的合作次数，连线越粗意味着作者间合作越密切。透析图中圆形节点大小可知，国内民族档案研究发文量位居前5位的作者分别是华林（29篇）、陈子丹（15篇）、张会超（7篇）、杨毅（6篇）、赵局建（6篇），说明这些作者是近12年来我国民族档案研究领域贡献最大的学者。另外，从图3-3中来看，以华林为中心节点的连线数量最多、最为密集，而与其合作数量较多、合作较为密切的则是朱天梅、赵局建等人，他们多为华林的博士或硕士研究生。这反映出华林不仅是民族档案研究领

图 3-3 民族档案研究作者分析图谱

域最活跃的学者，而且与学生建立起了比较密切的关系，形成了一定范围的学术团体。但是，图 3-3 中代表其他研究人员发文量的圆圈面积则很小，彼此之间的连线数量也较少，说明这些研究人员不但发文数量少（多为 1—2 篇），相互之间的合作也比较欠缺，其大多数人对民族档案只做了初步探讨，并没有对其进行持续深入的思考。

再次利用 CiteSpace Ⅴ，将年度区间改为 2011—2015 年（2016 年数据不全，暂不做统计），其他处理与上文一致，得出近 5 年我国民族档案研究的各作者发文数量及合作情况知识图谱，如图 3-4 所示。对比图 3-3 与图 3-4，发现华林、陈子丹等学者的发文数量依然很高，说明这些学者近 5 年来依旧对民族档案进行持续深入的研究，依旧有很强的影响力。同时对比图 3-3 与图 3-4 可以发现，赵局建、杜钊、朱天梅这几位学者的节点大小相差不多，说明这些作者是近 5 年才开始从事民族档案研究的，其成果集中出现在近 5 年，他们正在成为民族档案研究的新兴力量。

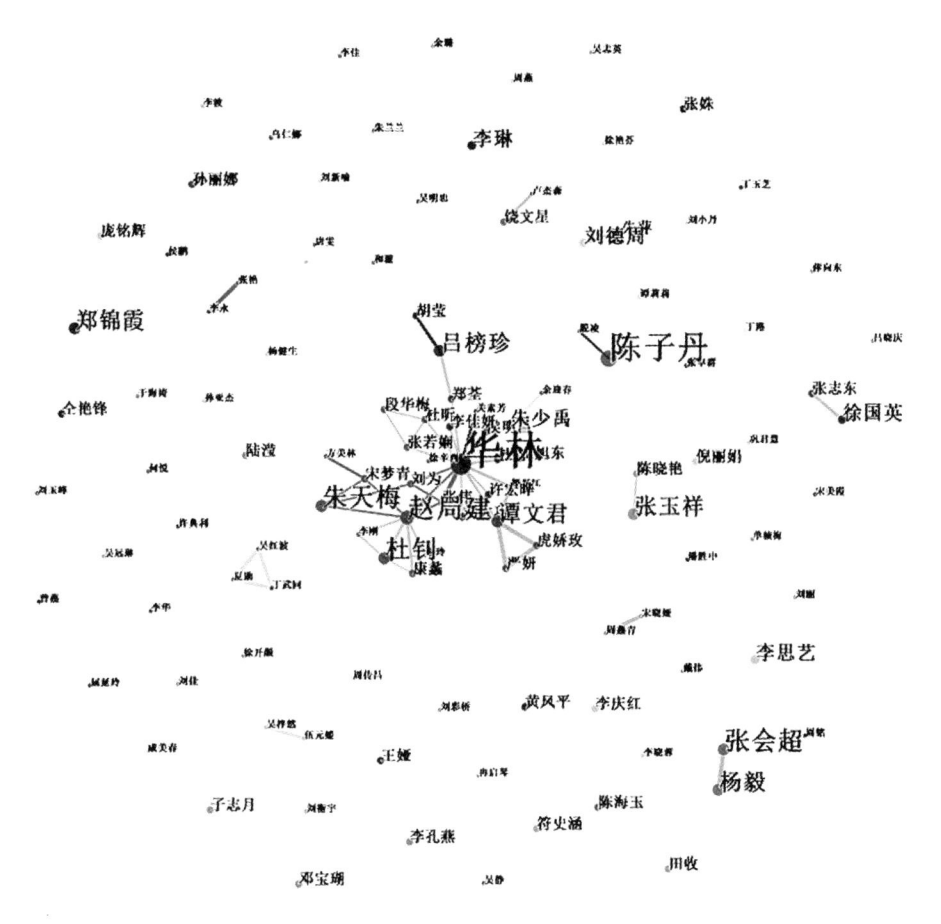

图 3-4　近 5 年民族档案研究作者分析图谱

三 研究热点分析

关键词在一篇文章中往往只有数个,所占篇幅很小,但却是文章的核心和精髓,是文章主题内容的高度概括和凝练。因此,从知识理论的角度来看,频次和中心性高的关键词代表着一段时间内众多研究者共同关注的问题,也就是研究的热点。[②]

在CiteSpace V 软件界面中,网络节点(Node Types)选择"关键词"(Key word),其他设置与上文一致。运行软件,生成近12年我国民族档案研究关键词图谱(图3-5),同时利用软件得出各关键词的频次和中心性数据(表3-1)。

表3-1　2005—2016年民族档案研究领域关键词频次中心性

关键词	频次（次）	关键词	中心性
少数民族	58	少数民族	0.28
民族文化	24	档案工作	0.22
口述档案	22	少数民族档案	0.20
民族档案	20	云南少数民族	0.17
少数民族档案	18	云南省档案局	0.14
历史档案	15	档案信息	0.13
口述历史	10	档案法规	0.12
云南少数民族	10	少数民族地区	0.11
民族地区	9	历史档案	0.11
云南省档案局	8	档案资源建设	0.10

综合图3-5和表3-1可以看出:民族文化、民族口述档案、民族历史档案均为高频词和高中心性的关键词,说明国内学者对以上几个主题的关注度较高且研究成果较多。而民族档案信息资源、民族档案法规则属于频次较低,但中心度较高的关键词,说明该主

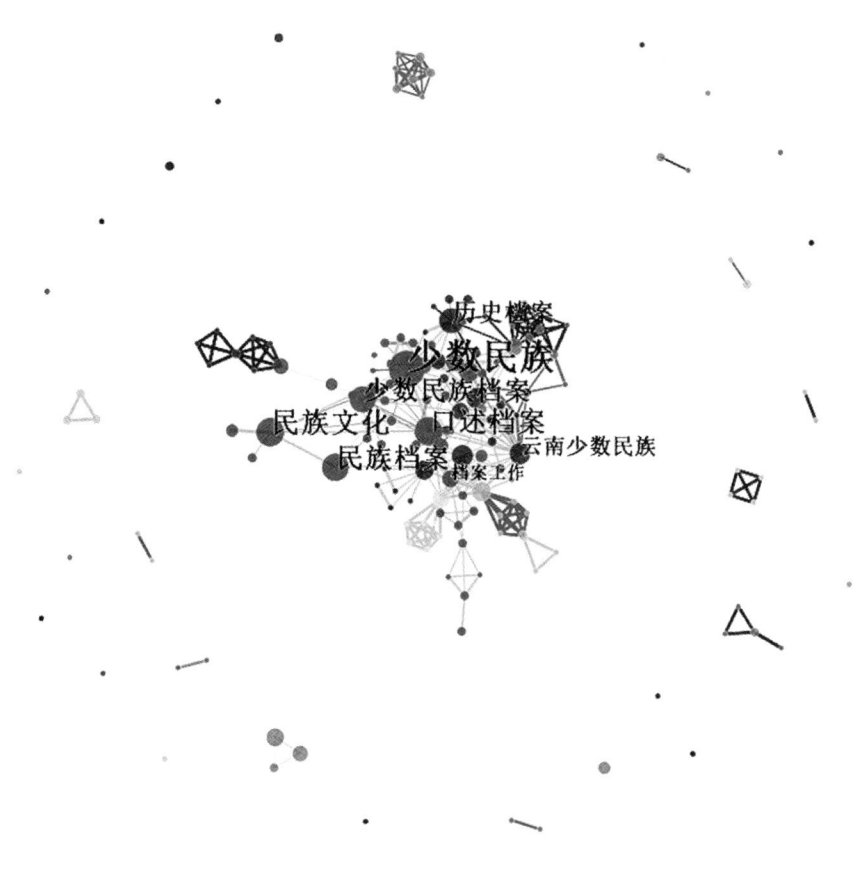

图 3-5　民族档案研究关键词分析图谱

题重要性强，但是学者对该领域的研究还比较欠缺。

通过合并整理以及对聚类关键词相关文献的分析，发现国内对民族档案的关注热点有：

（一）民族档案史料及价值研究

我国少数民族众多，分布广泛，文化各异，针对各区域、各民族的档案史料内容和价值的研究是最为丰富和充裕的部分。与这方面研究相关的主题包括以下几方面：各民族口述档案发掘、整理与价值研究；民族档案在民族文化传承和弘扬方面的价值作用；民族档案在文化旅游及经济发展方面的意义表现。主要论文有华林、黄梅的《少数民族档案遗产研究》，康蠡的《论云南少数民族档案在民族文化旅游中的价值及实现途径》，高晓波的《民族档案史料的利用与挖掘》等。

（二）民族档案管理工作

民族档案管理工作主要针对管理环节中的一些实际问题进行探讨研究，为学界提供了大量事例和经验。民族档案管理工作是民族档案工作的核心，因此针对民族档案管理工作的每个具体环节，学界都有大量论述。在民族档案收集与整理方面，陈海玉的《论民族医药档案遗产收集工作的思路与对策》、陈素军的《我国少数民族档案收集和整理策略》等具有一定代表性；在民族档案保护工作方面集中了华林的《文化遗产框架下的西部散存民族档案文献遗产保护研究》、胡莹的《云南省边疆少数民族档案应急保护机制构建探析》、全艳锋的《云南少数民族档案文献遗产保护研究》等论文；涉及民族档案编研的主要包括了陈子丹、解菲的《对少数民族档案编研的几点思考》、赵局建、康蠡的《试析构建民族档案编研学科的若干原因》等论文；在开发利用领域，具有代表性的论文有尚蓉、尚岑的《纳西族档案的开发与利用研究》、陈子丹的《傈僳族档案文献及其开发利用》和胡莹的《纳西族东巴文历史档案发掘利用初探》等。

（三）民族档案数字化及资源库建设

民族档案中蕴含着巨大的潜在价值，亟待开发利用。随着数字化和网络技术的不断发展，民族档案潜在价值得以在现实中充分发挥。不同语言、文化和地域的民族档案为各民族提供了经济、文化、旅游等方面的现实价值。多年来沉寂在历史长河中的民族档案得以通过数字化手段、网络共享技术和数据资源库的建设重获生命。该方面的论文主要有华林的《论少数民族文字历史档案的数字化技术保护》，吕榜珍、胡莹的《云南省少数民族档案的数字化管理策略》，罗月桂、郑锦霞、符史涵的《海南黎族文身数字化档案信息平台的构建》及张姝的《基于知识元的云南民族文化数字化档案资源构建研究》等。

四 结论与建议

通过前文分析，明晰了我国民族档案领域的研究机构分布、学术代表人物，发现了近些年民族档案研究的热点领域。从有关数据和分析结果可以看出，国内民族档案研究已经取得了比较丰富的成果，但也存在研究力量不平衡、研究主体分散、高产作者少，尚未形成相对稳定的高水平研究群体以及研究主题相对集中等问题。针对这些问题和民族档案工作发展的趋势，需要在将来的民族档案研究中做出以下改进：

第一，具有少数民族优势资源和经济、文化、教育比较发达的省份和地区的高校和研究机构，可以通过召开学术报告会、座谈会、学术沙龙，举办讲座，课题合作等形式多样的方式积极带动具有民族档案研究意愿，但客观上少数民族资源不足和欠发达地区的研究较为滞后的高校、研究机构，通过地区间的合作来缩小信息鸿沟，[③]实现民族档案资源的共建共享。

第二，加强民族档案研究在学科内部的交流合作与在学科外吸纳、借鉴其他学科的创新能力。首先，应加强国内各个高校、研究机构在民族档案学领域的合作与交流，互通有无，共同进步，提高研究的层次和水平，更加注重研究的持续性和系统性。其次，考虑到民族档案研究涉及档案学、民族学、计算机科学等多个学科的知识和方法，还应进一步拓宽研究视野和思路，突破当前民族档案研究只局限于采用档案学理论与方法的局面，大力借鉴和吸纳民族学、人类学、计算机科学等学科力量的加入，协同攻关，提出真正体现民族档案特色的理论与方法。

第三，对于民族档案研究的热点问题和领域，要加强对其的内涵深化和外延探索，分析其存在的问题，广泛利用现代化的研究方法与手段进行深化研究。首先，在民族档案史料及价值研究方面，应当加强收集民族档案史料能力，培养可以收集民族档案资料并利用民族语言文字进行记录、整理和翻译的档案工作人员，发挥民族档案在传承和弘扬民族文化和推动旅游经济上的巨大价值，赋予民族档案新的价值内涵与深度。其次，在民族档案管理工作方面，少数民族档案遗产的抢救是一个重要的社会现实问题，在各民族地区，少数民族档案文化遗产除部分为档案馆、博物馆和图书馆等文化机构所收藏外，尚有大量的档案遗产散存民间。④分散在少数民族地区民间的大量民族档案资源，是一座尚待开发的宝库，新的民族档案的发现与收集，将会为民族档案研究开辟新的空间与领域。因此，应当加强对散存在民间的少数民族档案的收集、整理工作，为后续的开发利用及价值研究提供可用的材料资源。最后，在民族档案数字化及资源库建设方面，应成立一个全国性的权威机构来统一指导和协调民族档案文献的数字化建设。⑤研究者应当加强对民族档案数字化及建立民族档案资源库实践操作的技术、方法与经验总结，为尚未进行数字化及资源库建设的地区提供经验，推动民族档案数字化及资源库建设标准与规范，实现民族档案数字化及资源库建设的规范性和科学性。⑥面对当前信息技术的快速变化，民族档案研究应将现代高新科学技术运用到民族档案研究和发展中，以更好挖掘、管理民族档案，提升民族档案的内在价值，利用民族档案为需求用户提供更高效的服务。

注释：

①Chen, C. and Leydesdorff, L. (2013) Patterns of connections and movements in dual-map overlays: A new method of publication portfolio analysis. Journal of the Association for Information Science and Technology, 65 (2): 334–351.

②林强：《基于知识图谱的国内知识管理领域可视化研究》，《图书情报工作网刊》2012 年第 2 期。

③周承聪、赵益民、肖迎：《基于知识图谱的国际图书馆联盟研究可视化分析》，《图书馆建设》2014 年第 8 期。

④华林、黄梅：《少数民族档案遗产研究》，《档案学通讯》2010 年第 4 期。

⑤陈子丹：《民族档案学研究的问题及发展趋向》，《兰台世界》2008 年第 24 期。

⑥吕榜珍、胡莹：《云南省少数民族档案的数字化管理策略》，《档案学通讯》2010 年第 2 期。

作者简介：

杨静，女，云南大学历史与档案学院研究生。王宇佳，女，云南大学历史与档案学院研究生。刘凤，女，云南大学历史与档案学院研究生。

民族档案学研究进展实证分析

——基于核心刊物关键词频次统计及共现分析

云南大学历史与档案学院　李　坤　朱　明

摘　要：本文以中国知网数据库为数据源，检索历年民族档案相关核心期刊及CSSCI来源刊，提取不同词语进行词频统计，并对关键词进行共引分析，结合图表对迄今民族档案学领域研究进展进行了初步讨论。

关键词：民族档案　研究进展　词频统计　共现分析

Abstract: Using CNKI database as the data source, retrieval all information concerning ethnic archives which published at CSSCI. Giving a preliminary summary of the progress of Chinese ethnic archives through extracting different word for word frequency statistics and co-citation analysis.

Key words: Ethnic Archives; Research Progress; Word Frequency Analysis; Co-citation Analysis

一　研究背景

中国是一个多民族国家，民族档案承载了各少数民族人民的发展历史、社会经济、风俗文化、宗教信仰等方面信息，是中国档案全宗的重要因子，关于民族档案的相关研究是中国档案研究的重要组成部分。[①]近年来，民族档案学作为一个新的学科增长点，相关研究有了一定积累，对其发展脉络的梳理成为了一个要点。本文依靠词频统计和共词分析的研究方法，力求客观、多维度地展现民族档案学的学科成果。一方面有助于学者快速了解民族档案学研究的发展情况、核心刊物及主要科研机构；另一方面可以辅助学者梳理目前中国民族档案学现有的科研架构，找出有潜力的研究点，从而不断丰富甚至突破现有民族档案学的知识体系，促进该学科研究不断走向全方位、多维度、深层次。

二 研究方法

在中国知网期刊数据库中以检索题目含有"族"或"民族"且含有"档案"的并且来源为核心期刊或 CSSCI 进行检索，共得到 287 条数据，并将检索结果导出后得到关于作者、题名、文献来源、年、关键词、机构等相关信息。在此基础上采用词频统计的方法，统计关于年份、来源期刊、发文机构、关键词词频反映出的民族档案研究特点，并通过共词分析着重挖掘关键词间的知识关联情况。

三 研究结果呈现

（一）年度发文量统计

结合表 3-2 分析，民族档案学相关论文发文量可分成两个阶段：第一阶段为 1992—2007 年，民族档案相关论文数量呈周期性波动变化，其中波峰分别出现在 1994 年、1997 年、2000 年、2002

年和2005年，波谷分别出现在1995年、1998年、2001年和2004年；第二阶段为2008—2016年，民族档案相关论文整体递增，特别是在2010—2015年增长数量稳定偏高。

表3-2　　　　　　　　　　年度发文量统计

年份	词频（次）	年份	词频（次）	年份	词频（次）
1992	3	2001	1	2010	21
1993	5	2002	9	2011	22
1994	12	2003	7	2012	28
1995	3	2004	3	2013	29
1996	8	2005	11	2014	22
1997	10	2006	5	2015	28
1998	1	2007	9	2016	18
1999	2	2008	10		
2000	6	2009	14		

（二）来源期刊词频统计

检索结果中的民族档案的来源期刊共计42种，其中载文量最多的10种期刊如表3-3所示。可以看出《兰台世界》是民族档案学的主要研究阵地。

表3-3　　　　　　　　　　来源期刊词频统计

来源期刊	词频（次）	来源期刊	词频（次）
《兰台世界》	100	《思想战线》	11
《档案学通讯》	38	《档案》	10
《档案学研究》	19	《浙江档案》	9
《中国档案》	17	《档案管理》	9
《山西档案》	16	《档案与建设》	8

(三) 机构词频统计

在民族档案相关核心刊物,出现频次超过 2 次的发表机构名称有 29 个,对其进行合并后得到 17 个机构,具体如表 3-4 所示。从表中可以看出高校占研究机构的主要部分,其中以云南大学研究成果最多,广西民族大学、上海师范大学、塔里木大学有一定的研究成果。结合机构所在地分析,多数机构位于中国主要少数民族聚集地。

表 3-4　　　　　　　　　机构词频统计

机构	词频(次)	机构	词频(次)
云南大学	88	青海省档案馆	2
广西民族大学	9	云南师范大学	2
上海师范大学	7	云南省农业科学院	2
塔里木大学	5	郑州大学信息管理学院	2
云南工商学院	4	广西经济管理干部学院	2
贵州师范大学	3	昆明医科大学	2
黑龙江大学信息管理学院	3	右江民族医学院	2
云南省档案局	3	四川省档案局	2
晋江市档案局	2		

(四) 关键词词频统计

利用 Bibexcel 软件对所有关键词进行提取,在剔除重复项目后得到 342 个关键词。在分析关键词频次跨度上,将出现频次大于等于 10 次的关键词定义为高频关键词、将出现频次小于等于 2 次的关键词定义为低频关键词,其余关键词为中频关键词,具体频次分布如表 3-5 所示。

表 3-5　　　　　　　　　　关键词词频分布

	高频词（≥10）	中频词（3—9）	低频词（≤2）
个数	26 个	54 个	262 个
百分比	7.60%	15.79%	76.61%

1. 高频关键词统计

综合分析关键词，选取频次排名前 15 位的关键词进行频次分布统计，具体如表 3-6 所示。

表 3-6　　　　　　　　　　高频关键词统计

	1992—1996 年	1997—2001 年	2002—2006 年	2007—2011 年	2012—2016 年	总频次（次）
档案	67	47	54	85	126	379
少数民族	4	2	13	30	50	99
民族	20	12	14	20	24	90
保护	1	0	8	13	26	48
档案馆	10	7	8	8	6	39
民族档案	1	3	2	13	13	32
历史档案	4	3	5	7	11	30
云南	1	1	0	11	15	28
民族文化	2	0	6	7	12	27
档案工作	15	4	2	2	3	26
民族地区	10	5	1	1	6	23
研究	3	0	2	9	8	22
档案事业	12	2	3	3	1	21
档案资料	5	4	4	4	2	19

图 3-6 中，实线表示关键词"档案"的频次变化，该关键词频次变化也反映了民族档案学文章增长趋势，与之前表 3-2 反映的年频次统计结果大致吻合。

图 3-6　关键词频次变化折线图（"档案"）

图 3-7 中，对比"民族"和"少数民族"两个近似词，"少数民族"这一概念在民族档案学中被着重强调、趋势迅猛；"文化"的词频前期保持较快增长，但到 2011 年增长明显变缓；"保护"各个阶段都保持稳步增长状态。

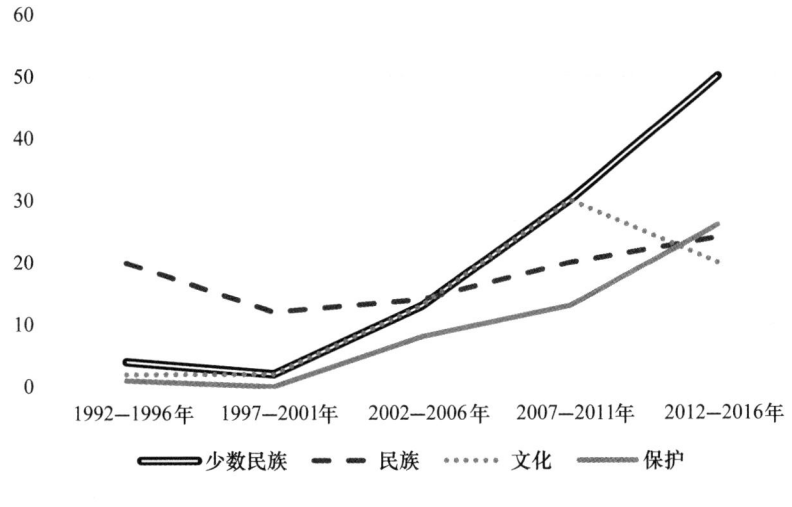

图 3-7　关键词频次变化折线图（总频次 2—5 次）

从图 3-8 中可以看出"档案馆"增长逐渐变缓;"民族档案"的增速持续走高;"历史档案"2002 年增速一般,但在 2002—2006 年增长迅猛;"云南"在 2002—2006 年进入停滞期,但随后迅猛增长。结合图 3-7 可以看出"民族文化"词频增长趋势与"少数民族"趋势相吻合。

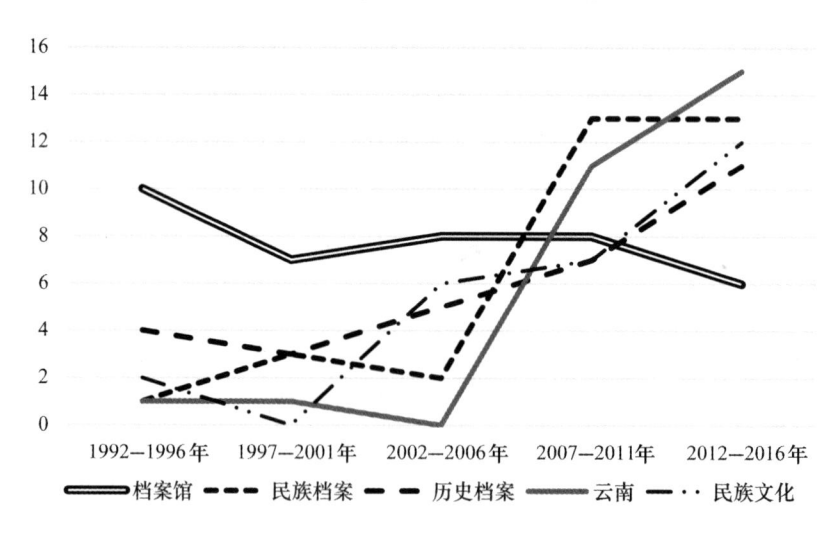

图 3-8 关键词频次变化折线图(总频次 6—10 次)

从图 3-9 中可以看出"档案工作"和"民族地区"词频在 2007 年前大体呈现反比函数下降趋势,2011 年后有所增长;"研究"在五大时间区间呈现大幅波动,在 1997—2001 年触底,2007—2011 年达到顶峰;"档案事业"下降明显,"档案资料"发展较平稳,但近年来也有下降趋势。

2. 低频关键词挖掘

从低频关键词提取有用信息有助于发掘民族档案学知识增长点和学科交叉点,有助于扩宽民族档案学的广度、建立与其他学科的联系。在根据前期数据进行整理筛选后,得到下列关键词:"保护与管理""傣文""档案文献遗产""档案人才""户籍档案""景

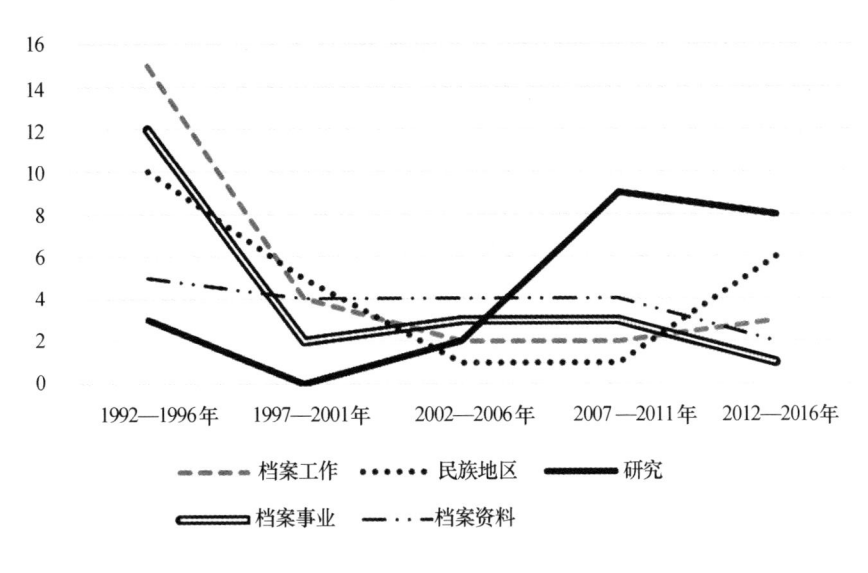

图 3-9 关键词频次变化折线图（总频次 11—15 次）

宁畲族自治县""农村居民""数字化档案""学科建设""纳西族东巴文档案""资源建设""资源体系"。

上述关键词侧面上反映了民族档案中关于具体某种民族档案的研究、数字化研究、民族档案学学科建设及民族档案资源体系等相关研究领域还不够完善，此外对于具体的某一地区或民族的针对性研究有待深入挖掘。

3. 词频共现

结合之前的频次分析，利用 Bibexcel 和 Ucinet 软件，选取频次大于等于 3 次的关键词、确定不同的最小共现频次，分别绘制了图 3-10、图 3-11、图 3-12 三个历年民族档案学相关核心期刊文章的关键词共现图。在共现图中，连线表示两关键词共同出现在一篇文章中，连线越密集则这两个关键词间的联系越密集，关键词图标发出的连线数量越多说明其与其他关键词联系越多。

确定最小共现频次为 1 绘制出图 3-10，图中连线密集的中心区域为研究成果最丰富的两大核心为"少数民族"和"特色档案",说明这两点是民族档案学的研究主体。结合两大核心可以分析民族档案学研究的核心地带:"少数民族"的主要关键词有"数字化""云南""研究""民族文化""历史档案""档案管理""档案价值"等;围绕"特色档案"的主要关键词有"民族地区""馆藏档案""档案史料""历史档案""多民族国家"等。图中边沿地带主要反映了该领域研究的新兴增长点或者和其他学科的交叉点,如"档案式保护""采访""收集""原始性记录""民族民间文化""生态"。

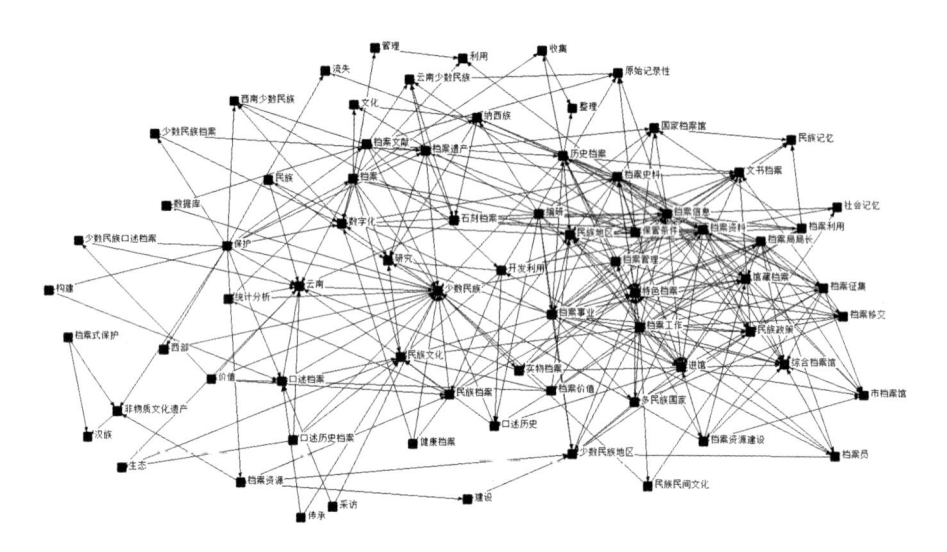

图 3-10 关键词共现图 1

确定最小共现频次为 1 次绘制出图 3-11,图中已经可以清晰地看出民族档案学目前主要的研究框架,即以"特色档案"为中心辐射到"档案事业""档案工作""民族地区""档案资料"等;再由"少数民族"为中心辐射到"档案遗产""口述档案""民族档案"等。

确定最小共现频次为 1 次绘制出图 3-12,图中已经清晰地反

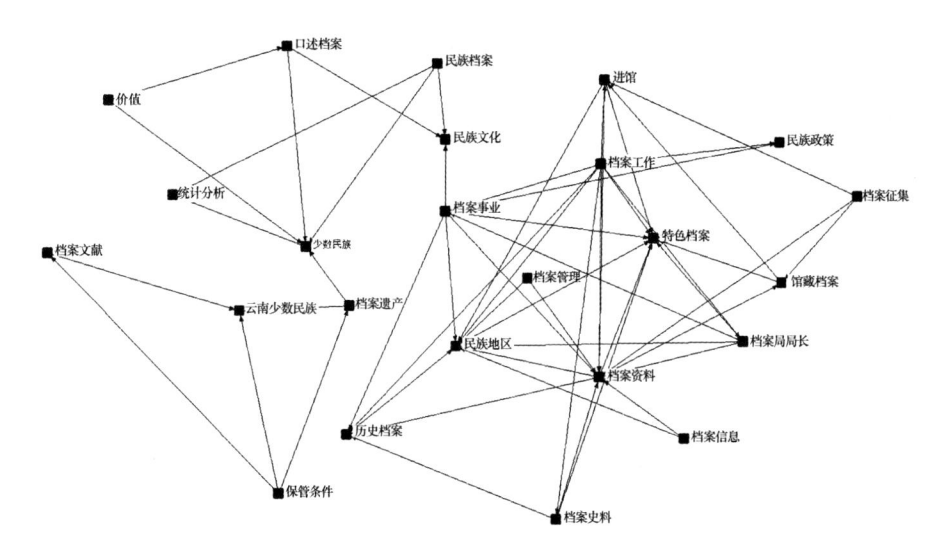

图 3-11　关键词共现图 2

映出目前民族档案学中最核心的几个研究主体，即"档案事业""档案工作""档案资料""民族地区""特色档案""档案史料"。

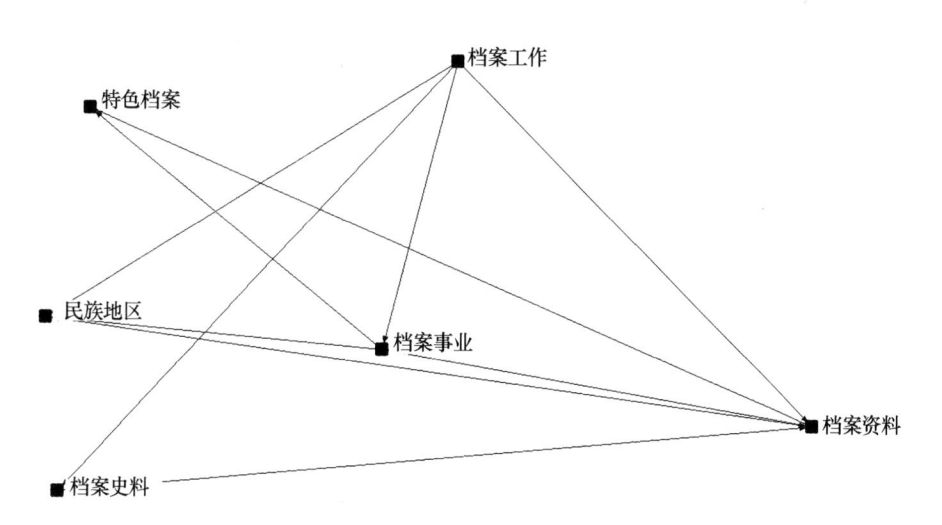

图 3-12　关键词共现图 3

综合分析三张共现图，发现民族档案研究有以下特点：

（1）"档案资料"和"特色档案"是大核心，学术界大范围都在研究；"综合档案馆""进馆"和"云南"低共引次数下共现图的小核心地带，说明其在学术界小范围有一定规模的研究投入。

（2）民族档案学中有几大关联群，即"特色档案""档案事业"和"档案资料"群；"民族地区""档案事业""档案工作"和"档案资料"群；"档案资料""档案史料"和"档案工作"群。

（3）民族档案目前较为突破性的研究涉及"生态""民族民间文化""社会记忆""非物质文化遗产""民族政策"等。

四　研究结果说明

利用词频分析时，不能机械地解读数据，应该结合学科背景知识进行全面分析。本文虽然选取了CNKI数据库中历年核心期刊及C刊数据，但民族档案学是一个较精确的范畴，所得的数据条目相对偏小，在分析研究时需要各项信息都予以考虑，不可以完全抛弃小频词语。由于词频统计及共词分析的准确率与关键词的准确度密切相关，当被统计词越明确分析，结果越准确，由于本次实证分析的数据总数不大，被统计的个别关键词不够清晰，在进行共引图谱绘制时，选择不同的共现频次绘制出的图有较大差异，为了最大限度减小误判，故保留了3个有意义的共引图。

五　结语

综合上述结果，可以看出民族档案学研究热度逐渐提升，其初步发展于档案管理、工作、事业等领域知识的迁移，但进入1997

年历史领域研究比重增多，并且伴随着民族档案在历史档案这一个领域纵向深入，民族档案研究逐渐扩展到文化领域。

从档案管理制度上看：民族地区的档案事业、档案工作和档案资料研究已初具规模，但随着其民族档案的不断完善，相应的宏观理论也会逐渐发展。

从档案载体上看：关于石刻档案的研究较多，然而中华人民共和国建立以前曾拥有和使用本民族文字的只有满藏、蒙古、维吾尔、哈萨克、柯尔克孜、朝鲜、傣、彝、俄罗斯、苗、纳西、水、拉祜、景颇、锡伯15个民族，除了形成文字的档案外，还有一些承载在特殊文化载体上的档案或者是少数民族口述档案需要进一步研究。并且在此基础上，还需要建立针对不同载体档案的保存、保护机制。[②]

从档案来源地区上看：云南地区是全国民族档案学研究重镇，这一点除了体现在云南是民族档案学的主要研究阵地外，还体现在涉及云南或云南少数民族档案的民族档案学研究成果方面在全国范围占有一定比重上。[③]此外，全国共有5个自治区、30个自治州、117个自治县和3个自治旗，其中只有8个自治州在云南省，其他地区民族档案亟待深入研究。

注释：

①段丽波：《西南少数民族档案研究综述》，《档案学通讯》2008年第5期。

②陈子丹：《构建边疆多民族档案资源体系的思考——以云南为例》，《档案学研究》2013年第6期。

③吕榜珍、郑荃：《浅谈云南省少数民族档案数字化后的管理》，《档案学通讯》2011年第4期。

作者简介：

李坤，女，云南大学历史与档案学院图书馆学专业2015级硕士研究生。朱明，男，云南大学历史与档案学院副教授。

第四编

民族档案资源建设研究

浅析云南少数民族数字档案信息资源建设

云南大学历史与档案学院　吕榜珍

摘　要：本文在分析云南少数民族数字档案信息资源建设现状的基础上，针对存在的保存机构多，统一规划难；文字种类多，翻译工作难；观念落后，管理不规范；投入不足，基础设施不完善；缺乏专门性的人才队伍等问题，提出加强云南少数民族数字档案信息资源建设的统筹规划，实行区域性合作机制；加大资金投入，促进基础设施建设；进一步加强云南少数民族档案收集、整理和翻译处理工作；加快云南少数民族档案数据库建设；进行相关人员的业务培训，促进人才的培养等建议，为云南少数民族数字档案信息资源建设提供参考。

关键词：少数民族数字档案　信息资源　资源建设

Abstract：In this paper, we analysis the current situation of yunnan minorities digital archives information resources, which still have many problems: the preservation institutions is complex, it is hard to unified planning; It is difficult to word variety and translate; Concepts backward, management is not standard; Investment insufficient, the infrastructure is not perfect; The lack of specialized personnel. According all above, we put forward suggestions to strengthen on the existing problems of yunnan minorites digital archive information resources construction such as implement regional cooperation mechanism; Increase capital investment, promote the construction of infrastructure; Further strengthening of yunnan minority archives collection, sorting and translation work; Accelerate the construction of yunnan minority archives database; Business related personnel training, to promote the cultivation of the talent several. so we can provide the reference for the construction of yunnan minorities digital archives information resources.

Key words: Minorities Digital Archives; Lnformation Resources; Resources Construction

少数民族档案资源是国家信息资源的重要组成部分。云南少数民族档案资源是少数民族档案资源中最有特色、最有优势的档案资源，具有重要的学术价值与开发利用价值。数字档案信息资源建设是少数民族档案信息化建设的核心，随着档案信息化的深入发展，利用计算机和网络信息技术，把云南少数民族传统档案进行数字化处理，并建立数据库，是保护和传承少数民族档案遗产的需要，也是档案学民族学研究的需要，也是实现云南少数民族档案资源共享的基础和保证。

一 云南少数民族数字档案信息资源建设现状

（一）云南少数民族数字档案信息资源建设取得的成绩

云南共有 25 个少数民族，有 23 种民族文字。云南省各少数民族政权、各类组织、宗教团体及个人在社会历史发展过程中形成了许多具有保存价值的云南少数民族档案原始记录，有汉文的也有民族文字的。其形式有文字、声音、图形、图像等，其内容涉及少数民族政治、经济、哲学、历史、宗教、文艺、教育、天文、医药、军事、伦理、民俗等诸多方面。云南省在"十二五"时期，大力开展少数民族档案资源建设，云南省档案馆与云南省民族事务委员会、云南省少数民族古籍整理出版规划办公室、云南大学、云南省少数民族语文指导工作委员会办公室等机构建立了合作平台，采取收集、征集、个人访谈、录像、录音、数码照相等方式，采用现代化、信息化技术手段，采集和整理少数民族数字档案资源，建立民族文化资源库。目前，云南省在少数民族数字档案资源建设方面已取得了一定成绩。如云南省档案馆自 2010 年以来，与州市县档案部门及民族事务委员会共同合作，采集了一定数量的数字档案资源，其中音像 1636 盒、录音 1826 分钟、视频 440 分钟，数码照片 20000 多张，[①]并且建立了阿昌族、布朗族、独龙族、基诺族等少数民族档案特色数据库。云南省民委在少数民族档案数字化方面也取得了一定的成果，已建立少数民族资源数据库条目 6332 项，民族资源数据磁盘文件 10387 个。[②]在东巴古籍档案的数字资源建设方面，通过《"世界文化遗产"东巴经典传承体系数字化国际共享平台建设研究》项目课题组成员的共同努力，共采集到流失国外的东巴古籍手稿的数字版 900 多本，国内摄录了东巴档案 100 册左右。[③]

（二）云南少数民族数字档案信息资源建设存在的主要问题

1. 保存机构多，统一规划难

由于历史原因，云南少数民族档案除了保存在档案部门之外，有相当一部分保存于图书馆、民族研究所、民族事务委员会、博物馆等，此外还有一些散存在民间或流失国外。即使是同一民族文字的少数民族档案也分散保存在不同的地区、不同的部门。这种保存机构多、分散保存的现状，给少数民族档案的数字资源建设带来了很大的不便。而且这些少数民族档案保存机构的上级领导部门并非同一个，这样在少数民族数字档案资源建设中要实现统筹规划难度也很大。为了保证少数民族数字档案资源全宗的完整性和系统性，需要进行跨行业甚至跨地区合作，这种协调合作方式更难。

2. 文字种类多，翻译工作难

云南共有 23 种少数民族文字，也形成了许多种民族文字档案，如常见的有藏文、彝文、傣文、白文、东巴文等，其表现形式主要有文书、古籍、石刻、竹简、金文、印章、木刻、贝叶、骨文、皮书、布书及陶文等。这些民族文字档案要进行数字化建设，必须先要进行翻译。由于我国少数民族文字处理技术是最近 20 年才发展起来的，仍处于起步阶段，针对众多的少数民族文字种类，还未做到所有民族文字都有相应的信息处理技术。即使是已完成研制的一些少数民族文字翻译工具，这种机译仍有一定的局限性，仍需要人工翻译来补充完善。目前，少数民族档案人员素质较低，而且能识别民族文字的人才也很少，所以少数民族文字档案的翻译困难很大，这将直接影响少数民族数字档案信息资源建设的进程。

3. 观念落后，管理不规范

观念决定思路，思路决定发展。虽然早在 2000 年国家档案局就颁布了《我国档案信息化建设实施纲要》，但云南经济发展较慢，思想观念落后，很多少数民族档案工作者的观念还存在于旧体制中，只注重保管不注重开发利用，对档案信息化建设的认识严重不足。同时信息技术日新月异，少数民族档案的管理也出现了新问题，面对现代化管理的新问题，少数民族档案管理者无从下手。另外，由于档案法律法规标准不健全，特别是少数民族档案数字资源的加工、保管、维护、利用等方面缺乏统一的标准，传统少数民族档案整理分类不规范。这种原本基础差管理不规范，又缺乏现代化的管理理念，必给少数民族数字档案信息资源的建设带来较大的麻烦。

4. 投入不足，基础设施不完善

在2000年国家颁布的《我国档案信息化建设实施纲要》中明确提出：要加强档案信息化基础设施建设，到"十五"末全国应用计算机管理档案的普及率在中西部地区省级机关档案部门要达到80%，县以上各级国家档案馆达到50%。然而，云南地处经济发展比较落后的边疆地区，保存少数民族档案的保存机构又处于民族边远地区，经费来源比较紧张，没有足够的资金购买数字资源建设所需要的信息采集设备及数字信息存储设备，如扫描仪、数码相机、高性能计算机等。目前边远地区少数民族档案部门，有的只有少数价值不高的简单设备，有的仅有几台配置不高的计算机。这种数字化设备严重不足、基础设施较差的局面，直接严重影响少数民族数字档案资源建设的工作开展。

5. 缺乏专门性的人才队伍

少数民族数字档案资源建设和利用，都需要专门的人才，但目前存在的主要问题有：一是档案人员不擅长信息技术，而信息技术人员又不懂档案管理；二是专职少数民族档案工作者学历低、知识结构滞后、知识更新困难；三是少数民族档案信息化管理人才不足，少数民族档案管理机构大多数没有配备专门信息技术人员；四是培养经费投入不足，对少数民族工作者的基础知识教育、高级理论培训、档案专业教育、信息技术技能培训等都需要经费，而少数民族地区经济落后，档案部门经费紧张，专用于人才培养的经费几乎没有，这种局面对少数民族信息化人才队伍建设极其不利。

二 加强云南少数民族数字档案信息资源建设的几点建议

(一) 加强云南少数民族数字档案信息资源建设的统筹规划,实行区域性合作机制

少数民族数字档案信息资源建设是一个全局性、系统性工作,加强云南少数民族数字档案资源建设关键在于搞好整体规划。在时间上首先要抓好数字化建设工作,其次要有阶段性计划;在空间上各少数民族档案保管机构要打破原有的条块分割局面,充分利用各种共享资源,以避免不必要的劳动重复,提高效益。在人力物力有限的条件下,由云南省档案局牵头成立云南少数民族数字档案信息资源建设中心,各地州市档案局成立云南少数民族数字档案信息资源建设分中心,由建设中心进行统筹规划,各分中心分别负责一个或几个少数民族档案的收集、整理、数字化建设,如楚雄州档案局成立彝族数字档案信息资源建设分中心,主要负责彝族数字档案资源建设,楚雄州各彝族档案保存机构均属于分中心成员。

(二) 加大资金投入,促进基础设施建设

要做好少数民族数字档案信息资源建设,必须配备先进的硬件设备,包括数字化输入设备(如扫描仪、数码照相机、视频音频信息采集设备等)、计算机及服务器、数字资源存储设备(磁盘阵列、光盘库、磁带库、光盘塔等),以及少数民族数字档案资源传输需要的网站及支持网络传输的通信设备通信线路等各种基础设施,由此可见,开展民族数字档案资源建设需要投入大量资金购买设备。

一是申请专项经费:一方面可申请信息化专项经费。各地档案部门要把握档案信息化建设的总体要求,抓住机遇,积极申请信息化建设经费，努力使少数民族档案信息化建设与本地区信息化建设同步发展；另一方面可申请少数民族档案保护专项建设经费。少数民族档案的数字化建设是有效保护档案原件的主要措施，通过申请档案保护专项经费促进少数民族数字档案信息资源的建设。

二是开展科研项目。开展科研项目不仅能促进少数民族工作者主动思考、主动工作的积极性，提升业务钻研能力。同时也能筹措到一部分资金用于购买设备。目前云南省档案局设立一定数量的科研项目，科技部、信息部及财政部每年也都有自主重大专项和各种工程项目的经费支持。

（三）进一步加强云南少数民族档案收集、整理和翻译处理工作

云南少数民族档案收集、整理和翻译工作是数字资源建设的基础工作，直接关系到少数民族档案数据库能否拥有有效、丰富的数据信息。云南有 25 个少数民族，其中有 15 个是云南特有的，而反映这些少数民族历史、经济等各方面发展的珍贵档案还有相当一部分散存于民间，没有得到集中科学有效的保管。因此，各建设中心要进一步加强云南少数民族档案的收集整理工作，在收集方面一是科学规划，制订详细周密的计划。少数民族档案的收集工作繁重艰苦，必须要有计划地稳步推行。二是加大调查力度，采用田野调查方法，有关人员深入民间走入寻常百姓家，通过调查走访，了解现状。三是采用多种多样的收集方式，如征集、征购、强制征收、影像记录、个人走访、访谈等。对收集来的少数民族档案，结合其特点，参考相关标准，如《归档整理规则》《照片档案管理规范》等，制定全省统一的少数民族档案管理标准，一个民族为一个全宗，按载体形式进行分类整理，为数字化建设做好准备工作。

云南共有 23 种民族文字，这些民族文字需要翻译处理，以数字文本的格式存入数据库，才能对其进行全文检索，实现资源共享，这也是云南少数民族档案信息资源建设的目的。但目前只有少数的民族文字（如藏文、蒙文等）可利用民族文字信息处理技术做到全文检索，因此要进一步加强对彝文、东巴文、傣文等其他少数民族文字的信息处理技术及相应的操作系统、机器翻译系统的研制开发，以适应云南少数民族档案信息化建设的需要。

（四）加快云南少数民族档案数据库建设

少数民族数字档案信息需要运用现代信息技术，特别是数据库技术，在信息有序化的基础上进行科学管理。云南少数民族档案数据库包括目录数据库、全文库及多媒体数据库。云南少数民族档案目录数据库的建设由省少数民族数字档案建设中心统一部署，从全省整体考虑，遵循科学性、系统性、实用性、安全性、规范性及服务性等原则，由各分中心具体实施建设，最后将全省的少数民族数字档案目录集中于省建设中心进行统一管理，为少数民族数字档案的社会化网络化服务奠定基础。由于少数民族档案目录来自全省各个档案馆、民族研究所、民族事务委员会、图书馆、博物馆及民间等少数民族档案保管单位，而且民族种类多、门类复杂、数量大、情况复杂，只有坚持统一标准，才能确保少数民族档案目录数据库的有效共享。所以目录中心建设的关键是坚持统一标准规范，包括少数民族档案目录数据库工作规范、少数民族档案著录标准、标引和检索标准、目录中心数据库结构标准等。

少数民族档案全文数据库的建设可采用分布式数据库方案。少数民族档案全文分布式数据库是由各建设中心的若干个服务器组成，每个服务器间都拥有自己的数据库及数据库管理系统，它们通过网络连接在一起，从物理结构上看它们是分布在各个建设中心，而逻辑结构上它们属于同一系统，能为用户提供完全透明的访问，同时能满足高并发查询需求。少数民族档案全文数据库建设过程中，要采取各种安全措施，如数据备份技术、系统恢复技术、并发访问控制方法、数据加密技术、审计追踪技术、访问控制技术、防火墙技术等以确保数据库的安全。

少数民族多媒体数据库建设。少数民族档案除了文本形式之外，还有大量非文本的档案，如照片档案、音频档案、视频档案等，这些少数民族数字档案的保护和开发利用价值很大。利用多媒体数据库技术，综合图像、声音、视频等多种数据形式，呈现立体场景，为少数民族档案的开发利用提供技术支持，特别是对云南少数民族口述历史档案资源的整合与共享是非常有利的。在云南少数民族多媒体数据库建设中要建立各种保障机制，如法规保障机制、组织保障机制、人才及设备共享机制等，以保证多媒体数据库建设的顺利进行。

（五）进行相关人员的业务培训，促进人才的培养

少数民族档案工作者的基本素质、技术知识、业务技能和操作能力的提高是提升少数民族档案资源建设的重要基础。因此要采取各种措施造就一支具有少数民族特征及现代信息素质，能不断掌握新知识、新技术、新技能的复合型人才队伍。

首先，要培养一批懂少数民族语言又懂档案业务的档案管理人才，以加快少数民族档案的翻译整理工作。云南省有23种少数民族文字，具有不同的民族特点，加强双语教育培训培养一批能用少数民族语言进行记录、整理和翻译的档案工作人员，他们不仅具备收集整理少数民族档案资源和抢救少数民族口述历史档案的能力，还应具备把用少数民族文字记载的档案翻译成汉字的能力，以促进少数民族档案数字资源的建设。

其次，与传统档案信息资源建设相比，网络环境下少数民族数

字档案信息资源建设的模式、手段及服务方式等发生了翻天覆地的变化，数字档案信息资源的采集、组织、加工等业务环境对少数民族档案管理人员提出了更高的要求。为此，要加强少数民族数字档案资源建设人才的培养：一是对现有的少数民族档案管理人员加强培训和培养，制订培养计划，选拔中青年管理人员到大专院校进行有针对性委托培养，提高少数民族档案管理工作者开展现代化管理和信息技术应用的素质和能力。二是引进急需的信息技术和信息化应用的专业人才，特别是有数字化加工经验的懂管理、懂技术、懂业务的复合型高层次人才，为少数民族数字档案信息资源建设的发展奠定人才基础。

最后，健全少数民族档案信息化人才培养制度，加强对人才的激励和引导，以"制度化"人才培养和引导的方式，促进信息化人才培养，保证人才培养的持续发展，以保障少数民族数字档案信息资源建设的需要。

注释：

①陈子丹：《少数民族口述历史档案研究》，云南大学出版社2015年版，第141页。

②李雯：《民族档案在云南民族数据库建设中的作用》，《边疆经济与文化》2014年第7期。

③"'世界文化遗产'东巴经典传承体系数字化国际共享平台建设研究"中期检查情况，http://www.npopss-cn.gov.cn/n/2015/0731/c357639-27393118.html。

作者简介：

吕榜珍，女，云南大学历史与档案学院副教授。

西南民族档案资源集成管理建设之我见

云南大学图书馆 杨 毅

摘 要：本文从分析西南民族档案的定义出发，从书写符号的层次、载体形态、媒介形式、形成时间，论述了西南民族档案不同的结构形态，叙述了当前西南民族档案资源需要集成管理的背景原因，以及集成管理对于西南民族档案管理的优势所在，后论述了西南民族档案集成管理的实现路径与建设思路。西南民族档案资源的集成管理是时代的诉求，也是历史发展的必然。

关键词：西南民族档案 档案资源集成管理

Abstract: Article starting from the analysis of the definition of the southwest national archives, from the level of the written symbols, morphological, media forms, formation time, this paper discusses the southwest national archives of different structure forms, describes the current background reasons of southwest national archives resources need to be integrated management, and integrated management for southwest national archives management advantage, Finally, the realization path and construction idea of integrated management of national archives in southwest China are discussed. The integrated management of national archives resources in southwest China is the demand of The Times and the necessity of historical development.

Key words: Southwest National Archives; Archives Resources Integration Management

构建并实现西南民族档案资源的集成管理是时代的诉求，也是历史发展的必然，其最终目标就是依据国家统一的业务规则和数据标准，构建西南民族档案资源集成管理的开放平台，让人们共享西南民族档案资源。为此，将西南民族档案资源置于国家治理的视野，探讨西南民族档案资源的集成管理之道，就成为当今档案学者不可回避的选择之一。

一　西南民族档案资源是西南民族文化固化的产物

历史上，尽管"西南"一词所指的空间范围在不同时期、不同场域下有着不同的范畴和意涵，属一个动态的历史演进过程，但是今天的云南省以及与之相邻的四川省、贵州省的大部分地方始终是在其范围内。长期以来，作为兼具地理和文化空间为一体的"西南"概念，一直被档案部门和学界沿用下来。1990—1996年期间召开的一年一度西南地区档案工作协作会议，主要就是在四川、云南、西藏和贵州4省区轮值召开。经过几十年的不断探索，档案界内西南向度的优势互补、协同发展已成为了促进西南地区经济和文化联动发展的一种重要手段，业内已形成的合作机制和体制也成为进一步推动西南区域经济和文化和谐发展的重要基础。本文所使用的"西南"既有空间的维度，也有民族分布区域文化的维度。大致以云南省、贵州省、四川省为主，兼及重庆市、西藏自治区和广西壮族自治区。这既是对历史上的西南整体地域格局的自然体现，也是对档案部门业已形成的西南区域合作现状的自觉尊重。

西南民族档案资源就是指我国范围内的各种类型的社会组织和个人，在过去、现在和将来的活动中形成的，反映我国西南区域的各民族文化的，有记忆价值并处于人们有意识的管理中的各种载体的原始记录的聚合。这里的西南民族档案明确了这样四层含义：一是其形成空间定位在国家总体框架下的西南区域，而不是西南边疆少数民族地区。需要说明的是，强调西南区域的民族档案问题，并不否定西南边疆少数民族地区的民族档案问题及其在其中所拥有的特殊地位，只是希望从区域角度来考虑西南区域所具有的突出的共性问题，并希望把问题纳入国家总体发展的框架中来谋划解决，并最终通过区域发展来促进西南边疆少数民族地区的民族档案问题的协调解决。二是其形成主体既包括汉族的，也包括各少数民族的；既包括国家体制内的，也包括国家体制外的。只要形成的档案是反映我国西南民族文化的，对国家、社会和各民族文化发展有价值的，就应该纳入西南民族档案范围。三是其形成时限既包括历史的，也包括现实，既包括当下的，也包括未来的，是一个动态发展、不断聚合的持续积累过程。四是其作用基点在于有价值。"凡是对国家和社会有保存价值的档案，不论其形成主体如何，不论其价值大小高低，不论其价值发挥的长短，不论其历史价值、现实价值或潜在价值，也不论其存藏于何处，或藏于官，或藏于民，或藏于国内，或藏于海外"，唯一的衡量标尺就是是否对国家、社会和民族文化发展有价值。[①]

事实上，西南历史的发展充分表明：西南民族档案的形成与管理、留存与使用在受到国家治理机构所建构的价值观念、伦理意识、文化风尚等主流文化影响的同时，也受到当地的宗教与道德、生活与习俗、传说与艺术等民间传统文化的影响，是二者交互作用、相生相长的结果。②伴随着国家层面大传统力量与区域族群层面小传统力量的影响，西南地区各民族在发展本民族文化的过程中，创造了自己独特的档案，与此同时各民族之间水乳交融，共同创造并物化了西南地区多彩的民族文化，成为了今天西南民族文化重要的记忆载体和传承纽带。③在中华民族"一体格局"的民族档案文化中，表现出自身的特点，呈现出更多的西南特征。

二 西南民族档案资源呈现多种结构形态

民族档案作为固化的民族文化，也是各民族把民族文化做了对象化的凝结与积淀的结果。在这个意义上，一份民族档案的形成是由文化的多种要素、多重领域相互影响而"结构"在民族文化发展网络中。自然，对民族文化不同的建构和分解，就有了不同的结构和类型的民族档案。从历史上看，西南地区的各民族与中原汉族相比，其社会形态发展进程相对滞后，其政治、经济、文化等方面的发展水平相对较低，而各民族自身的社会文化发展水平又高低不一，呈现多样性状态，由此使各民族档案的形成、档案的内容和档案的传统更有多元性和特殊性，这就决定了我们解析西南民族档案的结构类型需要有一定的包容性，从不同的视角辩证地对待和妥善地处理一些具体的民族档案。

（1）就民族档案书写符号的层次结构看，西南民族档案可分为汉文书写的民族档案、少数民族文字书写的民族档案、汉文和少数民族文字合璧书写的民族档案、几种少数民族文字合璧书写的民族档案。④

（2）就民族档案的载体形态结构看，西南民族档案可分为：①纸质档案，这是西南民族档案的主体，包括了历代中央政府及主管民族工作的部门、西南地区各级地方政权机构、各种社会组织、宗教寺院、部落组织、村寨、民族民间人士等在管理民族事务、开展民族文化活动过程中产生形成的大量档案文献；涉及西南民族文化各方面的内容，有国家政务、公务文书、法律法规、民族事务、民族科技、宗教习俗、文学艺术、财务账册、经文典籍、世系谱牒、民族关系、民族调查等。[5]②金石档案，这是指在青铜、铁器、碑碣、摩崖等载体上镌刻有反映西南民族文化的铭文和碑文的实物或拓本，"有相当一部分以图文形式记载了少数民族和边疆民族地区的重要人物和历史事件"。[6]③简牍档案，多指以竹简、竹筒、木片作为书写材料记载西南民族文化的实物档案。④各类因地取材形成的档案，即各民族手工自制麻纸、棉纸、绸纸、草纸、土纸作为书写材料而形成的麻质、棉质、绸质、草纸及土纸档案，也有把动物骨质、皮质或植物加工成为书写材料而留存下来的实物档案，彝族的牛皮和羊皮档案、傣族的贝叶和笋叶档案当属这一类。

（3）就民族档案的媒介形式结构来看，西南民族档案资源可分为：①文本档案，即用各民族语言文字书写的反映西南民族文化的文本档案。②语音档案，即用音频设备录取有各民族语言语音符号的反映西南民族文化的档案。③图像档案，即用民族文字制作的、或用数字设备采集制作的、或经扫描转换成的反映西南民族文化的图像式档案。④图形档案，即用各民族语言文字标识的反映西南民族文化的诸如图表型的档案。⑤影像档案，即用视频捕获设备录入的反映西南民族文化的数字影像类档案。⑥数据库档案，即用各民族文字书写的反映西南民族文化的数据构建的数据库类档案。[7]

（4）就民族档案形成的时间结构看，西南民族档案资源可大体划分为：

①原始记事档案，主要是指文字发明以前的辅助记忆时代以原始记事方式产生的反映西南民族文化的具有保存价值的档案。具体包括实物记事档案、口述记事档案、结绳记事档案、刻契记事档

案、绘画记事档案等。这里，无论是有文字的民族还是无文字的民族，西南地区许多少数民族不善于也不可能做到各种活动都形成文字记录材料。他们往往选择实物记事或者口传身教作为文化记忆、传承的重要方式，因此把这些少数民族的实物记事、口碑资料视为民族档案，是对一个民族的文化生命的尊重。⑧

②传统记事档案，是指文字产生以后，以书写、雕刻、印刷为记录方式而产生的反映西南民族文化的具有保存价值的档案。具体包括特殊材质型档案（如甲骨档案、金石档案、简牍档案、缣帛档案、牛羊皮质档案、贝叶档案等）、纸质型档案（如书写型档案、部分印制型档案等）。在纸质型档案中，一般"要求档案应是原件，但在没有保存原件的情况下，历史时间较长久的原件的手抄本、复制本在考证准确的情况下，应视作档案收集、保存；如果原件、手抄本、复制本都没有保存，那些汇编、摘录有档案内容的史志、史籍、图书，无论是用汉文书写还是用其他民族文字书写，经考证仍有保存价值的也应视为档案；少数民族的经卷与各民族的宗教信仰、社会生活息息相关，那些本民族原生宗教或外传宗教与本民族宗教结合后产生的宗教（如傣族的小乘佛教）所形成的经卷，亦可视为民族档案保存"。⑨

③现代记事档案，以现代新型材料为存储介质而产生的反映西南民族文化的具有保存价值的档案。包括磁介质档案（如缩微胶卷档案、磁带档案、磁盘档案、唱片档案、录音带档案、录像带档案、唱片档案、电影胶卷档案、胶片档案）；光介质档案（如光盘档案等）；数字化档案（如 txt 格式档案、pdf 格式档案、wmv 格式档案、jpg 格式档案、avi 格式档案等）。⑩

三 当前西南民族档案资源需要集成管理

如果以今天的云南省、四川省、贵州省、重庆市、西藏自治区和广西壮族自治区为范围，西南地区世居的民族除汉族之外，还有34个少数民族，即白、彝、哈尼、壮、傣、苗、回、傈僳、拉祜、佤、纳西、瑶、景颇、藏、布朗、阿昌、普米、蒙古、怒、基诺、德昂、水、满、独龙、侗、土家、仡佬、畲、毛南、仫佬、羌、京、门巴、珞巴。"各族的分布多不以行政区划为限。人口较多的民族横跨数个省（区），其中壮、彝、苗三族分布于川、黔、滇、桂四省（区），藏族在西南地区跨越藏、川、滇三省（区）；傈僳、纳西、傣、回、仡佬、瑶、侗、水、布依、蒙古、普米等族也都分布于两个以上的省（区）。"

　　这样的民族发展历史，决定了西南地区的各民族分布呈现"大杂居、小聚居"的客观现状，也由此决定了西南地区各民族档案的产生与留存，始终具有民族性、多样性、地域性和分散性等特点。而与之相对应的另一方面，国家现行的档案资源管理体制是统一领导、分级管理的模式，西南民族档案资源因行政壁垒叠加导致长期以来面临一个共同的问题，就是民族档案保存分散、低水平重复管理的状况与人们利用要求的专题性、系统性、广泛性与高效率的矛盾。在当今的社会历史条件下，如果任其问题继续存在，势必束缚西南民族档案事业的发展，束缚西南三省一市两区最大限度地发挥民族档案资源的集聚效应来最大限度地满足国家战略、区域发展需要。

　　严格地讲，有效解决问题的路径很多，相比而言，集成管理具有把一些孤立的元素、分散的事物通过某种方式发生关联，进而构成一个有机整体、发挥整体效用的优势。因此，实施集成管理战略，应该是解决西南民族档案资源管理困局的最佳路径。从理论和实践的层面观察，实施西南民族档案资源实施集成管理建设，也具备了相应的可行性条件。

　　首先，从档案资源管理部门的发展态势上看，有效协同和有序运转是当今档案管理发展的一个趋势。进入 21 世纪以来，经济全球化和社会文化多元化，对档案资源的整体管理和服务能力提出更高的要求，同样也迫切呼唤对民族档案资源建立整体化管理机构和协同性服务机构。事实上，西南地区三省一市两区同属国家西南重地，在历史上孕育了丰富多样、特色鲜明的民族文化和地域文化，具有天然的相互融合、协同发展的基础和条件，无疑也为实现西南地区三省一市两区档案部门对民族档案资源管理的区域协同，提供了得天独厚的条件。

早在 1990 年 7 月 9—13 日，三省一区（四川省、云南省、贵州省和西藏自治区）的档案局，在贵州省贵阳市召开了西南区第一次档案工作协作会议。会议讨论通过了《西南档案工作协作区协作议定书》和《西南区第一次档案工作协作会议纪要》，成立了"西南档案工作协作区领导小组"。明确自 1990 年起，开展西南区档案工作协作活动。"由西南档案工作协作区领导小组领导，领导小组执行组长由各省组长轮流担任，任期一年；协作会议每年召开一次，由执行组长所在省、区档案局主办；协作区将适时地有重点地组织档案学术讨论和经验交流活动；各省、区将及时互送业务文件及各自编纂的档案史料和参考资料。此外，根据需要和馆藏情况，经馆际协商，有关省、区还将开展合编档案史料的工作。"从这以后的相当一段时间，在国家档案局的指导下，四川省、云南省、贵州省和西藏自治区档案工作，在联系与合作方面不断得到加强，在开展档案学术研究和交流、振兴西南地区档案事业方面谋求协作中的共同发展，做出了卓有成效的努力。

随着时代的发展，西南地区档案部门应该尽快改变传统的合作思路，把历史上互学互鉴的精神薪火相传，共同打造开放合作、集成共享的协同关系，为彼此发展开辟新的突破口，为共同增长提供更多的动力。为此，西南地区民族档案管理的跨省区业务和网络平台相结合，充分发挥各自优势和潜能，各施所长，各尽所能，构建起西南民族档案资源集成管理的网络共享空间；在这一空间下，聚沙成塔，积水成渊，有可能为西南地区档案资源的管理体制改革、省际合作的全面转型及开放利用提供一个新的融合点和持续性发展的广阔领域。

其次，在当今全球化、信息化时代，从某一个角度讲，国家已不仅是一个民族国家意义上的国家，而是更具世界意义上的国家；档案信息的共享空间也不再是局限于有限的区域范围乃至民族国家的国界，而是突破国家界限进入到全球范围的共享空间，由此导致全球各领域对档案的需求呈现出多样性与精准化、层次性与深度化、网络性和便利化等特点，而任何一个国家或地区的档案馆穷其所藏也不可能完全满足档案利用者的需求。社会各界的需求驱动着档案管理者去变更或优化档案服务模式；而丰富档案资源并共享档案资源事实上早已成为了档案管理者始终如一的追求目标。一方面，在国家政策的引导和带动下，西南各级档案部门共同努力，抢救保护与广泛征集并重，民族档案资源日臻丰富。就以贵州省为例，贵州三都、荔波等县档案馆征集到20000册水书，其中38部馆藏水书被国务院正式列入《国家珍稀古籍名录》；征集到布依文古籍、经书600册，11部布依文古籍被国务院正式列入《国家珍稀古籍名录》，首开我国布依族也有自己古文字的先河。黔东南州锦屏、天柱、三穗、黎平、剑河5县档案馆征集进馆保护锦屏文书60000余件，其中年代最久远的是成化二年（1466）的田地买卖契。另一方面，西南各级档案部门积极探索运用技术的集成化和智能化去实现档案馆馆藏档案资源的数字化，使民族档案资源结构趋于优化。例如，云南省档案局（馆）从2010年开始分别对本省25个世居少数民族以及15个特有少数民族的档案进行了抢救与保护，尤其对反映这些民族的民间传说、民风民俗等方面的珍稀档案进行了抢救性收集和征集，形成了少数民族个人访谈记录、少数民族语言与汉语的双语翻译文献、民族文化活动影像记录、民族实物收藏等多种形式相互补充的系统化民族档案资源，逐步建立了涵盖云南26个民族的、富有云南边疆民族特色的档案资源体系。

值得一提的是，近几年来，西南地区各级各类档案馆已普及信息技术，档案网站体系建设已初具规模，数字化档案馆建设已经发展到一个新的阶段。"十二五"期间，西南地区民族档案管理的基础设施建设，伴随着国家实施中西部地区县级综合档案馆建设项目进程也同步实现了质的飞跃。例如，云南省130个县级档案馆全部列入国家《中西部地区县级综合档案馆建设规划》，其中有103个县级综合档案馆纳入"十二五"期间中央支持项目，占全省县级综合档案馆总数的79.2%。四川省"共有142个县级综合档案馆纳入国家《中西部地区县级综合档案馆建设规划》，规划档案馆建筑面积45万余平方米，总投资10.6亿元"。"西藏自治区74个县级综合档案馆均列入'十二五'期间中央支持项目《中西部地区县级综合档案馆建设规划》范围。其间，中央将投资补助支持西藏自治区县级综合档案馆建设新建建筑面积达5万多平方米。"2014年，广西壮族自治区重点抓好100个已列入国家规划的中西部地区县级综合档案馆建设，重点对11个档案馆创建国家级档案馆进行跟踪检查与指导。这些已进入规划建设的档案馆都是按照国家标准和档案馆建筑设计规范，达到"五位一体"要求，具有电子文件备份中心、政府公开信息查阅中心、爱国主义教育基地等前所未有的新职能部门。

可以说，探索建立西南民族档案资源集成管理的现实条件已经初步具备，以提升西南地区的民族档案管理能力为目的，档案资源集成管理是未来西南民族档案资源建设的方向。沿着这一方向，从民族档案业务管理规律和西南省际间民族档案业务关系特点出发，进行战略构建和技术路线设计。既注意做好国家层面的顶层设计和总体规划，又要发挥现有西南民族档案资源管理的潜力，最后再回到集成管理网络空间建构的逻辑思路，最终实现民族档案资源网络管理的互联互通与民族档案资源业务管理系统操作功能的有机融合。只有这样，才能最终实现西南民族档案资源集成管理的战略构建。

四 西南民族档案资源集成管理的建设思路

西南民族档案资源集成管理的战略目标就是依据国家统一的业务规则和数据标准，实现云南、贵州、四川、重庆、西藏、广西三省一市两区各级档案管理部门在西南民族档案资源管理与利用方面的跨部门业务的线上协同运行，在西南地区民族档案资源集成管理系统内的资源共享，以及在线下业务的有效运行，实现西南地区统一的整体化协同型的民族档案资源集成化管理的建设目标。其未来的发展方向就是进一步借助国家档案资源建设平台，实现档案界业内在线跨区域及跨部门的线上交互、线下融合，最终融入国家民族档案资源共享的大系统、大平台、大空间。

围绕这一目标所构建的西南民族档案资源集成管理平台，是西南所有民族档案管理部门开展跨部门线上业务应用、民族档案资源共享、民族档案集成数据协同管理的档案资源网络平台。突出西南区域民族档案资源管理的整体性和集约性，突出西南区域民族档案管理部门的有效协同和有效运转。

从行政管理形态来看，这是云南、贵州、四川、重庆、西藏、广西三省一市两区档案部门在统一的网络平台上实现跨地区、跨部门、跨层级、跨系统的民族档案资源集约化的业务应用工作。各级网络平台通过物联网、互联网、移动互联网实现互联互通。具体来讲：①由云南、贵州、四川、重庆、西藏、广西三省一市两区联合建立西南民族档案资源集成管理平台，各省档案局（馆）统一参与建设与共享。这一平台为西南地区民族档案资源的汇聚地和数据共享交换的管理中心，在其之下由各省档案局（馆）分别建立各自区域范围内民族档案资源集成管理平台，各州、市逐级参与进入。②地市级网络平台的建立或在省级平台之下建立地市级网络平台，各区县及乡镇逐级参与进入；或根据当地资源与人口规模和利用需求程度，也可与省级平台统一合并为一个平台。③政府系统各级国家档案馆、室先接入同级平台，企事业档案管理部门后进入相应平台，行业部门的专业档案机构及部分文化管理部门和民间档案管理机构再进入各自对应平台。如此一级对一级实现集成管理，最后整合形成一个上下联动、左右纵横的西南民族档案资源集成管理共享平台。

  从工程形态来看，这是一个涵盖民族档案资源体系、国家行政管理体系及网络管理体系的复杂工程：①这一工程包含了各级档案管理部门的业务网络、通信网络和系统的通用基础设施、网络信任及安全保障体系；各级档案管理部门连至同级网络体系的横向城域网的部门接入节点；连接各级档案部门网络体系的纵向广域网和网络平台自身的横向城域网、各级网络平台。[11]②通过各级各类平台实现了同级部门局域网之间的业务适配、数据适配、网络适配、系统适配；[12]网络平台之间的业务交互和数据交换；行业部门内部实现跨层级的业务部署与系统互操作；省内多地网络平台、省内多级网络平台实现跨地区、跨层级、跨系统的业务部署与系统互操作；西南民族档案资源集成管理总平台实现整个西南地区的跨部门业务部署与系统互操作。③从连接界面来看，西南民族档案资源集成管理系统的网络空间分为管理层、交互层、工作层、服务层。各级网络平台分别为集成的管理者提供管理层，为民族档案管理部门之间的业务交互提供保障的交互层，为同级档案管理部门之间的业务往来提供工作层，为档案利用者提供档案资源的服务层。

当然，从档案资源建设的规律来看，西南民族档案资源集成管理建设需要具备一些基本条件：一是丰富的西南民族档案资源，这是西南民族档案资源集成管理的前提；二是先进的计算机技术、互联网技术以及相应完善的基础设施，这是西南民族档案资源集成管理建设的基础；三是对西南民族档案资源有利用需求的群体，这是西南民族档案资源集成管理建设的目标保障；四是完善的西南民族档案资源集成管理的相关法律法规，这是规范西南民族档案资源集成管理的建设行为依据；五是政府必要的监管和扶持，这是对西南民族档案资源集成管理的建设具有重要指导和推动作用；六是西南地区民族文化的保障，这是西南民族档案资源集成管理建设的重要环境条件；七是绩效评估和风险防控管理，这是西南民族档案资源集成管理建设可持续发展的必要保障。⑬

可以说，西南民族档案资源集成管理已不纯粹是档案行业的"内部工程"，而是与社会许多行业有着密不可分关系的社会系统工程。为此，实施这一系统框架建设，需要重点突出：①以生态化的理念建设西南民族档案资源集成管理的战略规划系统，充分体现自然环境与人工环境、集成管理系统与地方文化环境间的互动关系，统筹规划，确保西南民族档案资源集成管理建设的可持续发展；②以专业化的理念建设西南民族档案资源集成管理的业务流程系统，实现集成控制、集成归档、集成服务诸环节与成熟的集成管理技术的精准对接，围绕用户需求，从源头上建立起高技术、知识化的档案资源集成管理业务流程；③以社会化的理念建设西南民族档案资源集成管理的保障体系，既要以文化资源的整合与共享作为档案管理机构与图书馆、博物馆等文化事业机构协同合作的共识，又要与各级政府、企业和社会团体建立长期合作关系，由内到外，建立有利于集成管理健康发展的开放和谐的社会保障；④以知识化的理念建设西南民族档案资源集成管理的绩效评估系统，增强指标体系的客观性和合理性、可操作性和权威性，以评估促建设增效益，为集成管理建设自我完善和自我提高提供科学的依据；⑤以智慧化的理念建设西南民族档案资源集成管理的风险防范系统，对组织、建设、服务中可能存在的各种不确定因素和可能会发生的意外事故进行聚类分析，提前预警和防范，最大限度避免各类风险对西南民族档案资源集成管理的威胁。[14]

总之，对西南民族档案资源进行集成管理是一个全新的概念，没有现成的模式可以参照，极富有挑战性。要真正让西南民族档案资源集成管理由理论变为现实，还有很长的探索之路。从我国档案管理体制的现状来看，还需要统筹规划，分步实施，稳步推进；需要推行集中管理体制，统一领导，统一政策，统一调度，协调好各方面的关系。因篇幅所限，这方面的内容将另文论及。

注释：

①潘玉民：《论国家档案资源的内涵及其构成》，《北京档案》2011年第1期。

②何明：《云南十村》，民族出版社2009年版，第1—6页。

③杨毅：《论当下民族档案学科研究对象的塑造》，《档案学通讯》2012年第3期。

④杨中一：《中国少数民族档案及其管理》，中国档案出版社1993年版，第30页。

⑤杨中一：《中国少数民族档案及其管理》，中国档案出版社1993年版，第29—30页。

⑥陈子丹：《云南少数民族金石档案研究》，云南科技出版社2001年版，第41页。

⑦赵生辉：《少数民族语言电子文件的分类问题研究》，《兰台世界》2011年第11期。

⑧杨毅、张会超：《民族档案之旅游人类学建构与扩展研究》，《思想战线》2009年第3期。

⑨⑩杨毅、张会超：《民族档案之旅游人类学建构与扩展研究》，《思想战线》2009年第3期。

⑪⑫张勇进、孟庆国：《国家电子政务统一网络空间：内涵、框架及建构》，《中国行政管理》2011年第8期。

⑬参阅赵生辉《数字纽带 Digital Nexus 中国少数民族语言电子文件集成管理的体系架构研究》，陕西师范大学出版总社有限公司2014年版；《音像档案数字化研究与实践》，中国广播电视出版社2010年版。

⑭周耀林、朱倩：《大数据时代我国数字档案馆的建设与发展》，《信息资源管理学报》2015年第2期。

作者简介：

杨毅，女，云南大学图书馆馆长，云南大学历史与档案学院博士生导师。

第五编

民族文化遗产保护与传承研究

白族非物质文化遗产传承人档案：构成、特征与价值*

云南大学历史与档案学院　黄体杨　王　晋

摘　要：非物质文化遗产传承人档案是非物质文化遗产档案的重要组成部分，是实现非物质文化遗产"物化"保护和传承的重要方式。白族居民在长期的历史活动中形成了丰富的非物质文化遗产，现今有数百位代表性传承人及大量的一般性传承人从事传承活动，产生了丰富的传承人档案。本文通过对传承人及非物质文化遗产保护中心等相关建档主体进行走访和实地调查，发现白族非物质文化遗产传承人档案由传承人生平类、传承人成果类、传承人评价类和其他类构成，具有差异性、非认定性、不完整性、独特性、多元性和二元属性等特征，拥有独特的文化、史料、凭证、标本和经济等价值。

关键词：传承人档案　非物质文化遗产传承人　白族

Abstract：Intangible cultural heritage inheritor's archives are

---

* 本文为国家社科基金青年项目"白族口承文艺非物质文化遗产调查及专题数据库建设"（项目编号:12CTQ018）研究成果之一;云南省哲学社会科学规划项目"白族民间艺人人物档案管理研究"（项目编号:QN2015060）研究成果之一。

an important part of intangible cultural heritage archives, which is an important way to realize the "materialization" protection and inheritance of intangible cultural heritage. Bai residents have formed rich intangible cultural heritage through long-term historical activities. At present, hundreds of representative inheritors and a large number of general inheritors are engaged in inheritance activities, and rich inheritors' archives have been produced. Based on inheritance and material cultural heritage protection center visit document related to the subject and field survey, found that bai non-material cultural heritage inheritance file by passing on people's life, inheriting the achievements, heritage evaluation class and other classes, diversity, not recognized, no integrity, characteristics such as particularity, diversity and dual attribute, It has unique cultural, historical data, evidence, specimens and economic value.

Key words: Inheritor Archives; Inheritors of Intangible Cultural Heritage; The Bai Nationnality

非物质文化遗产是指各族人民世代相传并视为其文化遗产组成部分的各种传统文化表现形式，以及与传统文化表现形式相关的实物和场所。①作为一种活态文化，非物质文化遗产只有依托"人"这一承袭主体才能实现世代相传，因此，传承人构成了非物质文化遗产保护工作的核心和重点。手稿、证书、作品、工具、照片、音频和视频等传承人档案能够原真地记录传承人所承载的非物质文化遗产信息与文化，将活态的非物质文化遗产"物化"留存下来，为后世提供无穷的智慧，从这个意义上看，建立、收集、管理和保护传承人档案的建档保护方式，与延续传承人传承生命、培养新的传承人的动态保护方式具有同等重要的价值。因此，系统地研究传承人档案的构成、特征和价值，对于探索传承人建档保护具有不可或缺的重要意义。

白族是一个文化底蕴深厚、非物质文化遗产丰富的民族，其非物质文化遗产项目及传承人涉及非物质文化遗产种类的方方面面，国务院公布的四批国家级非物质文化遗产项目中，有白族扎染技艺等13项，云南省和湖南省公布的省级项目中，有石宝山歌会等37项；在传承人方面，有国家级代表性传承人4人（其中1人于2016年7月逝世），省级代表性传承人78人，市（州）级代表性传承人183人，有数百位县级代表性传承人以及大量未获政府授名的一般传承人。

系统调查、研究白族非物质文化遗产传承人档案，可以管窥非物质文化遗产传承人档案的基本状况和特征，发现传承人档案的构成、特征和价值等规律。为此，笔者于2014—2016年，先后拜访了多位白族非物质文化遗产传承人，走访了白族聚居区的多家文化广播电视局、非物质文化遗产中心、文化馆、图书馆、档案馆等机构，对白族非物质文化遗产项目、代表性传承人以及传承人档案的存留、保管等问题进行调查，较为系统地了解白族非物质文化遗产传承人档案的基本状况，本文主要分析白族非物质文化遗产的构成、特征和价值等几个问题。

一 白族非物质文化遗产传承人档案的构成

非物质文化遗产传承人档案是个人档案的一种特殊类型，是非物质文化遗产档案的重要组成部分，它是非物质文化遗产传承人在从事非物质文化遗产传承以及其他社会活动中直接形成的，或与传承人直接相关的，能够记载和反映传承人从事非物质文化遗产传承活动历史状况的各种形式和载体的材料，既包括与传承人个人相关的档案材料，如个人履历、家族谱牒、照片、日记、书信、各种证书等，也包括与其所从事的非物质文化遗产活动相关的档案材料，如非物质文化遗产传承人申报档案，传承人从事非物质文化遗产活动形成的艺术作品、研究论著，社会对传承人评介、宣传的档案，传承人从事传承活动所使用的资料、工具和设备等材料。

在载体构成方面，既有手稿、日记、书信等纸质档案，也有匾额、艺术品、道具、设备等实物档案，还有电子文档、数码照片等数字档案以及音频、视频等多媒体档案。从档案内容构成的角度看，白族非物质文化遗产传承人档案主要由如下几类构成：

（一）传承人生平类

包括生平传记、回忆录、照片、履历表、传承人申报材料、传承人监督与管理材料、谱牒、日记、书信、证明学历和技能的证书、党政职务的任免书、专业技术职务的证书、各种荣誉证书等。例如，云南省级代表性传承人李丽保存的"大理市海东区文艺代表队全体同志合影（黑白照片、标注时间为 1984 年 3 月 19 日）"，中共大理市委、大理市人民政府 2000 年 5 月 30 日颁发给李丽的"《牛不吃水压牛头》节目获大理市第二期第 2 届银河杯文艺赛表演二等奖"奖状，李丽 2003 年 4 月 5 日撰写的《从事大本曲艺术总结》手稿，大理州人事局、大理州文化局 2006 年 2 月颁发给李丽的"大理州民间艺术大师"称号证书以及《海东腔传人李丽》（手写稿、责任者、时间不详）等都属于此类。云南省级代表性传承人杨春文 2014 年 2 月 14 日致云龙县民政局"关于给予生活困难补助的申请"，2015 年 9 月 17 日杨春文与云龙县文化馆签署的《云龙县非物质文化遗产项目代表性传承人年度传承工作承诺书》以及 2015 年 9 月 17 日杨春文与云龙县文化馆签署的《云龙县非物质文化遗产项目代表性传承人责任书》等也都是典型的传承人生平类档案。

（二）传承人成果类

包括传承人自己撰写的相关文章、著作、调查报告；开展传承活动形成的照片、音频、视频等各种材料。例如，国家级代表性传承人赵丕鼎创作的《靓丽景田园风光》等数十种大本曲曲目，赵丕鼎、赵福坤作，赵丕鼎、赵冬梅演唱，中共大理市委610办公室、大理市文化体育广播电视局制作的视频作品《白族大本曲 崇尚科学反对邪教 构建幸福家园》，云南省级代表性传承人张杰兴2009年8月20日著《吹吹腔之缘》（打印稿及手写稿）都是典型的传承人成果类档案。

（三）传承人评价类

包括各类出版物、媒体上刊发的研究、评价、宣传传承人的文章、视频等材料，各种会议、纪念性活动中形成的材料。例如，李晴海主编的《白族歌手杨汉与大本曲艺术——杨汉先生诞辰105周年纪念文集》（远方出版社2000年版）刊载了大量纪念、评价和回忆杨汉先生的文章，应当作为杨汉先生的传承人评价类个人档案；再如，李培德撰写的《艺苑奇葩——忆白族大本曲著名艺人李明璋》（《大理日报》2005年3月4日第3版），杨占祥和杨海胜撰写的《洱海之滨的艺苑奇葩——白族大本曲艺术家李明璋》（《大理文化》2005年第5期）都应当作为李明璋的传承人评价类个人档案。《喜洲一农民家庭三人同时要求入党》（《大理日报》2007年7月9日第A1版）、《赵丕鼎：用大本曲唱出"绕三灵"》（《云南信息报》2011年9月13日）、《赵丕鼎现场说唱 众游客驻足欣赏——大理非物质文化遗产博物馆开馆侧记》（《云南经济日报》2013年1月23日第15版）等与赵丕鼎相关的新闻报道也宜作为传承人评价类档案。

(四) 其他类

包括传承人使用过的图书、资料、工具、设备及其他具有历史和纪念意义的物品，一般而言，仅仅是传承人个人收藏的物品并不一定适合归位传承人档案，只有那些具有特殊特征、价值的物品才适合纳入传承人档案的范围，例如，大理市文化局、文化馆和图书馆合编的《大本曲览胜》一书收录了南腔（《祝英台吊孝》）、北腔（《辽东记》）和海东腔（《蝴蝶泉》）三种腔调的大本曲曲目各一曲，国家级传承人赵丕鼎先生藏有该书，他对该书作了大量的批注，改正了其中一些错讹之处，并根据北腔对曲目作了标注，与普通图书相比，经过赵丕鼎先生标注、收藏的《大本曲览胜》拥有大量与赵丕鼎及其传承的大本曲艺术附加信息，值得作为传承人相关类档案归档。

二 白族非物质文化遗产传承人档案的特征

白族非物质文化遗产传承人档案具有个人档案的一般特征，如"区域性、材料来源的分散性、内容与载体的多样性、档案产生与形成的动态性"，②"客观性和社会性、复杂性和差异性、分散性和多层次性，地方特色性和载体多样性"③等，同时，还具有相当的特殊性，根据笔者的调查，发现它在差异性、非认定性、不完整性、独特性、多元性和二元属性六个方面尤为突出，分述如下：

(一) 差异性

非物质文化遗产作为一项重要的文化遗产，具有活态性、流变性和传承性等基本特征，不同的项目因其生存环境、项目特点不尽相同，所以不同项目的非物质文化遗产传承人档案在载体的类型、内容的多寡等方面具有差异性。例如，白剧、吹吹腔、大本曲等传统音乐、戏剧类项目，主要通过演唱的方式传承，有剧本等文字材料流传下来，因此这类项目便产生了一定数量的纸质档案和音频、视频档案；而像耳子歌等民俗类项目，因为完全依靠口传心授的方式传承，几乎没有文字材料流传，因此它只有一些近年产生的音视频档案。再如，作为传统手工技艺的白族民居彩绘、大理石制作技艺、白族民间手工造纸、白族布扎等，虽然留存的文字材料不多，但在白族聚居区有大量的实物档案以及不同时期拍摄的照片。

与此同时，即使是相同或相似的非物质文化遗产项目，也因传承人个人的实际情况，留存的档案也具有较大的个体差异性。例如，生于1935年的白族传统舞蹈耳子歌传承人杨春文先生，由于成长环境比较艰苦、文化水平不高，再加上该项舞蹈在白族聚居区的群众基础逐年下降，后继乏人，他自己形成和留存个人档案材料并不多；与之不同，云龙县吹吹腔传承人张杰兴先生，不仅自己撰写了介绍、考证吹吹腔的《吹吹腔之缘》一文，较好地保存了上一辈人留存下来的吹吹腔剧本、工具和设备，还组织起了60多人的吹吹腔剧团，将剧本重新制作成打印稿。

（二）非认定性

非物质文化遗产传承人多数为民间艺人，他们从事非物质文化遗产工作通常是自发的、不属于任何正式组织，这就导致他们在从事非物质文化遗产活动中所产生的档案大多数也没有获得正式组织的认定，从笔者调查了解到的情况看，非物质文化遗产传承人档案中只有部分由乡镇及以上政府或组织颁发的荣誉证书、证明材料等是被"认定"过的，其余手稿、实物、工具、设备、音频、视频等材料，几乎都没有获得正式组织的认定。例如，笔者在调研时发现一些非物质文化遗产传承人抄写的剧本，没有注明由何处转抄、创作者是谁，不署名或者只署抄写者的名，甚至连日期都没有，导致这些剧本的知识产权归属难以界定。再如，非物质文化遗产传承人撰写的艺术心得体会、回忆录等材料，由于没有交到报刊社、出版社发表，有的甚至连作者和创作日期都未署；更多的照片、音频、视频档案，也只是按原样保存下来。

（三）不完整性

非物质文化遗产传承人多数为体制外的民间人士，现存于他们相关的档案中，仅有部分民生档案（如婚姻登记档案、土地承包登记档案、林权登记档案等）以及非物质文化遗产代表性传承人申报和管理档案留存于各行政管理机构的档案部门中。与非物质文化遗产传承活动相关的档案材料中，除了获得各级政府和组织颁发的荣誉证书、培训证书等材料可以作为自己从事非物质文化遗产活动的佐证外，他们长期从事非物质文化遗产活动几乎没有留下更多的痕迹，例如，由于传承人当初从事这些活动都没有具有认定资质的机构提供的档案材料或者材料不全，导致在填写非物质文化遗产代表性传承人申报书中，"个人简历""从艺起始年""传承谱系及授徒传艺情况""为该项目所做的其他贡献"等项目都只能依靠记忆，不仅传承人本人无法准确地填写，文化行政管理部门及非物质文化遗产保护机构更无法鉴别其内容的真伪。

同时，由于传承人在从事传承活动的时候没有注意保存相关的档案材料，而非物质文化遗产又具有较强的"活态性"特征，它必须在特定的时空下才能呈现出来，非物质文化遗产传承人历史上开展传承活动的场景如今已经无法再现，例如，国家级传承人赵丕鼎给笔者描述了他早年在民间演唱大本曲，曾经出现万人空巷的场景，但由于缺乏照片、录像等档案，如今已经无法去感受那种情境；再如白族民居彩绘是一项传统技艺，流传于白族聚居区已经有数千年了，但目前的彩绘技艺与传统的彩绘技艺在用料、工具等方面都有较大不同，由于缺乏必要的档案及文献记载，目前只能见到少量数百年前的彩绘实物，但它的技艺已经伴随着老艺人的去世而消亡了。

（四）独特性

白族非物质文化遗产是白族居民在长期的生产、生活实践活动中形成的行为方式、礼仪、习俗、技艺等，它与白族居民及其所处的文化、地理环境密切相关，既是白族所特有的，更是成长于特定地域的白族居民所特有的，白族非物质文化遗产传承人档案正是他们从事非物质文化遗产活动的体现，同样具有独特、唯一和不可再生的特性。就白族大本曲曲本来说，"到现在，大本曲有曲目可传的达100多个，其中有曲目、有曲本的也有七八十本。"[④]在内容上既有"移植和借鉴汉族地区的传说故事和既有曲目，如《铡美案》《杀狗劝夫》《张四姐下凡》《天仙配》《薛刚反唐》《二度梅》等"，[⑤]也有根据白族地区的实际需要改编、创作的曲目，如著名艺人李明璋自编、自改、自唱的《红色娘子军》《白毛女》《智取威虎山》《红灯记》《沙家浜》等白族大本曲[⑥]，国家级传承人赵丕鼎创作了上百首大本曲，其中《抗震救灾颂》发表于期刊《大理》2008年第2期，赵丕鼎和他女儿赵冬梅创作并演唱《保持共产党员先进性》的事迹，得到《云南日报》、新华网云南频道等媒体的报道，还被潘立魁主编的《党支部书记及委员工作规程与方法》（中共党史出版社2009年版）一书以《云南先进性教育寓教于乐，深入基层》的案例介绍。这些曲目、曲本是由传承人依据白语的特征传抄、创作之后形成的文本，即使是同样的曲目，也会因为大本曲传承人的腔调（分南腔、北腔和海东腔）不同而不同，甚至因为传承人本人的喜好而进行了不同的标点和改编，由此形成了极具个性特征的曲本，这些曲本为传承大本曲、研究大本曲的流派及特征等都能够提供第一手的资料。

再如留存下来的音视频档案，是在特定时空背景下形成的，更具有无可替代性。例如，耳子歌是流传于云龙县白族聚居区的一种传统舞蹈，生于1935年的省级传承人杨春文是该舞蹈的集大成者，但由于该舞蹈完全依靠口传心授，没有文字流传，杨春文及云龙县文化馆保存的与该舞蹈的相关档案材料也很少，笔者在腾讯视频上找到了一段时长五分多钟、名为《国家级非遗"耳子歌"传承人——云龙杨春文》的视频，杨春文介绍、展示了"耳子歌"的主要内容和艺术形式，是十分珍贵的档案材料，它对于传承、了解和研究耳子歌及杨春文，都是不可或缺的重要材料。

（五）多元性

传承人档案的多元性体现在建档主体的多元和档案载体的多元。传承人档案的建档主体具有多元性，既有受《中华人民共和国档案法》约束的档案行政管理部门、地方综合档案馆、文化行政管理部门、非物质文化遗产保护机构等组织，也有"档案所有权受法律保护，不受侵犯"的非物质文化遗产传承人及其家庭、其他社会组织等。不同主体建档保护的目的和意图不同，文化行政管理部门及非物质文化遗产保护机构通常从申报和管理的角度建立传承人档案，而地方综合档案馆、图书馆和博物馆等则从保存地方、民族社会历史记忆的角度存档，传承人则从实用性和纪念性的角度出发，留存手稿、照片、开展传承活动的设备和用具、个人作品等，传媒机构则从传播、发行的角度制作传承人音视频材料、撰写新闻报道等，文化、旅游企业更关注传承人档案的经济效益等。

传承人档案的构成载体具有多元性，多元载体在不同的机构管理中具有档案、图书和文物等多元属性。传承人档案是与传承人社会生活及非物质文化遗产传承活动相关的原始记录,既有学历学位证书、荣誉证书、申报表格、传承记录、手稿、图书等纸质档案,也有从事传承活动的照片档案、音频和视频档案,还有相关部门颁发的匾额、从事传承活动的设备和工具、形成的非物质文化遗产作品等实物档案。多元属性的档案都可以纳入传承人档案的范畴,但是,在图书馆系统中,几乎没有人会将传承人出版的论著当作档案管理,在博物馆也不会把从事传承活动的设备和工具当作档案。

(六) 二元属性

传承人档案的二元属性体现在保管属性和财产属性两个方面。传承人档案形成了一种组织化个人档案和个人存档二元并存的格局。在现存或理想的白族非物质文化遗产传承人档案构成上,既有由非物质文化遗产保护机构建立的传承人申报和管理档案、采集的"传承人抢救性记录"、云南省档案馆等组织采集的"口述档案"等组织化了的传承人档案,也有由传承人个人保管的手稿、实物、照片、录音、录像资料等由个人存档形成的个人档案。

传承人档案具有私有性和公共性二元并存的属性特征。传承人档案是与传承人相关的档案材料的集合,其中证书、手稿、工具、作品等大量有价值的传承人档案由传承人及其家庭保管,属于私有财产,其"档案所有权受法律保护,不受侵犯",⑦但传承人档案又不是单纯的"私有财产",它是传承和保护非物质文化遗产活动重要的载体之一,是非物质文化遗产的重要组成部分,具有公共物品的特征,"妥善保存相关的实物、资料"⑧是《中华人民共和国非物质文化遗产法》规定代表性传承人应当履行的义务。从这个意义上讲,即使是传承人个人保管的,属于"私有财产"的传承人档案的形成、建立、管理和保护问题,也不再是传承人自己的"私事",文化行政管理部门及非物质文化遗产保护机构、档案行政部门及地方国家档案馆等政府部门、事业单位应当履行相应的职责，为传承人个人形成和保管的传承人档案的长期保存提供业务指导、技术支持、代为保管，乃至纳入归档范围，成为馆藏的必要组成部分。

三 白族非物质文化遗产传承人档案的价值

（一）文化价值——是白族非物质文化遗产不可或缺的组成部分

非物质文化遗产传承人档案与非物质文化遗产本身一样，"是鲜活的文化，是文化活化石，是原生态的文化基因"，⑨是非物质文化遗产不可或缺的组成部分。非物质文化遗产是活态的，它需要由传承人代代相传，同时，传承人也是发展、变化和不断更新的，非物质文化遗产在代代传承过程中，传承人档案起着重要作用：

其一，传承人档案是非物质文化遗产代代相传的重要载体。传承人档案是非物质文化遗产传承过程中为数不多的"物质化载体"，上一代传承人通过技艺展示与讲述、赠送或传抄手稿、制作并使用工具和设备等材料的方式，向下一代传承人传承非物质文化遗产的文化内涵，例如，剑川的木雕工匠在拜师时，需在鲁班祖师爷的神位前跪誓，它通过这种仪式向拜师者阐述"尊师"，同时它也已经成为传承木雕文化的一种重要方式。再如，省级大本曲传承人李丽的父亲李明璋是大本曲海东腔的集大成者，可惜他刚刚带领其女李丽从事大本曲艺术入门，便英年早逝，他所掌握的大本曲艺术由此"失传"，好在他生平使用过的大量大本曲剧本、撰写的艺术总结以及大量从艺照片等个人档案得以保存下来，这就使李丽可以通过这些档案材料去了解李明璋的艺术精髓与精神，如今，她也成长为一名优秀的大本曲艺人，传承了其父亲海东腔的衣钵。

其二，传承人档案是非物质文化遗产保护的重要途径。非物质文化遗产主要是在传统社会中诞生并发展起来的文化形态，当前由于受到现代化的冲击，非物质文化遗产赖以生存的社会环境发生了变化，部分非物质文化遗产面临着消亡的危险，这也正是目前国际社会和我国政府高度重视非物质文化遗产保护工作的重要原因。《中华人民共和国非物质文化遗产法》第三条规定："国家对非物质文化遗产采取认定、记录、建档等措施予以保存，对体现中华民族优秀传统文化，具有历史、文学、艺术、科学价值的非物质文化遗产采取传承、传播等措施予以保护。"⑩开展非物质文化遗产的传承和传播工作，可以通过建立博物馆、展览馆，利用数字化、网络化等媒介进行传播，开展相关民俗活动，开发非物质文化遗产相关的产品等方式，非物质文化遗产的特殊性决定了这些传承和传播方式都离不开传承人及其档案，例如，传播耳子歌、大本曲等民间音乐、舞蹈等非物质文化遗产，最好的方式就是拍摄传承人从事非物质文化遗产活动的音视频材料；建立非物质文化遗产博物馆或展览馆，也需要传承人的肖像、简历、所使用的剧本、工具和设备等个人档案材料作为支撑。

其三，传承人档案是满足人类文化需求的文化资源。同样的非物质文化遗产，会因为其传承者的不同而具有不同的文化价值，满足不同人群的文化需求。同样一首大本曲，观众更在乎是谁在演唱，也愿意购买他所喜欢的演唱者演唱的光盘，观看他演唱的视频等；同样是白族民居彩绘，民居的主人需要的是某位传承人的作品，而非其他传承人；同样是剑川木雕，也会因为雕刻者的不同而有不同的受众，同样的产品甚至会因为刻有雕刻者姓名而价值倍增等。这些承载着传承人辛勤劳动的产品，都是传承人档案的组成部分，它是构成非物质文化遗产文化资源的重要内容，也是满足人类多元、多样的文化需求的文化资源。

其四，传承人档案是非物质文化遗产文化、艺术形式的重要载体，具有重要的艺术价值。白族非物质文化遗产内容丰富、种类繁多，白族扎染技艺、白族民居彩绘、剑川木雕、大理石画制作技艺、白族布扎、白族刺绣技艺、银器制作工艺等非物质文化遗产是白族人民经过数千年发展积淀的劳动与智慧的结晶，是白族居民按照其审美风尚、艺术欣赏标准创作的艺术品，因此具有极高的艺术价值，既值得现代白族居民继续传承和发扬，也值得其他民族去认识、欣赏和研究。传承人是这些艺术的承载者，也是这些艺术作品的集大成者，他们的作品是个人档案的重要组成部分，也就是说，这些传承人档案同样具有重要的艺术价值。

（二）史料价值——是珍贵的历史资料

白族非物质文化遗产是重要的白族文化资源，对于研究白族文化、民俗、科学、技艺等方面具有重要的研究价值，是非常宝贵的第一手资料。例如，起源于云龙县山地白族农民聚居区的"耳子歌""是目前国内所发现最早的傩仪之一，有着极深的民族文化底蕴，它被有关专家学者称为'舞蹈艺术的活化石'或被专家形容为'刚出土的民俗活化石'"。⑪现仅遗留于云龙检槽乡检槽、清朗、哨卜，诺邓镇诺邓、永安、龙飞，关坪乡胜利村等为数不多的几个白族村寨，⑫由于流传不广泛、再加上没有文字记载，目前只有省级传承人杨春文等几位少数艺人会跳，他们有关"耳子歌"的言论，留存不多的音频、视频等档案，便成为保存、了解和研究"耳子歌"最珍贵的档案材料。

再如，目前广泛流传于白族聚居区的大本曲曲目，主要是老艺人改编自汉族民间故事、戏曲曲目以及少数由老艺人创作的曲目，笔者调查中发现，国家级传承人赵丕鼎不仅会唱传统曲目，还创作了100余首具有白族特色和时代特征的曲目，但是这些曲目中只有少部分公开发表出来，大部分曲目仅他自己留存了手稿，这部分珍贵的手稿对于研究和发扬大本曲艺术，自然是不可多得的珍贵档案。

白族非物质文化遗产项目"是对历史上不同时代生产力发展状况、科学技术发展程度、人类创造能力和认识水平的原生态的保留和反映，"⑬而且，木雕、黑茶制作、手工造纸、大理石画制作等技术、科学类项目"本身就具有相当高的科学含量和内容，有较多的科学成分和因素"，⑭这类项目的技艺、技术信息，在历史上缺乏相关的文献记载或记载不够全面，传承人师徒口耳相承流传下来的相关口述记忆便成为其科技信息的重要组成部分，这些科技信息通过传承人的作品、研究论著、口述档案等途径物化于传承人档案之中，例如，大理市市级大理石画制作技艺传承人程介伟先生2010年出版的《苍山大理石天然画——大理石天然画艺术浅谈》⑮一书，对大理地区大理石的开采、大理石画的制作历史、技艺等都有系统的阐述，对研究大理石画技艺具有重要的史料价值。

（三）凭证价值——是申报和管理白族非物质文化遗产传承人的重要资料

传承人档案由两大部分组成，一是在文化行政管理部门或非物质文化遗产保护机构在传承人的申报和管理中形成的传承人档案；二是其他组织和个人保管的其他方面的传承人档案。由于大多数白族非物质文化遗产传承人为民间艺人，传承人申报和管理中形成的档案也便成为他们唯一的"准人事档案"，它是确定传承人身份最为关键的凭证，也是传承人从事传承活动，以获得政府和相关组织资助、帮扶的重要依据。而其他组织和个人保管的其他传承人档案，如曾经获得的荣誉证书、从事非物质文化遗产传承活动的照片、音频、视频，使用过的文字材料、工具和设备等，都是他们从事非物质文化遗产活动的重要依据，是申报传承人不可多得的证明材料。

此外，非物质文化遗产传承人档案还具有标本价值、经济价值等，传承人档案是传承人艺术活动的见证，系统、全面的传承人档案，能够再现传承人的成长经历、从艺历程，以及与之相关的社会、经济、文化、家庭等环境，是非物质文化遗产传承的重要标本；传承人的艺术作品是重要的旅游、文化商品，传承人档案作为重要的非物质文化遗产文化载体，被相关展览馆、博物馆选用，成为"文物"，其经济、社会价值倍增。

注释：

①⑧⑩《中华人民共和国非物质文化遗产法》，《中华人民共和国全国人民代表大会常务委员会公报》2011年第2期。

②丁丽梅：《名人档案形成特点》，《兰台内外》2002年第4期。

③韩永莲、苏建功：《名人档案的特征及其管理原则》，《山西档案》2012年第S1期。

④董秀团：《云南大理白族地区大本曲的流播与传承》，《民族文学研究》2006年第3期。

⑤董秀团：《白族大本曲的文化内涵及传承发展》，《云南民族大学学报》（哲学社会科学版）2012年第2期。

⑥杨占祥、杨海胜：《洱海之滨的艺苑奇葩——白族大本曲艺术家李明璋》，《大理文化》2005年第5期。

⑦《中华人民共和国档案法》修订草案（送审稿）（2016 - 05 - 25）［2016 - 08 - 05］，http：//www.saac.gov.cn/news/2016 - 05/25/content_142062.htm。

⑨王文章：《非物质文化遗产概论（修订版）》，教育科学出版社2013年版，第77页。

⑪尹利丰：《云龙婚俗傩仪"耳子歌"文化研究》，《安徽文

学》（下半月）2013 年第 10 期。

⑫《云龙白族"耳子歌"》，《大理日报》2013 年 7 月 24 日（A3：文化）。

⑬王文章：《非物质文化遗产概论（修订版）》，教育科学出版社 2013 年版，第 85 页。

⑭王文章：《非物质文化遗产概论（修订版）》，教育科学出版社 2013 年版，第 87 页。

⑮程介伟：《苍山大理石天然画——大理石天然画艺术浅谈》，云南美术出版社 2010 年版。

作者简介：

黄体杨，男，档案学博士，云南大学历史与档案学院副教授，硕士生导师。王晋，男，管理学博士，云南大学历史与档案学院副教授，硕士生导师。

云贵山地民族传统手工造纸技艺传承机制的文化共性与情境个性*

贵州师范学院　李忠俊　瞿智琳　刘　凯

摘　要：本文对分属云南和贵州的两个田野点上的纳西族和布依族传统手工造纸技艺传承机制进行比较分析。同为西南山地民族，这两个民族的手工造纸传承案例具有许多共同之处，但是，由于这两个地区的具体文化历史脉络完全不同，其在植物原料的选择和具有共性的传承机制要素上各有千秋，同时两者在面对传承危机的策略、协商对象和内容等方面也各有差异。通过对比研究表明，云贵山地民族传统手工造纸技艺等非物质文化遗产保护和开发必须充分考虑其不同的时空情境或脉络，一般性的政策和措施在实施前须有一个"脉络化"或"情境化"的过程，并应加强遗产保护的族群认同，发挥民族精英的影响力量及引入国家在场的积极作用。

关键词：山地民族　手工造纸技艺　传承机制

Abstract：This paper analyses on Naxi nationality and Buyi

---

* 本文为国家社科一般项目"西南少数民族手工造纸技艺及传承机制研究"（项目编号：14BTQ054）阶段性研究成果。

nationality traditional papermaking skill inheritance mechanism of the two fields of Yunnan and Guizhou belong to the same mountain. The two ethnic nationalities in Southwest China, papermaking inheritance cases have many similarities, however, due to the specific historical and cultural context of the two areas are completely different, each one has its own merits in plant material selection and inheritance mechanism with common elements, both in the face of crisis of inheritance strategy, negotiation object and content are different. The comparison results show that the Yunnan Guizhou mountain national traditional handicraft art of papermaking and other non-material cultural heritage protection and development must take full account of the different space-time situation or context, the process of the policies and measures before implementation shall have a "context" or "situation", and should strengthen the ethnic identity and heritage protection, the influence of the national elite and the positive role of the introduction of the presence of the State.

Key words: Mountain Nationalities; Skill of Papermaking; Inheritance Mechanism

云南和贵州位于我国西南部，居住着众多少数民族，这些民族在几千年的历史中不仅创造了灿烂的文化，也传承着众多古老的手工技艺。虽然这些民族地域环境相似，但各民族自身的特点以及不同的历史机遇，造就了他们在政治经济和传统技术传承上各不相同的情况。本文以云南迪庆州三坝乡白地村恩土湾纳西族和贵州省贵阳市乌当区新堡布依族村白水河乡布依族为例，对云贵山地民族传统手工造纸技艺传承机制的文化共性与情境个性进行比较分析。

云南迪庆州香格里拉县三坝纳西族乡白地村，距香格里拉县城

102千米，现有农户858户，全村土地面积8.26平方千米，海拔2300米。①该村世代居住着纳西族，他们有自己的文字，被称为"东巴文"，用东巴文书写成的经书被称为"东巴经"，由纳西族祭师——"东巴"掌管；纳西族手工制作的纸张称为"东巴纸"，其在纳西语中的读音为"色苏"，主要用于书写东巴经书，掌握东巴纸制作和传承造纸工艺的一般是东巴。

贵州省贵阳市乌当区新堡布依族乡白水河村，位于山岭交错的小平坝上。全村共40户，田土面积约130余亩，该村保持着手工造纸的传统，已有百年之久，直到2003年前，全村仍以手工造纸为主，农业为辅。而2003年，部分手工造纸作坊被洪水冲毁，手工造纸开始走向衰落，现仅有4个手工造纸作坊，10个造纸户。②

一 云贵山地民族传统手工造纸技艺传承机制的文化共性

纳西族和布依族的手工造纸传承机制有许多共同之处，如都是山地民族，具有山地生境的植物多样性，拥有关于植物资源利用的丰富的地方性知识；都因宗教信仰而形成了稳定的内部供求关系，同样因文化旅游开发而形成外部市场需求；同时他们的手工造纸技艺传承机制与族群认同的象征意义、"国家在场"的正向影响都有密切关系。

首先，云南纳西族和贵州布依族都是山地民族，具有山地生境的植物多样性，拥有关于植物资源利用的丰富的地方性知识。我国常用传统手工造纸原材料，主要有麻类、木本韧皮、竹类和稻麦草类等植物。纳西族使用的造纸原料是荛花，属于木本韧皮类；布依族使用的原料是钓鱼慈竹，属于竹类。两个民族都生活在山地环境里，拥有丰富的原材料资源；在进行手工造纸活动时，他们一般都是根据造纸的需要，在靠近生活区域的山林中采集；由于造纸生产规模都较小，自然生长的原材料就能满足需求。两个民族都有保护植物资源可持续利用的意识。如纳西族采集荛花时，严禁将荛花连根拔起，而且只砍伐一米高以上的枝条；保留根部能保证荛花存活，有利于维护生态平衡，保留低矮的幼枝，能保证荛花的持续生长。同样，布依族砍伐竹子也约定俗成在冬季农历正月间，而禁止在夏季竹笋成长期砍伐；而且砍伐老竹时，也注意保留一定数量的嫩竹，以确保竹林的可持续生长。张之毅著《易村手工业》中也记载，易村制作竹纸的原料是嫩竹，他们砍嫩竹的时期，在阴历十一月到次年正月间。他们不把嫩竹全砍完，得留一部分到次年夏季发嫩竹。[③]易村还培育和种植新竹，一般是每年夏季的阴历五月间，把培育的新竹移植到江边。可见，这两个民族在造纸原料可持续发展的认识上具有共性。两个民族使用的造纸原料都从实际利用植物资源的需要出发，积累了丰富的地方性知识。纳西族使用荛花原料，利用荛花本身具有的毒性来保证东巴纸的防虫性能；同时因为荛花属于木本韧皮类原料，加工原料的方法为"熟料法"，即将原料煮熟后使用；布依族使用钓鱼慈竹为造纸原料，此类原料的加工一般使用"生料法"，即在原料中拌如石灰发酵后使用。

其次，云南纳西族和贵州布依族的手工造纸产品，都因宗教信仰而形成了稳定的内部供求关系，同样因文化旅游开发而形成外部市场需求。纳西族制作的纸张称为"东巴纸"，主要用途是书写东巴经书，东巴经书是纳西族宗教信仰的重要组成部分，因此，东巴纸因纳西族的宗教信仰而形成了稳定的内部供求关系。布依族制作的竹纸，被称为"香纸"，主要用于祭祀活动；在乾隆年间，由于贵州白水河以及周边"香纸"声名远扬，被皇帝御赐为御贡的"神圣"的冥纸，使白水河村布依族手工造纸业达到鼎盛时期，周边的村寨家家有作坊、户户有香纸；现代布依族村落中祭祀祖先的现象依旧，需要使用香纸。④布依族造纸活动因民间信仰，形成了经济结构比较单一而且稳定的内部供求关系。现代，随着文化旅游开发，东巴纸和香纸都形成了新的外部市场需求关系。实地调查发现，目前白地村除东巴外，纳西族普通群众也制作东巴纸，产量比较高，主要用于出售给旅游者；伴随着东巴文化的广泛传播和旅游业的发展，东巴纸销售情况良好，形成了稳定的新型外部市场需求关系。贵州布依族手工造纸技艺，同样受到旅游业的影响，形成了新的外部市场需求关系。白水河村以手工造纸为旅游品牌，带动当地旅游景点开发，旅游业的发展也使更多人了解香纸，拓展了香纸的销售空间，使之打破原有自给自足的内部供求关系，从而形成新的外部市场需求关系。

最后，云南纳西族和贵州布依族的手工造纸技艺传承机制，与族群认同的象征意义、"国家在场"的正向影响都有密切关系。纳西族和布依族造纸技艺传承机制中，都有典型的族群认同特征。纳西族东巴纸的制作和工艺传承人一般是东巴祭师，东巴制作纸张专门用于书写祭祀活动用的东巴经；如果造纸人不是东巴，那这种纸张一般不会得到宗教认可，也不能获得族群内部认同，造纸人也会被族人鄙视，承受巨大的社会压力。因此，很长时间内，东巴纸制作技艺的传承范围基本固定在东巴祭师内部。现代，国家与地方社会联系越来越紧密，国家通过各种方式向地方社会传递"在场"信息，从观念、制度和行为上通过地方社会推进宗教的正面发展。⑤纳西族东巴教活动得到国家认可，东巴古籍入选《世界技艺名录》，东巴造纸技艺受到重视。现代白地村生产的东巴纸不仅销售到云南地区的博物馆，还远销到美国的博物馆。伴随着国家认同的支持与东巴纸销量的增加，普通纳西族人民也参与到东巴纸的制作活动中，打破了东巴祭师垄断造纸生产的情况，也使东巴纸在更广的范围得到了传播，促进着纳西族造纸技艺的传承。贵州白水河村布依族香纸在当地同样具有独特的文化象征意义，由于手工制作的香纸燃烧后易化为白色的灰分，在祭祀祖先时被认为是"真纸钱"，祖先享用后能保护后代平安幸福；而机器制造的祭祀用纸，因燃烧后不易化为灰分，而是结为黑色块状，被认为是"假纸钱"，祖先不能享用。[6]现代白水河村在国家支持下进行旅游开发，以布依族手工造纸为旅游品牌，再带动其他旅游品牌；地方政府禁止白水河村村民改手工造纸为机器造纸，有利于保护手工造纸的传承。

二 云贵山地民族传统手工造纸技艺传承机制的情境个性

由于云南纳西族和贵州布依族的具体文化历史脉络完全不同，其造纸技艺的具体内涵甚至所依赖的植物原料也不同。因而，具有共性的传承机制要素在两地的呈现各有千秋，两者在面对传承危机时无论是在总体的策略上还是在各相关方的协商对象和内容等方面也各有差异。

首先，云南纳西族和贵州布依族造纸使用的植物原料种类和特性不同，原料的加工方式也有很大差异性。纳西族使用的原料是有毒植物荛花，采集时间不固定，一般用"熟料法"加工原料；而布依族使用的原料是竹子，一般冬季采集，使用"生料法"加工。

云南纳西族手工造纸使用的原料，是生长在当地海拔约2300多米山上的荛花。瑞香荛花为乔木、灌木或亚灌木，具有木质根茎，有毒，正是其毒性为东巴纸提供了天然的防虫性能。有学者实验用4种不同的方法和甲醇、氯仿和石油醚3种不同溶剂，对河蒴荛花（瑞香科荛花的一种）进行了提取，并对提取物分别采用玻片浸渍法和叶片残毒法对山楂叶螨进行生物活性测定。结果表明，甲醇提取物的提取率和24h对山楂叶螨的校正死亡率都高于其他两种溶剂的提取物，其中提取方法以温浸法的提取率最高为14.79%，杀卵、杀若螨和杀成螨的校正死亡率分别为66.85%、100%和100%。[7]可以看出若螨和成螨对甲醇提取物非常敏感，对杀虫卵、若螨和成螨确实有作用。手工造纸时加入这种原料，能提高纸张的防虫性能。通过离析试验得出，荛花树干平均纤维直径为12.07μm，平均纤维长度为791.7μm，是一种较好的造纸原料；造纸植物的纤维直径变化越大，制造出纸张的匀度就越好，纤维越细长则纸张强度就越高，荛花树干纤维的特征能满足造纸的匀度和强度要求，[8]所以纳西族在长期的实践中，选择了荛花作为制备东巴纸的原材料。纳西族造纸人一般自己采集荛花，原料产地就是造纸地。新鲜采摘的荛花皮，较易去除其外层黑皮，使造出的纸更洁白；去除黑皮和木质部分以后的荛花皮，晒干后可以长期保存；其晒干后呈乳白色，煮过以后颜色更深，接近东巴纸的颜色。加工原料时，晒干的荛花树皮需要浸泡，并修剪撕开，可以使其植物纤维舒展、分散。最后将原料进行蒸煮，煮为絮状即可用于造纸，用这种方法加工造纸原料，称为"熟料法"。

我国用于造纸的竹原料有很多种，如钓鱼慈竹、箭竹、吊竹、山竹、苦竹等，而贵州布依族造纸使用的原料主要是钓鱼慈竹。我国的竹子种类有300多种，多数分布在我国西南和东南地区，贵州多山区，因此有着种类众多的竹子。由于竹子不占耕地，数量众多，是一种非常经济的造纸原料。竹子属单子叶植物，竹纤维呈狭窄、短平状，平均长度为0.7—3.2mm，其内夹杂有硅质细胞（又称石细胞），故制成的纸具有脆性。[9]造纸原料的纤维影响着纸张的质量，造纸用长纤维比短纤维好，用细长纤维比短粗纤维好；长纤维在打浆处理之后，还有一定的长度，而且两端分丝帚化，做出的纸张纤维组织紧密，拉力强度大。比较我国古代常用的十种造纸原料，可以得出竹类纤维是次于麻类纤维和树皮类纤维的第三种造纸原料。⑩贵州布依族手工纸多选用生长不超过一年嫩竹为原料，嫩竹中含木质素少，细胞壁薄，制浆、打浆处理比较容易，成纸也比较细软轻柔。⑪影响纸张耐久性的主要是植物纤维中的纤维素、半纤维素和木质素，其中木质素会使纸张氧化，发生变色泛黄，其存在对纸张保存有害，应该尽量去除。这种选择有一定的科学性，是少数民族在造纸的过程中逐步摸索总结出来的。砍伐竹原料后，先砍成小片，然后捆好用石灰发酵。砍竹片的作用是去除竹子的茎外皮，因为这层皮较厚，对药剂渗透不利，这一过程也叫作"杀青""削青"。然后是用石灰发酵，宋应星在《天工开物》中说到的明代福建竹纸制作技术就用了石灰发酵的方法。石灰主要成分是氧化钙，碱性较强，可以加速竹纤维的碱化。用这种方法加工造纸原料，称为"生料法"。

其次，造纸技艺中具有共性的传承机制要素，在纳西族和布依族中的呈现方式各有千秋。

传承机制要素中，纳西族和布依族传承人不同。由于族群认同等原因，纳西族传承人基本为东巴祭师，所以也阻碍了造纸制作技艺向群众的传承；同时，在性别上都是由男性传承。随着国家政策开放，旅游业发展，东巴文化广泛传播，东巴纸外部需求关系的建立，使这种传承机制发生变化，其中最为明显的是传承人不再局限于东巴祭师，而扩展到普通纳西族群众。2010年以后，白地村还出现了女性东巴弟子，东巴祭师不再局限于男性角色，同样造纸技艺也打破了由男性传承的传统。而贵州布依族手工造纸技艺的传承机制更为灵活，从传承人角度看，男性和女性都有，同时不排斥外嫁到当地的妇女学习造纸技艺。这种灵活开放的机制，极大促进了布依族造纸技艺的传承和保护。

传承机制要素中，纳西族和布依族依赖的物质工具不同。纳西族造纸使用工具均为自己制作，主要包括：铁锅，用于煮原料；石臼，用于舂细原料；酥油桶，再次将原料充分舂细；纸槽和水槽，造纸操作主要依赖这两项工具完成；木板，用于晒纸。这些工具的选择由造纸技艺决定，纳西族使用"熟料法"处理原料，需要舂细原料蒸煮后使用，而且造纸使用的是"浇纸法"技术，即将原料浇到纸槽中平铺均匀后，过滤去水分，取出潮湿的半成品纸放到木板上晒干，每造一张纸就需要使用一块木板。而布依族使用工具主要有：水碾，用于碾细原料准备制作纸浆；浆池，将原料、水与滑药混合放入其中制浆；纸帘，操造纸张的主要工具，将纸帘放入制浆中晃动后捞起，使纸张纤维附着并均匀贴合于纸帘上，形成半成品纸；纸榨，将半成品纸从纸帘上取下，均匀堆放于纸榨上压干水分，方便揭纸和晾晒；开纸棒，帮助手工艺人揭开湿纸进行晾晒。布依族使用"生料法"处理原料，不需要蒸煮原料，所以不使用铁锅；其造纸则是使用"抄纸法"技术，其特点是需要使用浆池调制制浆，用纸帘取得半成品后，不需要单独分开晾晒，可以堆叠成一批后压榨干水分再分开晾晒，所以不使用木板，但使用纸榨和开纸棍。

除传承人和制作工具等要素不同外，纳西族和布依族的精神文化差异也使得其造纸技艺的传承机制各不相同。纳西族造纸技艺传承与东巴教信仰紧密相连，东巴教是一种具有多元宗教因素的民族宗教，在它的历史发展过程中，由单纯的自然宗教形态逐渐融汇百川，最终成为一种具有多元文化特质的宗教。纳西族东巴使用两种文字，一种是东巴文，是古老的象形文字，大约有3000个单字，纳西族称为"斯究鲁究"，意思是"木石上的痕迹"或"木与石的记录"，可见，东巴经最初的记录载体不是东巴纸，而是木头或石头，在东巴纸出现以后，才记录在东巴纸上，所以这种纸也得名为"东巴纸"；在云南迪庆白地村，这种纸又称为"白地纸"。东巴文只有东巴教祭师能识读，东巴经基本上都是用这种文字书写。东巴还使用另一种文字，称"格巴"或"哥巴"，它是一种表词的音节文字，当文字记录语言时严格保持字和词相对应，一个字代表一个音节，格巴文中有的字是独自创立的，有的是从东巴象形文字蜕变而来，还有部分是借汉字字形和字意、或借汉字字形和读音。[12]所以有关东巴文字、东巴经书和东巴纸的有关知识，都伴随着神圣的宗教信仰掌握在东巴祭师手中，并且这种情况得到纳西族群内部的高度认同，因此纳西族传统手工造纸技艺的传承机制呈现出独一无二的特点，其内部供求关系简单但是稳定，其技艺传承广度受限但是生生不息。

布依族传统手工造纸技艺传承机制同样受到精神文化因素的影响，但与纳西族不同的是，其虽然受到民间信仰的影响，包含祭祀祖先庇佑后人的精神需求因素，但是其传承机制灵活多变没有固定模式的局限，并且伴随着社会环境的变迁和社会认同价值观的改变而不断发生变化。20世纪90年代中期以前，白水河布依族一直以手工造纸为主，农业为辅，将农业作为手工造纸工业的一种补充；[13]会造纸的布依族不仅易于择偶，收入高于仅从事农业活动，而且较易得到族群内部认同。90年代中期以后，伴随旅游业的发展以及大量劳动力转移到城市，当地人手工造纸技术的认知与看法发生了明显的变化，外出务工成为工作首选，造纸技术仅作为一种储备型谋生手段，长辈不期望子女留在家中造纸，而是希望他们通过读书等途径走出村落获得更广泛的社会认同。所以，布依族手工造纸技艺传承机制易受到族群认同及社会认同的影响而发生改变。

最后，纳西族和布依族在面对传承危机时无论是在总体的策略上还是在各相关方的协商对象和内容等方面也各有差异。

纳西族在面对手工造纸传承危机时，采用多元方式将其与纳西族文化进行整合，实施了有效的保护；在整个过程中，民族精英们发挥着极大的作用，而布依族群内显然缺乏民族精英的领导作用。

2003年8月30日，我国申报的纳西族东巴古籍入选世界记忆名录，又再次将纳西族东巴文化推向了新的高度。这些都离不开纳西族精英们的努力，他们通过各种渠道推广纳西族文化，积极寻求传承纳西族文化和技艺的各种方式。民族精英的推动，与"国家在场"的正面影响，使纳西族文化焕发出新的生命力，东巴纸造纸技艺的传承也从中受益。2006年首批中国非物质文化名录中，纳西族和志本被命名为国家级东巴造纸术艺人，受此影响很多纳西青年都乐于学习东巴文化，学习造纸技艺，促进了纳西族造纸技艺的传承。丽江还充分利用独特的自然地理环境优势与纳西族东巴文化结合，推动旅游业发展，取得了瞩目的成就。东巴文化涌现出大批研究专家，其中不乏研究纳西族造纸技艺的学者，使得这一造纸技艺的传承不再停留工艺技术层级，而是推广到更高的学术领域，融入中国科学技术史的领域中。

布依族传统手工造纸技艺面临巨大的传承危机，但他们的应对措施远不及纳西族。白水河村曾遭遇过两次大洪灾，摧毁了很多家庭造纸作坊，而重建费用极高，使很多手工艺人被迫放弃造纸技艺外出打工；现代造纸收入微薄，无法再吸引年轻人去继承这一技术，他们转向去城市打工或求学来改善家庭经济状况。面对传承人的流失和传承人出现断层，地方政府借助白水河村手工纸打造旅游品牌，带动周边旅游业发展，并禁止村民使用机器造纸，虽然在一定程度上促进了手工造纸技艺的传承，但是没有从根本上激发布依族民族自豪感和认同感，一旦政策转变或经济情况改变，这种保护措施极易瓦解。所以，布依族在面对传统造纸技艺传承危机时，还应充分考虑其情境和脉络，制定切实有效的措施。

综上所述，纳西族和布依族同为西南山地民族，这两个民族的手工造纸传承案例具有许多共同之处。如山地生境的植物多样性，使其拥有关于植物资源利用的丰富的地方性知识，拥有一套完备的原料采集加工处理方法；都因宗教信仰或民间习俗而形成了稳定的手工纸产品内部供求关系，也同样因文化旅游开发而拓展出新的外部市场需求；在手工造纸技艺的发展和传承过程中，他们各自族群认同的象征意义和"国家在场"的正向影响都发挥着不可小觑的作用。但是，由于两个民族的造纸技艺所依赖的植物原料不同，造纸技艺与本民族文化交融发展的历史脉络完全不同，具有共性的传承机制要素在两地的呈现各有千秋，两者在面对传承危机时无论是在总体的策略上还是在各相关方的协商对象和内容等方面也各有差异。对两者的对比研究表明，云贵山地民族传统手工造纸技艺等非物质文化遗产保护和开发必须充分考虑其不同的时空情境或脉络，一般性的政策和措施在实施前须有一个"脉络化"或"情境化"的过程，并应加强遗产保护的族群认同，发挥民族精英的影响力量及发挥"国家在场"的积极作用。

注释：

① 云南数字乡村网，http://www.ynszxc.gov.cn/szxc/villagePage/vIndex.aspx? Departmentid = 131692.

②⑥田茂旺：《贵州白水河村传统手工造纸工艺现状调查研究》，《四川民族学院学报》（人文社会科学版）2011年10月。

③费孝通、张之毅：《云南三村》，社会科学文献出版社2006年版，第283页。

④⑬田茂旺：《贵州白水河村传统手工造纸保护研究》，《西南民族大学学报》（人文社会科学版）2011年第7期。

⑤雷永：《国家在场与民族社区宗教正功能的生成：以贵州青岩为例》，《广西民族研究》2010年第4期。

⑦李卫伟、杨营业、李向花等：《河蒴荛花提取物杀螨活性的初步研究》，《山西农业大学学报》（自然科学版）2007年第4期。

⑧秦磊、邱坚:《纳西东巴手工纸原料荛花树干纤维特征研究》,《木材加工机械》2010年第4期。

⑨⑪刘仁庆:《中国古纸谱》,知识产权出版社2009年版,第8页。

⑩潘吉星:《中国造纸史》,上海人民出版社2011年版,第18页。

⑫杨福泉:《纳西族文化史论》,云南大学出版社2006年版,第49—70页。

作者简介:

李忠峪,女,贵州师范学院副教授。瞿智琳,女,贵州师范学院讲师。刘凯,男,贵州师范学院助教。

档案文化遗产：概念辨析及研究热点*

吉林大学管理学院 张卫东

摘 要：档案学术语体系的发展反映了学科的成熟与进步水平。近年来，档案与文化遗产的融合成为理论与实践讨论的热点问题。然而，业界对诸多相关概念的使用存在混用、乱用的现象，对档案文化遗产的内涵和边界缺乏科学清晰的界定。立足学术界和实践部门对档案文化遗产的认识，在系统阐释相关概念体系的同时，科学界定档案文化遗产的内涵和构成要素，并对档案文化遗产领域衍生的研究主题进行系统的论述。

关键词：档案文化遗产 概念 遗产保护 开发利用

Abstract: The development of terminology in archive fields represents maturity of discipline and level of progress. In recent years, the discussion about the integration between archives and cultural heritage is becoming a hot spot in the theory and practice level. However, many related concepts are mix used by archives industry, which results in a disorderly phenomenon. The connotation and

---

* 本文系国家社会科学基金青年项目"馆际合作视阈下数字档案文化遗产整合路径研究"（项目编号：15CTQ038）的研究成果之一。

boundary of archived cultural heritage should be clearly and scientifically defined. In this paper, the author formulates the relevant concepts based on the understanding of archived cultural heritage from academia and practice departments. Meanwhile, a scientific definition about the connotation and constituent elements of archived cultural heritage is given. At the end, the paper systematically explains some research topics, which are derived from archived cultural heritage field.

Key words: Archived Cultural Heritage; Conception; Heritage Protection; Development and Utilization

一个学科术语体系的建设，反映了学科的发展与完善程度。近年来，随着理论与实践的不断进展，档案学研究领域和范畴出现了极大的拓展，特别是与文化遗产的融合成为理论界、业界、政府机构共同关注的热点问题。在该领域的研究过程中，出现了相当多的术语，如文化遗产、非物质文化遗产、档案文献遗产、档案文化遗产等。对这些术语的应用存在不准确、不规范的现象，甚至存在混用和乱用。因此，厘清与档案文化遗产相关的概念体系，对于相关研究的规范性和严谨性有一定的促进意义。

一　相关概念辨析

（一）遗产

遗产，在民法学上是指死者留下的财产总数或各种债务，后借指历史上遗留下来的精神或物质财富。经过发展的遗产概念有几个显著的特征，首先是历史性特征，早期形成的、年代久远的财富方能称为遗产；其次是价值性特征，遗产必须对特定的民族、国家、地区和人群具有特殊的价值。此外，遗产具有多样性特征，遗产的概念不局限于货币范畴，还包括艺术品、文物、古籍、建筑作品、工业遗迹等。

（二）文化遗产

文化遗产可理解为具有文化属性的遗产，是指具有历史、艺术、科学等文化保存价值，并经政府机构或相关组织认定的物品。文化遗产一般包含有形文化遗产和无形文化遗产，有形文化遗产又称为物质文化遗产，《保护世界文化和自然遗产公约》将其界定为具有历史、美学、考古、科学、文化人类学和人类学价值的文物、建筑群、遗址等。根据联合国教科文组织颁布的《保护非物质文化遗产公约》，非物质文化遗产是指被各群体、团体、有时为个人视为其文化遗产的各种实践、表演、表现形式、知识和技能及其有关的工具、实物、工艺品和文化场所。将这些有形、无形的文化遗产用文字、图片、录音、录影等方式记录下来，进行档案化的保护与开发利用，即是档案学与文化遗产领域交融的过程中所产生的新命题。

（三）档案文献遗产

对文献遗产的概念在业界存在争议，不同的馆藏部门对文献遗产的界定存在差异。通常博物馆认为文献遗产是作为文物保存的古籍；图书馆认为文献遗产主要指珍贵的藏书和手稿；档案界则强调档案文献遗产就是文献遗产。有学者援引世界记忆工程对文献遗产的界定：无意或有意保留下来的各种形式的书本、手稿、文件以及其他含有信息的载体，无论其介质和格式怎样。认为档案文献遗产强调文献的档案属性，限制了保护文献遗产的范围，不能将二者等同视之。①在欧美国家，如加拿大魁北克地区《文化遗产法》将文献遗产定义为载体材料通过文字或者图像形式承载着结构化的可触碰的，具有艺术象征、人类学、历史、科学或技术价值的信息，特别是档案、书籍或音像作品。为了避免这种混乱，法国将相关概念发展为"书写遗产"，这个概念替代了古书、善本、古籍等概念。书写遗产指保存在图书馆、档案馆和博物馆的文献、古籍和档案类的文化遗产的统称，既包括图书，也包括档案。

（四）非物质文化遗产档案

学界对非物质文化遗产档案的概念主要有两种观点，广义观点基于"大档案观"认为非物质文化遗产档案应该包含实物档案、记忆档案和申遗档案[②]；狭义观点认为非物质文化遗产仅包括申遗档案，即在非物质文化遗产保护及申报过程中形成的各种材料的总和。[③]周耀林教授认为非物质文化遗产档案是见证非物质文化遗产传承演变过程及其各个阶段文化的特征，反映非物质文化遗产的现存状态和存续情况，体现非物质文化遗产保护与管理工作的各项活动，体现非物质文化遗产代表性传承人及其典型传承群体自然状况、文化背景、文化活动等的各种类型记录材料的总和。具体包括非物质文化遗产本体档案、申报与保护工作中形成的档案以及非物质文化遗产传承人档案。[④]

档案文献遗产和非物质文化遗产档案的产生，其目的都是为了更好保护和传承人类文化遗产，尽管二者的构成存在一定的交叉，但侧重各有不同，档案文献遗产侧重馆藏档案的遗产价值，而非物质文化遗产档案则更强调档案属性，用档案管理的视角、思维和方法将非物质文化遗产固化、保存和传播。当学术研究的视角聚焦于遗产内容本身，而不是区分遗产的载体、属性以及保管机构的外在特征时，我们不妨应用更加具有包容性，内涵和外延更为丰富的概念——"档案文化遗产"去阐释。这种提法既兼顾文化遗产体系中馆藏档案的主体地位，又打破各个馆藏机构之间的界限，用一种更加全面和客观的视角去保护和传承人类宝贵的文化遗产。

二 档案文化遗产的内涵

档案文化遗产的概念在学术界尚没有明确的定义，对其多融合在对非物质遗产档案和档案文献遗产的讨论中。我们认为，档案文化遗产的内涵和外延要大于非物质文化遗产档案，要准确界定其内涵，应首先对档案文化遗产的特征和构成要素进行分析。

（一）档案文化遗产的特征

（1）历史性。档案文化遗产应是历史上形成的，具有一定的年代特征。按照档案鉴定中"高龄档案应受到尊重"的原则，年代较为久远的档案材料应属档案文化遗产范畴，我国目前保存的以明清档案作为主体的历史档案是典型的档案文化遗产。

（2）文化性。从档案文献所记载的内容看，具有历史、文学、艺术或科学技术等典型价值的档案文献应列为档案文化遗产。

（3）稀缺性。稀缺性表现为两个方面，一是载体稀缺性，即所存档案文献其载体类型较为稀少，并能够反映特定历史文化活动；二是内容稀缺性，即档案所记载的内容具有不可替代的作用和意义。

（4）多样性。档案文化遗产不拘泥于档案馆保存的档案文本实体本身，其他同类机构所存的古籍、具有档案属性的文物以及文化藏品都应纳入档案文化遗产的范围统筹进行保护和开发。同时，档案文化遗产的载体类型和表现形式也是多元化，既包括文本，又包括图像、声音、视频、实物等，对文化遗产进行数字开发过程中所形成的数字档案文化遗产也是档案文化遗产的重要组成部分。

判定档案文化遗产的范围应用综合和系统的观念，统筹考虑上述标准和特征，有针对性地进行保护和开发。

（二）档案文化遗产的构成

档案文化遗产的构成可以从两个方面去考察，一是档案中的文化遗产；二是文化遗产中的档案。

1. 档案中的文化遗产

档案中的文化遗产主要是指馆藏体系中具备历史、文化价值的一系列有机联系的档案材料，一般能够系统反映某一文化遗产的内容精髓及其各个历史阶段的传承演变。现存的历史档案大部分属于档案文化遗产，应加大力度促进历史档案的开放，并应加强编研力度。利用多样化的开发手段，促进历史档案的传播和共享。

2. 文化遗产中的档案

现存的文化遗产中有大量具有档案属性的文献、照片、实物等，尽管这些文化遗产大多由不同的部门所管辖，但在档案文化遗产开发过程中，不应该忽视由博物馆、图书馆、文化馆等文化机构所保存的文化遗产。形式特征上和隶属部门的差异不能成为隔断文化遗产之间有机联系的壁垒，机构间应该建立有效的协作机制，共同加强对文化遗产的保护和开发利用。

除了这两个层面之外，还有一部分文化遗产特别是非物质文化遗产并没有形成有效的书面记录，并有可能随着时间的推移而消逝。为非物质文化遗产建档，进行档案化管理和开发成为学术界和业界关注的新热点。在非物质文化遗产建档的过程中，会形成大量对非物质文化遗产管理过程中的原始记录，也就是狭义上的非物质文化遗产档案，这部分档案对全面反映非物质文化遗产的申报、保护等过程具有重要的参考价值，但是根据前文所述，我们认为这部分档案不属于档案文化遗产的核心内容。

三 档案文化遗产研究中的热点问题

（一）非物质文化遗产的档案化保护及开发

非物质文化遗产的档案化保护，又称建档式保护⑤或档案式保护，⑥是指采用特定的手段将非物质文化遗产以特定的方式记录在一定的载体上，从而形成物质化的档案，转而通过非物质文化遗产档案的保护来实现非物质文化遗产的保护。⑦非物质文化遗产的档案化保护是完整建构历史记忆、再现人类文化经典、保护和共享人类文明的重要手段。对非物质文化遗产档案化保护的研究应主要聚焦于三个方面。

1. 非物质文化遗产信息的采集

非物质文化遗产信息的采集是非物质文化遗产建档的前期工作。采集的途径和方法是保证信息完整性的重要因素。首先，应从有较为系统记载的文献中采集，如史料、图书、档案等；其次，还应关注其他类型文献中较为零散的记录，如方志、报纸、图片等；非物质文化遗产传承人是非物质文化遗产中重要的组成部分，传承人也最能够体现非物质文化遗产存在的价值，因此对非物质文化遗产传承人的信息采集对丰富和完善非物质文化遗产的资源体系具有基础性的意义。由于相当多的非物质文化遗产信息并没有较为可靠翔实的记录，因此对历史遗迹的勘察再记录、对口述史料当事人的采访等形式成为非物质文化遗产信息采集重要的补充方式。面向社会征集也被众多的机构所采用，在网络环境下，国外相当多的文化机构还采用众包的模式面向非特定的网络用户征集相关主题内容信息，这种方式将散存于社会公众中的信息有效地集中起来，同时调动了公民参与非物质文化遗产保护和社会记忆建构的热情。因此，非物质文化遗产信息的采集除了采用文献挖掘方法之外，还必须进行大量的实地踏勘、田野调查以及采访等方法，一些跨学科的研究方法如社会学、历史学、考古学、文艺学、传播学等应该得到强化。

2. 非物质文化遗产信息的鉴定与组织

非物质文化遗产信息的鉴定与组织是非物质文化遗产档案化管理的中间环节，也是对非物质文化遗产信息的评估、序化的过程，对后续管理和提供利用有重要的意义。

（1）非物质文化遗产信息的鉴定。

经过各种方法采集的非物质文化遗产信息最初是混乱无序的，其中可能掺杂着不准确甚至伪误的信息，需要遵循一定的原则和方法对这些信息进行有效的鉴别，特别是对非物质文化遗产的真实性、准确性和全面性等指标进行评估。学术界通常遵循档案鉴定的原则和方法进行鉴定，鉴定原则如全面性、历史性、发展性、效益性等，鉴定标准多采用来源标准、内容标准、文本标准、时间标准以及效益标准等。将这些原则和标准套用到非物质文化遗产的建档过程是否完全有效还有待检验，来自其他史学、考古与博物馆学、文献学等其他学科的方法进行综合的应用应成为档案学研究者关注的重要问题。

（2）非物质文化遗产信息的组织。

由于非物质文化遗产信息来源的多样性、数据结构的异构性等特征，这使得需要用科学的方法和工具对其进行描述。目前国内不同的领域对信息的描述方法是不一致的，例如，图书馆多采用 DC 元数据，档案馆多采用 EAD，博物馆采用文物分类系统，迫切需要一种适合非物质文化遗产信息的元数据描述标准。国际上通用的做法是弱化信息来源的差别，基于信息内容重新组织，通常以一种描述框架作为基础，复用某些其他标准中的元素对其进行描述，形成结构化的数据，为数据库建构和信息检索提供基础。非物质文化遗产信息组织的关键是解决元数据的互操作问题,国外的研究者惯常采用"桥接"技术来解决此类问题,语义和本体技术应用也为科学建构非物质文化遗产的本体知识库提供了可靠的技术支撑。现在信息技术为非物质文化遗产信息的组织提供了多样化的支持工具,需要不同类型的项目开发出更具针对性和适用性的解决方案。

(3)非物质文化遗产信息的集成利用。

在数字环境下非物质文化遗产的档案化保护最直接的产品应该是主题门户,主题门户的核心是专题数据库群落,并且集成了多样化、个性化的服务技术和服务模式,用户可以通过访问门户系统获得一站式的信息满足。随着信息环境的变化,有两种信息服务方式值得关注。一是通过社交网络推动非物质文化遗产信息的传播和利用。随着社交媒体的兴起,改变了网络用户的活动空间和信息获取模式。社交网络成为用户活动的主要场所,信息内容在社群中的交叉传播使用成为一种新的信息传递方式。研究者和从业者愈发感觉到,主动融入用户的社群网络比被动等待用户访问档案馆更为有效。越来越多的文化机构意识到通过社交媒体吸引用户的优势,并开办官方的博客、微博、公众号等向社交网络推送文化信息。近年来,西方国家正积极通过第三方平台,将文化资源发布在一个更广泛的平台,吸引用户的关注,例如,Google、Wiki、Tumblr、Flickr等。二是虚拟现实技术(VR)在非物质文化遗产信息传播方面具有较为广泛的应用空间,通过VR技术用户可以更立体、更形象、更直观地了解非物质文化遗产。此外,国外兴起的众包等模式也成为文化机构与用户增强交互、促进用户有效参与文化遗产保护的有效手段。

(二)机构合作视角下的文化遗产保护与利用

图书馆、档案馆、博物馆、美术馆等文化机构(以下简称

GLAM）正在全球掀起合作的热潮。不仅欧美等西方政府积极推动GLAM合作共同保护人类文化遗产的进程，一些非政府组织、大学、甚至互联网企业也加入了合作的计划。不同的机构共同制定合作的政策框架、共同开发元数据标准、共同致力于文化遗产的保护。在GLAM合作的进程中，档案部门作为合作伙伴，与其他机构一起开发馆藏资源，分享知识和经验，共同面对组织变革、技术迭代以及用户需求的挑战。通常，GLAM在政府组织、公共机构或者专业协会的倡议下，面向某一特定的主题开展多样化的合作。这种合作的理念和模式在非物质文化遗产保护中具有广阔的应用空间，GLAM的合作弱化了机构之间、馆藏之间的差异，基于任务和馆藏内容有机地整合在一起，形成了保护文化遗产的合力。

除了GLAM之间的合作之外，文化遗产的保护涉及多个领域，需要社会各界的共同参与，如各级文化主管部门、非物质文化遗产保护中心等专门机构，旅游公司等商业性机构，各专业协会，遗产传承人及其所在地群众，高校、研究所等科研机构等。学术界和业界需要共同探讨不同机构在合作进程中发挥的作用，共同承担的权利和责任，设立科学的运行机制和激励机制，促进文化遗产的保护和传承。

四 结论与展望

本文从概念的辨析入手，分析档案文化遗产的内涵和外延，这种界定基于记忆建构和内容挖掘两个视角，强调了文化遗产中的档案以及档案中的文化遗产，这种分析在理论上有助于厘清相关概念之间的差异，而在实践上我们并不鼓励过分突出档案部门在文化遗产保护中的主导地位，而是倡导以非物质文化遗产的保护和开发为主要目标，以一种参与、合作的视角与社会各界共同保护人类宝贵的文化遗产。在数字环境下，档案机构参与文化遗产保护的理念、模式以及技术方法都发生了新的变化，我们迫切需要研究者和从业者以整体的视角，对非物质文化遗产信息流动的周期给予全程的关注，用多样化的方法促进人类的文化遗产得到更为有效的保管、保护和发扬光大。

注释：

①高鹏、陈聃：《文献遗产"档案"的嬗变与发展——〈档案法〉向〈文献遗产法〉转型的思考》，《档案学通讯》2013年第3期。

②孙展红：《浅谈非物质文化遗产档案管理》，《黑龙江档案》2009年第3期。

③赵林林、王云庆：《非物质文化遗产档案的特征与意义》，《档案与建设》2007年第12期。

④周耀林、戴旸、程齐凯：《非物质文化遗产档案管理理论与实践》，武汉大学出版社2013年版。

⑤叶鹏、周耀林：《非物质文化遗产建档式保护的现状、机制及对策》，《学习与实践》2015年第9期。

⑥徐欣云：《非物质文化遗产档案式保护中的"新来源观"研究》，《档案学通讯》2013年第5期。

⑦吴品才、储蕾：《非物质文化遗产档案化保护的理论基础》，《档案学通讯》2012年第5期。

作者简介：

张卫东，男，吉林大学管理学院教授。

文化与科技融合背景下非物质文化遗产档案管理技术的回顾与展望*

武汉大学信息管理学院　周耀林
湖北大学资源环境学院　叶鹏

摘　要：非遗档案管理技术是我国非遗保护工作的重要内容，其成果和进展为我国非遗保护事业提供了有效支撑。笔者从我国非遗档案管理技术的形成和现状入手，分析了我国非遗档案管理技术的阶段性成果。通过对文化与科技融合背景下的各类新兴技术的剖析与内化，提出了以保存技术、整合技术、分类技术和可视化技术为代表的非遗档案管理技术展望。

关键词：文化与科技融合　非遗档案　管理技术

Abstract：Intangible cultural heritage archives management technology is an important part of China's intangible cultural heritage protection work, and its achievements and progress provide effective support for China's intangible cultural heritage protection. Starting

---

* 基金项目资助：国家社科基金重点项目"非物质文化遗产信息资源分类存储研究"（项目编号：16AZD056）；国家社科基金项目"文化与科技融合背景下非物质文化遗产建档式保护机制及实现研究"（项目编号：15BTQ082）；武汉市软科学项目"大数据背景下武汉市文化遗产保护利用机制及实现平台研究"（项目编号：2016040306010204）。

from the formation and present situation of China's intangible cultural heritage archives management technology, the author analyzes the periodical achievements of China's intangible cultural heritage archives management technology. Through the analysis and internalization of all kinds of emerging technologies under the background of cultural and technological integration, this paper puts forward the prospect of intangible cultural heritage archives management technology represented by preservation technology, integration technology, classification technology and visualization technology.

Key words: Integration of Culture and Science Technology; Intangible Heritage Archives; Management Technology

为顺应世界发展的潮流,充分发挥文化与科技融合对我国文化事业的推动作用,中共十七大报告提出了"运用高新技术创新文化生产方式,培育新的文化业态,加快构建传输快捷、覆盖广泛的文化传播体系"[①]的总体目标,继而在中共十七届六中全会上通过了《中共中央关于深化文化体制改革推动社会主义文化大发展大繁荣若干重大问题的决定》,提出了"建设优秀传统文化传承体系,加强国家重大文化和自然遗产地、重点文物保护单位、历史文化名城名镇名村保护建设,抓好非物质文化遗产保护传承"[②]的具体部署。这一系列举措表明,"文化与科技融合将是中华文化在信息时代避免处于守势,在思想文化和价值理念的高度取得国际性认同的重要基础"。[③]非遗作为展现人类创造、传承文明精髓、传播人文精神的文化信息载体,在口耳相传的传承环境被现代社会不断破坏的背景下,现阶段我国非遗档案管理技术还存在工作方式单一、技术水平较低等问题。可见,总结我国非遗档案管理技术的发展现状,探寻文化与科技融合背景下非遗档案管理技术的形成与发展具有重要的现实意义。

一 非遗档案管理技术的形成与发展

2003年10月17日,联合国教科文组织通过了《非物质文化遗产保护国际公约》(以下简称《公约》),它是全球非遗保护的纲领性文件,也是世界非遗保护工作的重要转折点。该《公约》提出了"确认""建档""研究""保存"等非遗保护措施,其中,"建档"(documentation)主要源自档案管理方法。从文献上看,早在上述《公约》实施以前,档案管理技术方法已经引起了文化遗产保护领域的关注。例如,Oguamanam C. 早在1991年发表的《信息化背景下非遗建档、数字化保存的挑战与展望》;2000年,Bumbaru Dinu 发表了文章,探讨了将无形的非遗转化成有形的记录载体进行存档的技术方法。上述文献表明,非遗建档是非遗档案管理的源头、前提和基础,其研究进展受到了档案部门和文化行政管理部门的高度关注。

自2005年3月26日国务院办公厅发布《关于加强我国非物质文化遗产保护工作的意见》,提出"运用文字、录音、录像、数字化多媒体等各种方式,对非物质文化遗产进行真实、系统和全面的记录,建立档案和数据库"的非遗建档工作意见以来,后续颁布的《国家级非物质文化遗产保护与管理暂行办法》和《中华人民共和国非物质文化遗产法》均从实施方式和职责界定两方面对非遗建档和非遗管理进行细化要求。在上述制度方针的引导和各级部门的重视下,推动非遗建档已成为我国非遗保护的重要内容,其他学科领域也对非遗保护产生了浓厚兴趣。通过CNKI以"非物质文化遗产建档"和"非物质文化遗产档案管理技术"为关键词,通过重复筛查和结果分析可知,现有416篇相关文献涵盖了非遗档案的含义、建档方法、非遗档案分类、非遗档案存储、非遗档案数据库建设等多个方面,涉及信息资源管理、传播学、艺术学、人类学、数字人文、计算机科学、体育学等多个学科。通过采用文化与科技融合的研究方式与技术融合,非遗建档保护在十余年时间内取得了大量研究成果,推动了非遗从文化形态步入信息形态、从口传心授步入数字传承、从感性认知步入知识归纳的发展进程。

二 非遗档案技术的现状

文化与科技融合背景下非遗档案管理技术具有多重内涵,从宏观层面来看,它是通过"将非物质文化遗产的各类文化元素、内容形式和关联信息,与档案保护技术的理论体系、方法手段进行有机结合,在提升非物质文化遗产档案式保护水平的基础上,形成新的保护方法和保护范式"。④从中观和微观层面来看,它是根据我国非遗档案管理的客观需求,遵循文化与科技创新的一般规律,通过与其他学科开展跨界融合研究,进而获得的与非遗档案管理相关的技术研发、系统构建、项目实施等技术进步。总体来看,非遗档案管理技术的发展主要体现在如下方面:

(一) 登录—普查技术

非遗登录—普查是指对非遗进行普查,并统计分析普查所收集的资料和数据,挖掘出其中有价值的非遗资源并注册登记、收录进遗产清单,纳入非遗保护范围。具体而言,通过非遗普查得到的记录和数据是全面分析非遗情况的重要资料之一,也是国家或地区主管机构制定非遗保护地方政策乃至国家政策的重要依据,同时还能在普查中发现问题及时对文化遗产进行有效保护,对濒危遗产进行抢救;⑤对普查结果进行筛选认定,发掘有价值的非遗,进行登录并编制遗产保护清单是对普查工作的总结，被登录或者纳入非遗保护清单的文化遗产将得到更为专业和有效的保护。可见，非遗登录—普查是整个非遗档案技术的基础。

非遗登录—普查起源于欧美等西方发达国家，是一种文化遗产保护制度，自20世纪初便开始使用。在亚洲范围内，非遗登录—普查技术于20世纪末传入日本，推动其在《文化财保护法》中引入登录制度，并将其应用于非遗管理。自中华人民共和国成立后，我国各级各类文化部门和研究机构充分利用了体制机制的优势，针对我国非遗的性质、特点和作用进行了大量全国性、地方性和专题性的调查采集工作。截至目前，已进行了一次大规模的全国性非遗普查。

从非遗档案管理技术的层面来看，我国非遗登录—普查技术在信息化建设的推动下，已逐渐过渡到数字化管理阶段。自2006年以来，受文化部委托，中国艺术研究院设计开发了"中国非遗数据库普查管理系统软件"为代表的各类数字化非遗普查管理软件已大量涌现并日趋完善，标志着我国非遗登录—普查工作已逐渐过渡到数字化管理阶段。同时，由于普查软件的多样化，也带来了选择的困难。

（二）建档技术

非遗档案是非遗建档的重要成果。非遗建档技术是指对非遗资源进行记录的各类数字化技术，即通过拍照、摄影、录音等技术手段整合非遗资源，将其以档案形式保存记录下来的技术集合。

从国际层面来看，通过非遗建档强化非遗保护是联合国教科文组织与各国政府的通行手段。根据联合国教科文组织通过《保护非物质文化遗产公约》和《中华人民共和国非物质文化遗产法》等法规与政策的要求，按照我国非遗建档主体的不同，现阶段国内非遗建档工作主要由以下四个方面构成：其一，文化主管部门建档，即文化部系统、各省级非遗保护中心和基层文化站等文化主管机构参与非遗建档工作。其二，档案馆建档，如陕西省档案馆从2014年起启动非遗建档工作，逐步建立健全非遗档案名录、全宗。⑥其三，公共图书馆建档，即公共图书馆通过将非遗文献化的方式来建设非遗档案资源。公共图书馆将与非物质文化遗产项目相关的各种文献资料，以各种不同文献类型或文献格式类型的方式加以呈现、收藏、保存和保护，以便于非物质文化遗产项目得到更好的传承与发展。⑦其四，其他机构建档。例如，众多研究机构在研究过程中积累了大量非遗档案资源；一些企业出于非遗商业化开发的目的，也搜集了一些有价值的非遗档案资源。

总的来说，上述非遗建档主体所采取的非遗建档技术方法均是通过数字设备进行文字、声音、图像和影像的采集，但由于主体不同，且缺乏相应的标准规范，非遗建档的方式和质量表现的参差不齐。

（三）建库技术

2005年3月，国务院办公厅制发的《关于加强我国非物质文化遗产保护工作的意见》提道，"要运用文字、录音、录像、数字化多媒体等各种方式，对非遗进行真实、系统和全面的记录，建立档案和数据库"。为此，非遗建库及其相关技术的研发和配置成为我国非遗保护工作的重要内容。非遗数据库已成为我国非遗数字化保护体系的重要组成部分，相关非遗建库技术是推动实现"非遗信息资源集成共享、统一管理、高效检索和利用"⑧的重要支持。

我国非遗建库工作由不同的机构主导。其一，政府文化行政主管部门主导的非遗建库工作旨在贯彻落实国务院办公厅《关于加强我国非物质文化遗产保护工作的意见》，如2005年6月，中国艺术研究院成立了"中国艺术研究院非遗数据库管理中心",建设中国非遗数据库及电子管理系统。其二,图书馆主导的非遗建库工作旨在保护和保存地方文化资源,同时发挥图书馆在非遗保护工作中的文献、人才和技术方面的优势。2014年,根据肖希明教授对国内55个大陆省级及省会城市公共图书馆的调查发现,已有31个图书馆根据地方特色、馆藏资源特点建设了与非遗主题相关的数据库。[9]其三,档案馆主导的非遗建库工作旨在根据档案馆自身档案资源建设需要,将收集、征集到的非遗档案资源进行进一步开发,建立档案数据库。初步统计,江苏省太仓市档案馆、福建省龙岩市档案馆、山西省太原市档案馆等建成了非遗数据库。其四,其他机构主导的非遗建库工作侧重推动我国非遗数据资源的开发和利用。如2008年,佳能(中国)提出了"影像公益"战略,凭借佳能在影像技术方面的专业优势,以公益形式,采取摄影、摄像技术对少数民族文化艺术表现形式及其传承人进行全方位数据采集和记录,建成国内第一套完整、系统和深度记录少数民族非遗形态的影像数据库。

从实践水平来看,现阶段我国非遗建库工作还呈现主体多元、数据分散的状态,截至目前还尚未形成全国统一的非遗数据库。就建库技术而言,当前非遗建库工作还面临着分类编码、元数据、数据安全等问题。

(四)建站技术

非遗建站是指通过网站建设来整合非遗信息资源的保护方式。通过将数字化的非遗资源和其他相关的非遗信息进行系统地整合,借助互联网网站平台进行展示与交流互动,实现对非遗信息资源的科学组织和有效利用。非遗建站技术则是将非遗信息资源展现在网站上的技术集合,它包括文本技术、图像技术、音视频技术、3D

技术等类型，使非遗信息资源在网站中获得信息传播、互动交流、数据挖掘等功用。

按照信息组织与运用的方式，现阶段我国非遗建站一般可分为政务型网站（非数据库型）和数据库型网站。其一，政务型网站以各类政府机构网为主，它由政府职能部门主办，以非遗保护和非遗信息宣传为主旨的综合性网站。截至2017年2月底统计，现阶段我国已建成了3个国家级非遗网站、23个省（自治区、直辖市）级非遗网站、24个市（州）级非遗网站以及安溪、吴江等8个区（县）级非遗网站，已形成了国家—省—市—县四级非遗网站建设体系。其二，数据库型网站以各类文化事业单位类网站、企业类网站和其他类网站为主，它们包括学校、科研单位、图书馆、档案馆、博物馆等开设的非遗网站，如中国非物质文化遗产保护与研究网、成都非遗数字博物馆网站等；各类企业开设的非遗网站，如艺驿网、非物质文化网、中国非遗传承网等；公益组织、志愿团体或个人建立的非遗宣传网站，如56非遗网等。除了以上独立型非遗网站外，非遗建站模式还有一种形式，即一些文化部门设置的非遗栏目，档案馆、公共图书馆、文化局等文化部门网站虽不是开展非遗保护的专业性非遗网站，其中有些网站上设有非遗栏目，简单介绍非遗动态、非遗名录、非遗政策法规等内容。[⑩]

综合来看，我国非遗网站已成为非遗工作面向社会的窗口，其建设活动中所涉及的内容管理、内容发布和网站设计等技术均相对成熟，推动了全社会对非遗保护工作的持续关注。

（五）建馆技术

通过博物馆、图书馆和档案馆等机构实施非遗的利用和馆藏，是推动社会公众了解感受这些非遗文化财富，并对其所蕴含的多元文化实施有效保护和传承的重要手段，上述场馆和机构也已成为非遗保护的重要场所和展示窗口。建馆技术是在数字化背景下提出的，是解决非遗保护方式落后等问题的有效途径。与普通博物馆不同，数字非遗博物馆不仅仅是静态藏品的展示，更是将一些民间工艺制作过程的历史流变、工艺存在的文化状态、民间艺人档案、民间艺术传播方式、制作工艺、原材料以及民间生活方式等成千上万种文化艺术信息进行数字化转换后存入数据库网络，以活态文化的方式展示各种民族民间非物质文化的具体内容和艺术精髓。[11]正是数字化技术的迅猛发展，特别是数字化复原和再现技术及虚拟现实技术的出现和广泛应用，开启了博物馆信息化的大门，推动了非遗生态博物馆的建设。

就目前来看，我国非遗数字博物馆主要包括以下两种类型。其一，综合性非遗数字博物馆。它是一个综合性的文化遗产展示场所，通过对非遗各方面信息的梳理、总结和传播，如2001年开通的"故宫数字博物馆"项目就对节气、风俗、礼制等传统文化进行了动态导航和场景虚拟，让观众在身临其境中感受中国传统文化的魅力。其二，专题性非遗数字博物馆。它是除了综合性的非遗数字博物馆之外，对地区内各类非遗资源进行全面展示的主题场馆，如2007年开通的"皮影数字博物馆"即是以中国美术学院皮影艺术博物馆为依托，通过图文、影音和动画等形式展现作为物质文化遗产的皮影和作为非遗的皮影戏；充分利用现代信息技术，对皮影领域的相关资料进行数字化采集、管理并实现永久保存。

综合来看，现阶段我国非遗数字博物馆建设过程中，各类多媒体技术、3D建模技术、虚拟现实技术、增强现实技术以及人机交互技术等的应用，为我国非遗保护和展示传播带来了良好的用户体验，同时上述技术的使用也为以各种载体形式存在的非遗数字资源的长期保存带来挑战。

上述五种主要的非遗档案管理技术起步时间不尽一致，应用范围不尽相同，也显示出不同的优缺点（表5-1）。从技术层面来看，登录—普查技术、建档技术的要求相对较低，非遗建库、建站和建馆对信息技术运用多，技术要求高。其中，非遗网站与非遗数字博物馆对信息资源多样化呈现的技术要求较高，需综合运用多项现代信息技术，如网络通信技术、虚拟现实技术、三维图形图像技术、立体显示系统、互动娱乐技术、数字化采集和储存技术、人机交互技术、特种视效技术等。

表5-1　　　　　　　　非遗档案管理技术的比较

比较点	技术	登录—普查技术	建档技术	建库技术	建站技术	建馆技术
相同点		拥有相关政策法规的支持；取得一定的实践探索成果；均产生了成功的案例；非遗资源建设标准不一。				
不同点	资源建设经验	较丰富	较丰富	较丰富	不足	不足
	实践实施难度	较大	较小	较小	较小	较大
	信息技术要求	较低	较低	高	高	高
	资源利用传播	效果佳	效果更弱	效果更弱	效果佳	效果佳
	参与人员要求	耗人力	有基础	相对缺乏	相对缺乏	相对缺乏
	公众参与互动	参与度高	参与度低	参与度低	互动较多	互动较多

三　非遗档案管理技术的展望

非遗档案技术的进步与发展与非遗档案的长期保存和有效管理密不可分，是推动我国非遗保护事业整体进步，实现非遗资源有效利用的基础条件。从现有非遗档案的类型特征来看，我国非遗档案主要囊括了实体档案和数字档案两大类型，具有部门化管理、分散管理和结构异化的特点。此外，从时间序列上来看，非遗档案管理也可分为存量管理和增量管理两个部分。其中，存量的非遗档案是指近十年来非遗信息化、数字化建设过程中形成的大量非遗档案资源；增量的非遗档案则是我国社会发展过程中，由于非遗活态性特征和社会变迁的原因，在非遗产生流变和发展过程中产生的新非遗档案资源。从管理方法来看，上述两者的管理方法和侧重点均有不同。未来的非遗档案管理技术的发展，除了前文提及的五种技术外，如下方面将得到加强：

（一）非遗档案保存技术

在实际工作中，非遗档案保存技术涉及了非遗项目、非遗传承人、非遗历史和非遗工作四个部分的档案，并涉及了众多的档案类型。其中，既有实体非遗档案，也有数字非遗档案。从内容上来看，现阶段非遗档案中的非遗项目和非遗传承人以数字非遗档案为主，非遗历史和非遗工作则以实体非遗档案为主。可见，非遗档案保存技术实质上是一种多载体共存的复合性技术。

需要注意的是，由于我国非遗档案存在的载体与信息分离、实体和数字化形式重叠，因而在非遗档案保存过程中，尤其需要强调非遗档案保存载体的安全和保存体系的构建等问题。[12]对于实体非遗档案而言，其保存方式和保存技术与一般档案管理技术并无差异。对于数字非遗档案而言，其保存和管理的过程与信息产生和利用的环境密切相关，文件格式、软件平台、硬件设备等因素的不确定性和复杂性都将对存量的非遗数字档案的保存产生不利影响，需重点从全局层面和机构层面分别提升管理档案的技术水平，而非"提升档案的技术水平"。[13]

从全局层面来看，非遗数字档案的保存应该采用分层架构设计、数据存储中心、可信身份验证的信息技术，重点研发大规模非遗信息资源联邦式分布数据库系统，将不同来源和不同结构的数字化的非遗档案资源统一管理，并形成科学的存储策略、更新策略、等级保护策略等。从机构层面来看，非遗数字档案的保存涉及数字信息物理载体的选择、数字信息保存格式的制定等内容,上述因素将直接对非遗数字档案的安全保管和有效管理产生直接影响,为此,可采用系统保存、云储存、冗余备份等保存技术,并借鉴我国对电子文件管理所制定的各类办法支持非遗数字档案保存技术的革新。[14]

此外,在非遗数字档案保存过程中,应倡导多地协同、分层建设、共同利用的实现思路,建立非遗档案建设、管理与服务的责权利机制,并在此基础上,形成非遗信息资源分类存储的技术架构。

(二) 整合技术

非遗档案是由文化主管部门、档案馆、公共图书馆和其他机构在非遗保护活动中形成的专门档案,因此需要依照我国档案工作"统一领导,分级管理"的原则,通过对各级各部门档案机构的归并及合理分工,以及非遗档案资源的整理与组合,推动档案机构和非遗档案资源实现由分散到集中、由无序到有序的发展目标,为各级非遗建档主体提升服务功能、形成服务体系、优化结构配置奠定良好的基础。

从非遗整合技术的视角来看,现阶段非遗档案资源整合主要包括以下三个方面。其一,基于非遗普查档案的整合。非遗普查档案是在非遗普查活动中形成的非遗档案,它既包括普查前期工作中形成的普查档案目录与清单,也包括普查活动过程中和结束后形成的各类文档、音频、影像等非遗档案。非遗普查档案整合工作的主要方向在于建设非遗普查档案数据库,并依托数据库开展非遗普查档案的信息编研工作。其二,基于非遗项目档案的整合。非遗项目档案主要指依托我国四级非遗保护体系,基于非遗代表作名录体系形成的非遗档案,它既包括各级非遗代表作名录的本体信息,也包括非遗代表作名录的外延信息。非遗项目档案整合工作的主要方向是基于非遗代表作档案名录及其申遗档案的编研，开展申遗档案的横向与纵向交叉研究。其三，基于非遗传承人档案的整合。非遗传承人档案和非遗项目档案的形成方式较为类似，其整合工作主要是对非遗传承人档案编纂，并在此基础上建立"非遗传承人档案网"，将非遗传承人口述档案数据库与非遗传承人档案进行内容整合。

上述三类非遗档案整合工作涉及了数据库技术、异构数据整合技术、网络资源分享技术等内容，在实施方式上可以借鉴下列图书馆领域的相关技术方法。[15]如以异构数据库资源整合和元数据整合为核心的馆藏数字信息资源整合技术，以Z39.50异构应用协议为内容的馆际资源整合技术，以Web Service、P2P、RSS为框架的网络资源整合技术和以自然语言处理/文本自动分类、机器学习为特点的人工智能技术。

（三）非遗档案分类技术

非遗档案的分类主要包括全宗的分类和全宗内的分类两个方面。全宗的分类可以参考联合国教科文组织和我国非遗名录的非遗分类要求，即将所有非遗档案全宗根据其所属的非遗类别进行划分，使之系统化、条理化，便于查找利用。[16]全宗内的分类是指一项非遗相关的所有档案按照性质、内容、载体类型或者时间等特征进行分类，使其进一步条理化、秩序化，便于保管和利用。这项工作一般由档案保管部门承担，按照全宗内档案分类的标准性、逻辑性、层次简明性、名称明确系统性等原则，非遗档案全宗内档案的分类可以综合采用多种方法，例如，首先根据非物质文化遗产档案的某项特征分为大类，再依据其他特征分为小类。即使如此，非遗实体分类也存在重复交叉等难题[17]。如何利用信息化手段解决非遗实体分类存在的困难，学界也进行了讨论，形成了编号或编码、叙词法、元数据方法、描述和标注方法、层次分类方法和本体方法等系列分类技术（表 5-2）。

表 5-2　　　　　非遗档案分类技术的比较[18]

比较项目	单线索法	元数据法	多线索法
典型方法	主题或者层次	元数据	本体方法
主要依据	资源的主题、地域或级别描述	资源元数据，一般为片段描述	资源的内在属性及关系描述
构造内容	编号	文本	语义
可扩展性	差	一般	好
组织结构复杂度	视分类方案而定，往往比较简单	在检索工具的帮助下难度较低	视应用而定，往往较复杂
方案构建成本	低	中等	高
方案实施成本	低	中等	高

目前来看，本体方法是解决上述问题的最佳选择。为此，笔者设计了经由"本体构建的需求分析、现有本体的可复用性判断、确定核心概念及其层次关心、定义规则、本体编码和实例化"[19]六步骤为内容的非遗本体构建方案。通过该方案设计的非遗本体，可以消除在非遗分类体系中存在的亚类、子类等重复交叉的现象。即通过本体方法，一方面在前端实现消除非遗实体分类中重复交叉的问题，另一方面在后端非遗档案资源检索利用时，消除信息资源的重复现象。

（四）可视化技术

非遗档案可视化是一个将各种载体形式的非遗档案资源、相关数据（类型、分布、变迁情况）以及档案内容深层次挖掘的成果，通过图形、图像、动画等方式呈现出来，提高对非遗、非遗档案的理解力和认知度的过程。[20]我国非遗档案可视化应充分挖掘非遗档案自身的层次特点，运用包括 Space Tree、Radial Graph、Tree Map、

Information Pyramid 等可视化工具，从保管、检索、展示三个层面，分别实现实体分布可视化、检索过程与结果可视化以及内容展示可视化（图 5-1）。可视化技术作为当今信息管理学界的研究热点，各种技术手段和实现方式层出不穷，笔者结合我国非遗档案管理的现实需求，研究并筛选了以下三种可资利用的可视化技术。

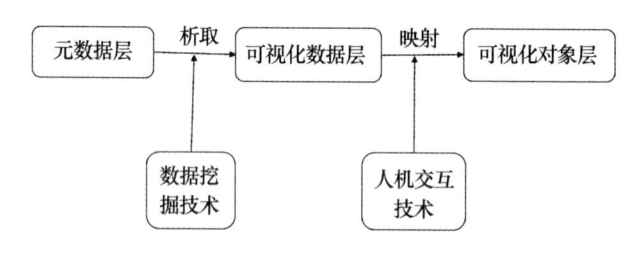

图 5-1　非遗档案的可视化流程模型

其一，保管可视化技术。保管可视化是运用 RFID 物联网技术对实体档案进行标识，构建基于三维地图的虚拟库房，可实现档案快速查找与定位、实时追踪档案去向、简化库房盘点工作、完善档案自助借阅，还可与环境监测系统和声光报警系统对接，实现库房管理可视化和智能化。此外，保管可视化技术还可以运用其派生技术——主题河（Theme River），表现随着时间变化，文本、照片、音频等不同类型档案收集量及利用率的变化，继而从宏观上把握非遗档案的演变情况，着重开发利用率较高的档案类型，收集也可以有的放矢地进行，达到重点保护、优化开发、科学决策的目标。

其二，检索可视化。现阶段我国非遗档案检索的实现主要依靠浏览和提问搜索来实现，前者具有启发性和连续性，但时间成本较高，而后者有明确的目标，耗时短，但过程不透明，检索词可能与词表索引不匹配导致检索失败。从检索角度来看，通过引入可视化技术即可弥补上述两种检索方式的不足，显著提高非遗档案的检索效率与质量。如采用检索可视化技术形成信息立方体，借助半透明的内外层嵌套展示非遗档案资源的层级结构；信息圆形嵌套用圆环的包围表示层次关系，圆环大小和颜色对应不同档案的差异属性，点击圆环可实现跨级跳转；鱼眼视图能起到局部放大的效果，帮助用户浏览较为复杂的层次结构。

其三，展示的可视化。非遗档案展示的可视化具有内容丰富的特点，它利用营造的虚拟环境向受众展示非遗的综合信息。如利用GIS整合地理空间数据及其属性，反映资源或环境的现状与变迁。研究人员通过查看GIS可视化结果，分析现象产生的原因，进而提出相应对策，如传承人迁徙的路径、主客观原因及应对方法。

四　结语

档案管理技术已经在我国非遗档案保护实践中展示了诱人的魅力，在文化与科技融合的当下，研究和推动我国非遗档案管理技术的进步，既是开展文化与科技融合工作的典范，也是学界面临的一个重要研究课题。相信通过非遗档案管理技术的发展，将进一步实现对我国非遗的原真性保护与活态性传承，在建设美丽中国实践中发挥特殊的社会功能和文化效能。

注释：

①胡锦涛：《高举中国特色社会主义伟大旗帜，为夺取全面建设小康社会新胜利而奋斗——在中国共产党第十七次全国代表大会上的报告》，人民出版社2007年版，第37页。

②人民出版社编写组：《中共中央关于深化文化体制改革推动社会主义文化大发展大繁荣若干重大问题的决定》辅导读本，人民出版社2011年版，第24—25页。

③谌强：《王文章：加快文化与科技融合对文化发展有重大意

义》，《光明日报》2010 年 6 月 22 日第 5 版。

④周耀林、叶鹏：《我国非物质文化遗产的保护机制与实现路径——基于文化与科技融合的视角》，《学习与实践》2014 年第 7 期。

⑤中国艺术研究院、中国非物质文化遗产保护中心编：《中国非物质文化遗产普查手册》，文化艺术出版社 2007 年版，第 1 页。

⑥王璞、徐方：《陕西省档案馆启动非物质文化遗产建档工作》，《陕西档案》2014 年第 4 期。

⑦姜璐：《公共图书馆在非物质文化遗产保护中的作用——以山东省非物质文化遗产开放获取文献资源为例》，《河南图书馆学刊》2015 年第 35 卷第 3 期。

⑧柳霞：《非物质文化遗产资料数据库的建设》，《东岳论丛》2008 年第 6 期。

⑨肖希明、刘巧园：《国外公共数字文化资源整合研究进展》，《中国图书馆学报》2015 年第 9 期。

⑩金银琴：《非物质文化遗产数字化保护建设现状与思考——以浙江省为例》，《科技情报开发与经济》2015 年第 7 期。

⑪黄永林、谈国新：《中国非物质文化遗产数字化保护与开发研究》，《华中师范大学学报》（人文社会科学版）2012 年第 2 期。

⑫程齐凯、周耀林、李姗姗、曹琛：《论登记备份过程中的数字档案保真问题》，《浙江档案》2010 年第 10 期。

⑬周耀林、赵跃、段先娥：《我国区域档案保护中心建设探索——基于美国经验的考察》，《档案管理》2016 年第 5 期。

⑭周耀林、徐妙妙、纪明燕：《电子文件备份的方法与选择》，《中国档案》2016 年第 10 期。

⑮周耀林、赵跃：《档案安全体系理论框架的构建研究》，《档案学研究》2016 年第 8 期。

⑯周耀林、李丛林：《我国非物质文化遗产资源长期保存标准体系建设》，《信息资源管理学报》2016 年第 1 期。

⑰周耀林、王咏梅、戴旸：《论我国非物质文化遗产分类方法的重构》，《江汉大学学报》（人文科学版）2012 年第 4 期。

⑱周耀林、程齐凯：《论基于群体智慧的非物质文化遗产档案管理体制的创新》，《信息资源管理学报》2011 年第 9 期。

⑲程齐凯、周耀林、戴旸：《论基于本体的非物质文化遗产分类组织方法》，《信息资源管理学报》2011 年第 12 期。

⑳周耀林、王璐瑶、赵跃：《非物质文化遗产档案可视化的实现与保障》，《中国档案》2016 年第 5 期。

作者简介：

周耀林，男，武汉大学信息管理学院教授。叶鹏，男，湖北大学资源环境学院、讲师。

基于本体的非遗信息资源
组织与检索研究框架*

武汉大学信息管理学院　周耀林
四川大学公共管理学院　赵　跃

摘　要：海量多源异构的非物质文化遗产信息资源的出现导致了网络环境下非物质文化遗产信息检索、利用与传播的困难。本文首先对已有的相关研究成果进行回顾，在此基础上，借鉴本体、语义网等方法，初步构建了基于本体的非物质文化遗产信息资源组织与检索研究框架，并从非遗信息资源本体表示与语义组织、面向用户的多源跨模非物质文化遗产语义检索两个层面阐述了基于本体的非物质文化遗产信息资源语义检索研究的基本思路与主要内容。

关键词：非物质文化遗产　信息资源　本体　语义检索

Abstract: The emergence of massive multi-source and heterogeneous intangible cultural heritage information resource leads to the difficulties of retrieving, using and disseminating intangible cultural

---

* 本文系国家社科基金重点项目"非物质文化遗产信息资源分类存储研究"（项目批准号：16AZD056）成果之一。

heritage information under the network environment. This paper first reviewed the existing research results, on basis of this, using theory methods of ontology and semantic web, a framework of ontology-based intangible cultural heritage information resource organization and retrieval research was preliminarily constructed, then the basic thought and main content from two layers, which are the ontology representation of intangible information resources and user-oriented multi-source across model of semantic retrieval were elaborated.

Key words: Intangible Cultural Heritage; Information Resource; Ontology; Semantic Search

非物质文化遗产（以下简称"非遗"）是"活"的文化，也是传统文化中最脆弱的部分，在现代化、城镇化的背景下，非遗保护面临着巨大的挑战。与此同时，信息技术的发展也为非遗保护带来了机遇。考虑到活态保护的脆弱性，非遗的有序传承需要借助非遗信息的长期保存，因此，非遗的信息化、数字化工作逐渐规模化，积累了大量的非遗信息资源，带动了相关的研究工作。图书情报学、档案学、传播学、艺术学、人类学、计算机科学、体育学等多学科领域的学者开始聚焦这个领域的研究，内容从非遗信息资源建设、数字化保存与传播平台建设到非遗信息的检索与利用。由此，非遗的研究从专注于文化形态的非遗步入了信息形态的非遗信息资源，在十余年的时间里出现了大量的研究成果。多部门参与非遗信息资源建设所形成的跨部门管理特征，以及非遗信息资源本身的多源异构等复杂特性，导致了网络环境下非遗信息检索、利用与传播的困难，因此，探索非遗信息资源组织与检索意义重大。

一 研究综述：非遗信息资源组织与检索进展

通过文献调研，笔者发现相关研究成果主要集中在对非遗信息资源的标注与组织、非遗信息资源本体构建与设计、基于本体的非遗信息语义检索方面。

（一）非遗信息资源的标注与组织

考虑到非遗清单编制、非遗数据库建设难以完整揭示存在于文本、图形、图像、视频、3D模型、动作或其他多媒体类型中的复杂语义关系，对非遗信息资源的语言标注与语义分析成为学界研究的热点。Desislava Paneva-Marinova 等阐明了保加利亚传统文化与民俗数字图书馆民俗知识的复杂性以及信息组织中本体构建和语义标注的必要性；① Giannis Chantas 等提出运用多实体贝叶斯网络（MEBNs）一阶逻辑和概率推理相结合的方法进行非遗内容的语义分析。②李波根据非遗信息资源的特点，在信息结构、语义成分分析的基础上提出了一种非遗信息资源描述的元数据模型；③ Gen-Fang Chen 提出一种新的可编辑文本方法来表示昆曲唱词文献的多维树状信息结构、基于简谱的适合昆曲唱词特征的音乐语义标注方法；④达妮莎和王爱玲提出，非遗元数据语义描述要以 DC 元数据为基础，结合 VAR Core 元数据、CDWA 元数据、MARC 元数据描述方法实现；⑤王明月通过文化风险的分析，提出了让传承人参与数字化语义设计的思想，从而体现非遗的地方性特征；⑥董坤提出一个基于关联数据的非遗语义化组织框架，基于关联数据所采用的 RDF 模型与链接机制实现了非遗知识元以及知识元之间关联关系的语义化整合与组织；⑦翟姗姗等借助信息空间理论，对非遗数字化资源描述与语义揭示问题进行全面综述，提出面向传承与传播的非遗数字资源描述与语义揭示多维度研究框架。⑧

（二）非遗信息资源本体构建与设计

构建非遗本体，对于非遗信息的组织和检索意义重大，因此，学界对非遗本体的构建与设计问题给予了一定的关注。欧盟支持的地中海活态文化遗产保护项目（MEDLIHER）建立了包括埃及的尼罗河非遗清单在内的5个非遗名录，构建了一个完整的环地中海区域代表性非遗名录体系，并在一个协作的环境中充分利用 Wiki 以及本体优势，提出一种基于 UNESCO 分类的新的本体——Ontowiki；⑨Tan Guoxin 等设计了一个基于本体的表达和共享非遗知识的框架，并以"端午节"为例构建基于 CIDOC CRM 知识本体模型，阐述端午节的本体实体和属性；⑩程齐凯等提出了基于本体的非遗分类组织方案；⑪郝挺雷分析了传统节日本体的构建及表示方法；⑫Jun Hu 等探索了运用 CIDOC-CRM 模型构建瑶族盘王节知识本体的实体和属性的方法；⑬Anupama Mallik 等以印度传统舞蹈为例，提出一种基于本体的方法来捕获和保存数字遗产，并运用带标签的训练数据来构建本体的方法以及运用本体自动标注新的数字遗产实例的方法；⑭蔡璐等从系统论的角度分析非遗主体、客体、过程、成果和环境五大基本因素所涉及的资源对象，应用本体论的知识组织理论与方法，构建非遗领域本体概念模型，确定这一领域的概念和关系，有助于有效组织开发和挖掘非遗相关信息资源；⑮黄永等以锅庄为代表的非遗知识本体构建系统，对于具体非遗的本体方法的应用提供了范例。⑯

（三）基于本体的非遗信息语义检索

非遗信息资源组织的最终目的是为了利用，因此，从非遗信息资源管理与利用看，非遗信息检索作为重要的利用手段得到很多研究者的关注，其中也有学者注意到基于本体的非遗信息语义检索。Guoxin Tan 等将非遗数字信息分为三个层面，并分别研究其元数据机构，并基于 CIDOC-CRM 构建的元数据映射和集成关系设计出非遗信息的多媒体语义模型。[17]Katerina El Raheb 和 Yannis Ioannidis 以传统舞蹈数据为例，利用语义网技术创建一个易于与其他相似模型（如特殊词汇或舞蹈史）关联的可扩展的数据模型，以通过机读的表现方式让人理解，以支持语义检索和动作分析。这些研究成果涉及了非遗信息检索的可视化、语义模型等多个方面。[18]黄永林认为基于本体的语义检索主要是对本体的词汇加以整理和分析，按照原概念的表述和文化逻辑的内在特征加以呈现，然后根据研究目标进行学术分析，对它们的关键词进行选择、分类和进一步阐释，并按照类别归纳成条目，形成检索体系；[19]黄永等以"锅庄""堆谐"两种具有代表性的西藏非物质文化遗产为例，对其中的关键问题如领域数据集构建、领域文本分词、本体标注、本体关联、本体可视化等进行了研究，构建了一个具有一定规模的便于检索和利用的非遗本体库。

综合上述研究发现，国内外在基于本体的非遗信息语义检索研究领域取得一定的进展，已有的成果当中，"基于本体的非遗知识模型框架""基于本体的非遗分类组织方法""通过本体和元数据进行非遗资源知识组织体系以及传统节日本体表示方法""锅庄为代表的非遗知识本体构建系统"等从不同角度或应用领域提出了非遗本体的构建方法。但截至目前，国内外关于非遗本体的成果较少，缺乏对非遗本体的系统研究，尚未出现可供业界参考的批量化的、可供操作的方案。因此，如何构建非遗本体，并建立非遗通用本体库以便语义网环境下复用，是学界需要研究的问题。

同时，对非遗信息检索的研究成果集中在语义 Wiki 中非遗和某些具体非遗词条的检索，主题图检索方法、图像可视化检索方法以及本体的语义检索方法在非遗信息检索方面也出现了部分研究成果，例如，以西藏"锅庄"为代表的面向文本与多媒体数据的非遗知识本体构建的系统，对于非遗信息检索具有一定的参考价值。然而，上述研究成果与实践结合不够紧密，对于管理部门、传承人和公众的差异化检索需求了解不够，加之跨部门、异构数据的存在，都直接影响了非遗信息的检索。因此，如何在研究不同类型用户的偏好等的基础上，满足网络环境下不同用户的检索要求，提高查全率、查准率，减少漏检率、误检率，减轻用户负担，需要在信息检索理论与方法的指导下进行专门的研究。

上述问题的存在表明，基于本体的非遗信息资源语义检索还有待于进一步加强研究。尤其是，如何以本体方法为指导，系统构建非遗信息资源本体，并依此组织非遗信息，实现语义检索，有待进一步加强探讨。笔者认为，将本体方法系统地应用于非遗信息资源组织，形成基于本体方法的非遗信息资源多维度分类体系，建立非遗通用本体库，支撑语义网环境下的非遗信息检索，显得十分必要。同时，非遗信息资源跨机构以及结构化、半结构化信息结构的存在，已有的非遗信息检索模型难以满足网络环境下的检索要求。因此，建立并不断优化非遗信息检索模型，形成面向管理、传承人和公众等不同类型用户的语义检索模型是需要拓展的一个方面。

二 框架形成：基于本体的非遗信息资源组织与检索研究思路

非遗信息检索与非遗信息资源组织存在着密切的联系。非遗信息资源组织是非遗信息检索的前提和基础，只有在良好的非遗信息资源组织环境下，才能高效地进行非遗信息的检索与利用。从这个意义上看，基于本体的非遗信息资源检索离不开非遗信息的组织。

作者在借鉴国内外已有研究的基础上，从非遗信息资源载体与内容着眼，综合考虑非遗信息资源载体的形式、类型、结构与分布等特征，对结构化非遗数据、半结构化非遗数据以及非结构化非遗数据进行识别与分类，并借鉴本体、语义网等技术方法，初步设计出基于本体的非遗信息资源组织与建设研究框架（图5-2）。主要目标是：通过研究，建立基于本体的多源、跨模非遗信息资源组织体系，形成以对象、事件、文化元素、文化形态、时间、场景、过程等要素组成的多维度组织体系，以解决当前非遗组织体系单一线索难以解决的分类重复交叉的矛盾。在语义检索方面，以本体库建设为基础，通过非遗信息资源语义分析、标注，建立本体映射、本体集成以及检索模型，揭示非遗信息资源内容，形成非遗载体与内容相衔接的二维组织模式，便于网络环境下的检索、利用与传播。

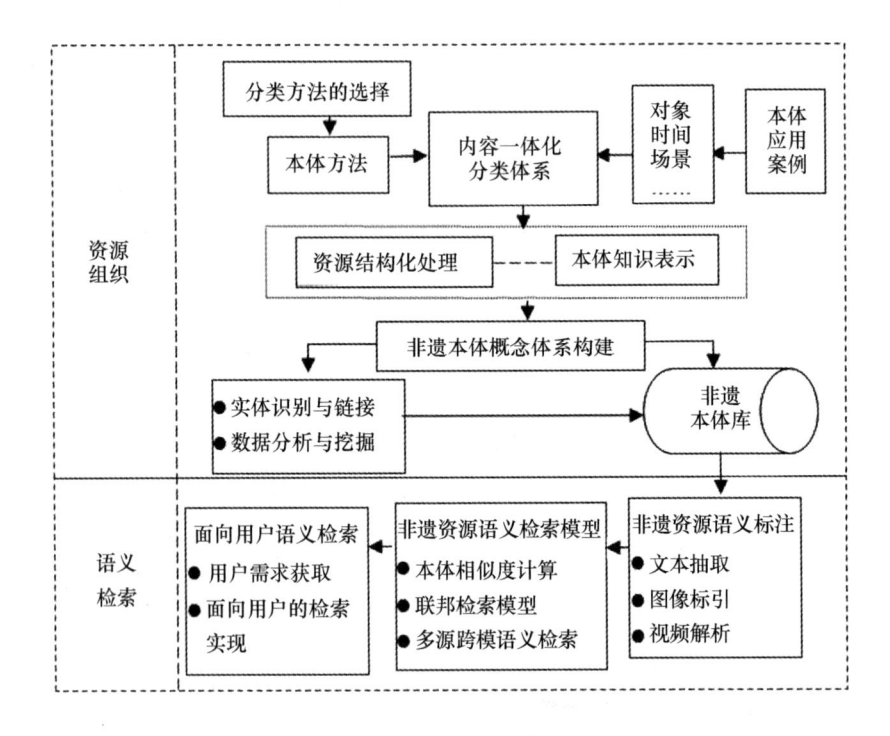

图5-2 基于本体的非遗信息资源组织与检索研究框架

三　资源组织：基于本体的非遗信息资源组织

国内外相关研究成果表明，目前已有的分类法、主题法、索引法及元数据方法等都无法完全解决非遗分类与非遗信息资源分类之间的矛盾，也无法实现非遗分类、信息组织与检索的一体化，很难搭建起展示非遗信息资源之间固有联系的平台。这种情况下，本体的方法在描述非遗信息资源，尤其是揭示非遗信息资源之间的复杂关系上具有很好的优势，因此得到了应用。

本体是一个开放集成的概念体系，是共享概念模型的形式化规范说明，能够在语义和知识层次上描述信息，并在许多领域得到了广泛的应用。同时，本体方法在非遗信息资源分类方面也已经得到了初步的应用，出现了初步成果，成为非遗信息资源分类组织的有效方法。将本体理论应用到非遗信息资源领域，可以实现从语义方面对非遗信息资源核心概念以及概念之间的关系的描述，同时对非遗信息资源中涉及的各种实体及相关的信息进行有效的描述，组织成为一个非遗本体库，有助于减少由于语义差异而造成的影响，为多源异构的非遗信息资源的整合和组织、检索提供了有效的方法和标准化的保障，有助于解决非遗分类与非遗信息资源分类以及提供利用之间的矛盾。因此，需要在本体理论基础上，形成适合非遗信息资源组织的本体方法，依此对非遗信息资源进行本体表示，通过对非遗信息资源的实体抽取、概念识别等手段，构建非遗本体库，对多源异构的非遗信息资源进行结构化处理。具体而言，应主要从以下几个方面着手：

（一）基于本体的非遗信息资源一体化内容组织体系

首先，针对非遗信息资源的特征，确定非遗信息资源的分类组织原则，包括非遗信息资源的边界、组织粒度、分类方法等。其次，针对学界提出的非遗信息资源分类法、主题法、元数据方法、本体方法等非遗信息资源组织方法进行系统全面研究，揭示本体方法对于非遗语义层次的科学表达、非遗信息资源间的固有联系的优势，并以此作为非遗信息分类的基本方法。再次，以本体方法为基础，构建基于非遗信息资源内容特征的分类体系。这一分类体系的核心是，以非遗资源本体概念术语体系及关系为基础，构建了由对象、事件、文化元素、文化形态、时间、场景、过程等要素组成的跨机构、多载体非遗信息资源一体化内容分类体系。同时，采用规则推理以及机器学习的方法，对已有的非遗资源进行自动化分类，提高非遗信息资源的分类组织速度，将非遗信息资源自动关联到非遗十大类型，科学描述非遗信息资源包含的对象、概念、属性既能充分揭示其区别于其他文化现象的特定内涵、内在逻辑，又能反映各类相关资源的共性特征，以及抽象知识与非遗资源间的关联性，实现非遗信息组织与非遗分类的有机统一。

（二）非遗信息资源本体表示方法

非遗信息资源复杂多样，其存在形态、载体类型、领域特色、具体文化内涵、核心要素等差异巨大，如何对这些已有的非遗资源进行本体表示，是非遗信息资源语义内容组织以及知识挖掘的前提和核心环节，也是非遗信息资源本身组织的前提。本体技术依赖的本体表示语言底层具有一套严密的逻辑表示体系，可以精确地对各领域非遗进行描述，并形成形式化的结构。这种结构具有充分的共享性和扩展性，并且有大量的解析及存储工具为之使用，可以用于表达非遗信息资源中复杂的关系，如那些具有复杂表演动作或操作步骤的非遗领域。同时，通过构建非遗领域的本体概念体系，确立非遗领域核心概念集、概念结构关系，可以有效地对非遗信息资源进行实体提取与标注，构建非遗本体库，提高非遗信息资源的结构化程度和使用程度。

（三）非遗信息资源结构化处理与本体库的构建

当前，非遗信息资源的结构化程度较低，在数字资源类型上，非遗信息资源比较分散，文本、图片、音频、视频等多媒体资源组织结构松散，缺乏深入到内容的结构化形态。同时非遗信息资源的再加工、清洗等工作仍需要继续开展。因此，需要利用国内外已有的非遗叙词表及本体词汇，构建具体的非遗顶层本体结构，对具体的非遗信息资源进行结构化标注与组织，探索非遗信息资源自动与半自动结构化抽取与关联处理的方法，将现有的非遗信息资源通过丰富的上下位关系、复杂的相关关系等组织起来，将非遗信息资源，包括各种非遗多媒体资源和实物资源、其他网络资源对应关联起来，形成结构化的非遗信息资源图谱，为非遗信息资源的检索与利用提供支持。

非遗信息资源不仅数量巨大，且种类繁多；不仅形式多样，且内容庞杂；不仅动态性强，且存储无序；不仅载体各异，且来源分散；不仅格式不一，且大量异构。结合具体的非遗领域，使用自然语言处理、数据挖掘等语义分析技术，具体包括实体识别、实体链接等技术，抽取非遗信息资源中的各种实体信息、实体之间的链接关系，构建非遗领域本体库。结合该领域的专家知识，使用计算机辅助的方法将非遗领域的隐性知识进行语义化，充实非遗本体库。进一步结合非遗结构化资源，进行本体映射操作，将非遗信息资源融入非遗本体库中，构建完整的非遗关联数据集合。

四 语义检索：基于本体的非遗信息检索

非遗本体库的构建，为非遗信息语义检索的实现奠定了基础，然而，如何在本体库基础上，实现基于本体的跨部门、复杂结构的非遗信息资源的语义检索需要进一步探索。首先，在模型构建与优化方面，需要重点研究基于本体的语义查询扩展、文档的语义预处理（基于本体的语义标注、文档的语义表示、基于本体的文档语义聚类）、基于本体的语义空间检索模型构建以及模型的优化方法。其次，探索模型实现的方法、技术、标准等问题。具体而言，需要从以下几个方面着手：

（一）基于本体的非遗信息语义标注方法

非遗信息资源表现为文本、图像、数据库、多媒体数据等多种形式。针对文本数据，需要探索基于开放信息抽取、词典匹配的非遗信息资源自动抽取技术，构建具有高覆盖度的非遗语义词典；探索针对非遗文本的开放信息抽取方法，从非遗文本中抽取出语义化的三元组数据。针对抽取的非遗语义数据集合，需要结合元数据语义匹配、信息抽取等技术的本体自动填充方法。针对多媒体数据，特别是视频和图像数据，需要结合深度神经网络技术、图像识别技术，研发针对非遗多媒体信息的多媒体标注方法，自动识别非遗图像数据中的实体、场景等语义信息，以及视频数据中的动作语义信息等内容。

（二）非遗信息资源语义检索模型

在非遗信息资源语义检索模型的构建方面，可以选择从以下几个方面着手：

（1）建立基于本体相似度计算的非遗信息检索模型。在非遗本体构建和语义标注方法研究的基础上，结合本体相似度计算方法和机器学习排序模型，研究适用于非遗信息的检索模型。具体地，需要探索基于本体的非遗概念相似度计算方法、基于本体树结构匹配的本体模型相似度计算方法，在此基础上，使用机器学习排序方法，综合考虑节点间的语义相似度、语用相似度、结构相似度、属性相似度等多种特征，构建非遗信息机器学习排序模型。

（2）建立融合本体表示的非遗信息跨模检索模型。基于非遗信息资源结构的复杂型和多样性的现状，构建高效的跨模检索模型可以有效提升非遗信息检索的效果。在研究非遗信息语义标注方法的基础上，以本体技术为基础，通过引入跨模检索方法，构建适用于非遗信息的跨模检索模型，帮助非遗信息用户实现以文搜图、以图搜文、以文搜视频等跨模态搜索操作。

（3）建立本体驱动的非遗信息联邦检索模型。基于非遗信息资源来源多样、管理分散的现状，有必要应用联邦检索技术，通过单一用户接口实现对多数据源的非遗信息的集成检索。

（4）建立多源跨模非遗信息语义检索模型。基于上述跨模模型和联邦检索模型，探讨本体与关联数据相结合的资源层次和语义整合模式，从而实现不同结构、不同来源的非遗信息资源间的语义整合与互操作，实现不同领域非遗资源的整合和相互关联，建立多源跨模非遗信息语义检索模型。

（三）面向多类型用户需求的非遗信息语义检索与推理服务

在基于非遗标注资源、非遗本体库等结构化信息的基础上，语义检索技术可以为用户提供精确的查询服务，但这需要以获得用户精确的查询需求为前提。通过对各类不同用户使用非遗信息资源的需求动机的调研，以及对网络上的非遗资源的用户检索、浏览行为数据进行收集、分析来进一步获取用户准确的非遗信息使用行为模式，结合开发的语义检索模型为用户提供更为个性化的非遗信息检索服务。同时用户在使用非遗信息系统的过程中，为用户提供交互式的信息需求获取方式，以进一步聚焦用户准确的查询需求，整合用户的使用环境及各方需求信息，构建用户行为画像，在非遗本体库的基础上进行语义匹配以及推理，挖掘非遗资源中隐含的非遗知识，为用户提供准确的、丰富的检索结果，甚至是直接的答案。同时根据反馈回来的资源特征，提供多维度、可视化的检索结果呈现方式。

五　研究结论：非遗信息资源组织与检索的一体化

当前，非遗信息管理过程中需要解决的重要现实问题突出地表现在：面对来源分散、结构复杂的数字化非遗信息资源，如何从非遗资源整体观出发，形成科学的非遗信息资源存储—组织—检索与利用？这是面对非遗信息管理的现实需要回答的问题。本文正是从"非遗信息资源"视角切入，从非遗资源整体观出发，在系统梳理国内外相关研究成果的基础上，以非遗信息资源的科学管理为着眼点，以本体理论、信息资源管理理论为指导，以构建一体化的非遗本体库、分类组织与语义检索为目标，在深入分析基于本体的非遗信息资源组织的基础上，构建出基于本体的非遗信息资源语义检索研究框架。上述研究表明，非遗信息资源组织与检索是紧密结合的两个环节。通过本体方法，可以将非遗信息资源组织与检索进行一体化处理，从而便利于非遗的利用。从学界的研究成果看，这个方面仍然是有待于加强研究的重要方面。这种一体化的研究不仅能够弥补当前国内外非遗信息资源管理理论的不足，而且有助于推动大数据背景下信息资源管理理论的发展完善，促进档案学、情报学以及非物质文化遗产学等学科的交叉融合和新的学科生长点的形成。

注释：

①Paneva-Marinova D., Rangochev K. and Pavlov R., Digital Library for Bulgarian Traditional Culture and Folklore（http：//mdl. cc. bas. bg/dessi/Desislava% 20Paneva_files/17fej_42_EuroMed2010_paper2. pdf）.

②Chantas G. , Kitsikidis A. , Nikolopoulos S. , et al. Multi-Entity Bayesian Networks for Knowledge-Driven Analysis of ICH Content. Computer Vision-ECCV 2014 Workshops, 2015, pp. 355 – 369.

③李波：《非物质文化遗产信息资源元数据模型研究》，《图书馆界》2011 年第 5 期。

④Chen G. F. , Intangible cultural heritage preservation：An exploratory study of digitization of the historical literature of Chinese Kunqu, opera librettos. *Journal on Computing & Cultural Heritage*, Vol. 7, No. 1, 2014.

⑤达妮莎、王爱玲：《大数据环境中非物质文化遗产的信息分析》，《大连理工大学学报》（社会科学版）2015 年第 4 期。

⑥王明月：《非物质文化遗产保护的数字化风险与路径反思》，《文化遗产》2015 年第 3 期。

⑦董坤：《基于关联数据的非物质文化遗产语义化组织研究》，《现代情报》2015 年第 2 期。

⑧翟姗姗、刘齐进、白阳：《面向传承和传播的非遗数字资源描述与语义揭示研究综述》，《图书情报工作》2016 年第 2 期。

⑨Stanley R. , Astudillo H. , Ontology and semantic wiki for an Intangible Cultural Heritage inventory. Proceedings of the 2013 XXXIX Latin American Computing Conference, Vargas, Venezuela, 2013, pp. 16 – 25.

⑩Tan G. , Hao T. , Zhong Z. , A Knowledge Modeling Framework for Intangible Cultural Heritage Based on Ontology. *International Symposium on Knowledge Acquisition and Modeling*. IEEE, 2009, pp. 304 – 307.

⑪程齐凯、周耀林、戴旸：《论基于本体的非物质文化遗产分

类组织方法》，《信息资源管理学报》2011年第3期。

⑫郝挺雷：《传统节日本体的构建及表示方法研究》，硕士学位论文，华中师范大学，2011年，第32页。

⑬Hu J., Lu Y., Zhang M., The Ontology Design of Intangible Cultural Heritage Based on CIDOC CRM. *International Journal of U-& E-Service, Science & Technology*, Vol. 2, No. 4, 2014.

⑭Mallik A., Chaudhury S., Ghosh H., Nrityakosha：Preserving the intangible heritage of Indian classical dance. *Journal on Computing & Cultural Heritage*, Vol. 4, No. 3, 2011.

⑮蔡璐、熊拥军、刘灿姣：《基于本体和元数据的非遗资源知识组织体系构建》，《图书馆理论与实践》2016年第3期。

⑯黄永、陆伟、程齐凯等：《非物质文化遗产知识本体构建系统的设计与实现——以西藏"锅庄""堆谐"为例》，《西藏民族大学学报》（哲学社会科学版）2016年第1期。

⑰Tan G., Hao T., Liang S., et al. Research on Construction Method of Multimedia Semantic Model for Intangible Cultural Heritage. *Instrumentation, Measurement, Circuits and Systems*. Springer Berlin Heidelberg, 2012, pp. 923–930.

⑱Raheb K. E., Ioannidis Y., Dance in the World of Data and Objects. *Information Technologies for Performing Arts, Media Access, and Entertainment*, 2013, pp. 192–204.

⑲黄永林：《数字化背景下非物质文化遗产的保护与利用》，《文化遗产》2015年第1期。

作者简介：

周耀林，男，武汉大学信息管理学院教授，博士生导师。赵跃，男，四川大学公共管理学院副研究员。